東アジアにおける製造業の企業内・企業間の知識連携

日系企業を中心として

板垣　博［編著］

文眞堂

目　次

序　文 …………………………………………………………………… 1

第1章　東アジアにおける日系企業の企業内知識移転
　　　　――日本人出向者の役割と連鎖的技術移転の視点からの考察
　　　　………………………………………………（板垣　博）… 7

1. 本章の問題意識，研究方法，構成 ………………………………… 7
2. 日本人出向者の比重・役割・課題 ………………………………… 11
3. 東アジアにおける日本企業拠点間の連鎖的技術移転 …………… 36
4. まとめ・インプリケーション・残された課題 …………………… 49

[補論]　現地経営の特徴：日本と中国の「相互補完性」，
　　　韓国拠点の日本からの「自立性」，台湾と日本の「親和性」………… 53

第2章　逆駐在員による知識移転
　　　　――欧米企業と日本企業の比較研究 ……………（金熙珍）… 61

1. はじめに …………………………………………………………… 61
2. 欧米企業における逆駐在制度 ……………………………………… 62
3. 日本企業における逆駐在制度 ……………………………………… 66
4. ディスカッション：欧米企業と日本企業の比較分析 …………… 73

第3章　新興国市場向け車両の開発体制の比較研究
　　　　――日産と現代自動車の事例を中心に ………（呉在烜）… 79

1. はじめに …………………………………………………………… 79
2. 製品開発プロセスとその海外展開 ………………………………… 80
3. 日産自動車の新興国向け製品開発の戦略と特徴 ………………… 83
4. 現代自動車の新興国向け製品開発の戦略と特徴 ………………… 90

5.　比較分析：新興国市場の車両開発 ………………………………… 97
　6.　おわりに ……………………………………………………………… 99

第 4 章　多国籍企業の統合と分散のダイナミックな分析
——韓国における日本企業の事例 ………………（朴英元）…102

　1.　はじめに ……………………………………………………………… 102
　2.　先行研究 ……………………………………………………………… 103
　3.　ケーススタディ ……………………………………………………… 110
　4.　結論 …………………………………………………………………… 121

第 5 章　台湾におけるパナソニックと地場サプライヤーとの協力関係
——レッツノートとタフブックの価値づくりの底力を探る
………………………………………………（劉仁傑）…126

　1.　はじめに ……………………………………………………………… 126
　2.　生産協力関係に関する通説 ………………………………………… 127
　3.　パナソニックのパソコン事業と台湾拠点 ………………………… 131
　4.　台湾の地場サプライヤーの事例研究 ……………………………… 135
　5.　結論とインプリケーション ………………………………………… 146

第 6 章　企業間・企業内における国際分業と多拠点間連携
——日台企業間提携を中心に ……………………（高瑞紅）…152

　1.　問題の提起 …………………………………………………………… 152
　2.　台湾企業 A 社 ………………………………………………………… 154
　3.　日本企業 B 社 ………………………………………………………… 159
　4.　企業間分業および多拠点間連携 …………………………………… 163
　5.　考察：提携関係に基づく企業内・企業間国際分業の構築 ……… 167
　6.　まとめ ………………………………………………………………… 174

第 7 章　新興国市場のモザイク構造と日本企業の創発的適応能力
　　　　　……………………………………………………（李澤建）…178

　1．はじめに………………………………………………………178
　2．「非連続性」の正体とは何か…………………………………179
　3．事例研究………………………………………………………182
　4．おわりに………………………………………………………188

第 8 章　中国における日系企業のビジネス展開の成功要因
　　　　──コマツを事例として　………………（王中奇）…191

　1．はじめに………………………………………………………191
　2．研究対象の選定と研究の範囲…………………………………192
　3．位置づけと目的………………………………………………194
　4．事例分析………………………………………………………197
　5．おわりに………………………………………………………210

おわりに：インプリケーションと残された課題………（板垣　博）…215

付表　インタビュー・データ……………………………………………219
索引………………………………………………………………………231

序　文

本書の問題意識とテーマ[1]

　世界経済の成長センターとしての東アジア（日本・中国・韓国・台湾など狭義の東アジア＋東南アジア）の躍進は，日本の経済・産業・企業に正と負の両面で大きな効果をもたらしてきた。日本にもたらされた正の効果は，同じ東アジアに所在する国としてその成長の果実を先進国の中で最も身近に共有できたことであり，負の効果は急速な成長の中で台頭してきた強力な競争相手である隣人に，非西洋社会における最初の先進工業国としての立場が脅かされ時には打ち負かされることである。もちろん，正の効果はただ口を開けて待っていれば享受できるものではなく，自分自身の絶え間ない能力構築，国境を越えた企業間の提携，ライバル達との切磋琢磨，そして何よりも自ら東アジアの成長を牽引する原動力の一つとなることによってもたらされたのであり，負の効果も劣勢を挽回しようとする努力次第では正の効果に転じうる。しかもこうした効果はひとり日本にとってのみならず，程度の差はあれ東アジアの構成員それぞれにとっても当てはまる。これこそがまさに東アジアのダイナミズムである。

　負の側面を強調するあまり，日本の産業・企業が総崩れに陥っているかのような悲観論も見受けられるが，これは理論的も現実的にも誤りである。リカードの比較優位説を思い起こすならば，国際競争の場において1国の産業がすべて比較劣位に陥るなどということは理論的にはありえない。現実的にも橘川・久保・佐々木・平井（2015）が指摘するように，「日本企業が競争優位をもつ産業」，「日本企業とアジア企業が競争優位を競っている産業」，「アジア企業が競争優位をもつ産業」が併存している。同書は，日本企業が競争優位をもつ産業として宅配便，コンビニエンスストア，二輪車などを，日本企業とアジア企業が競争優位を競っている産業としてトイレタリー・化粧品，自動車，鉄鋼，銀行を，アジア企業が競争優位をもつ産業としてパーソナルコンピューター，

液晶テレビ,半導体をそれぞれ挙げている。さらにいえば,同書によって日本企業とアジア企業が競争優位を競っている産業と位置づけられている自動車においても,ASEAN市場では日本企業が圧倒的なシェアを誇っているし（清水,2015），劣勢にあるとみられているエレクトロニクス産業でも,よく知られているようにスマートフォン,液晶パネル向けをはじめとする様々な部品・素材では日本のメーカーが強い競争力を発揮している。つまり,一つの産業の中でも優位・劣位が混在しているのである。

　本書のテーマは,日本企業を軸に据えて,世界経済の成長センターであり,かつその内部でダイナミックな競争が展開されている東アジアにおける国境を越えた企業内拠点間の知識の移転と共有,同じく国境を越えた企業間の知識連携,国による知識創造の在り方の違い,などを考察することである。なにゆえ,企業内の知識移転・共有と企業間の知識連携,知識創造の在り方を焦点に据えるのか。それは,知識の創造・移転・共有・連携こそが企業の競争力を根底から支える要因だからである。本書でいう知識とは,技術,技能,知恵とそれを体得したヒト,技術や知恵が組み込まれた機械設備などのモノ,さらにそのヒトとモノとを組織化し動かしていく仕組み,その仕組みの背後にあってそれを支える規範,理念の総体を指す。知識や情報が重要なのは,なにもIT産業やサービス産業に限ったことではなく,ものづくりの核心部分でもある。ものづくりに即していえば,知識とは,製品および生産の要素技術とその応用,品質管理,設備の保守管理,サプライヤー・システムなどとそれらを背後から支える企業特有の行動規範や理念である。

実地調査の概要

　本書の執筆者は,2010年からの二つのプロジェクトにおいて,ともに現地調査を行い,そこから得られた情報について議論を交わしてきた。さらに,同じメンバーで新に三つめのプロジェクトが進行中である[2]。これらのプロジェクトにおいて,2010年8月から2016年3月までの7年の間に,台湾,韓国,中国,タイ,マレーシア,シンガポール,ベトナム,ラオスという8つの国と地域および日本国内に所在する企業・機関を訪問し,インタビューを行った。

表序-1　調査対象の概要

	日本企業		中国企業	韓国企業	台湾企業	その他	総計
	海外	国内					
2010年度	11	3	2	7	0	1	24
2011年度	14	5	3	6	0	2	30
2012年度	13	7	5	2	0	1	28
2013年度	19	13	3	4	6	2	47
2014年度	12	11	3	0	13	7	46
2015年度	11	3	0	0	1	0	15
2016年度	23	0	0	2	3	8	36
計	103	42	16	21	23	21	226

注1：海外の日本企業には現地資本との合弁会社が含まれる。
注2：期間中に2度訪問した日系の拠点が韓国，台湾，中国に一つずつあるので，訪問した海外に所在する日系の「企業数」としては101社となる。
資料：筆者作成

　訪問先は国内外の日本企業145社，本国と大陸における台湾企業23社，本国と中国における韓国企業21社，その他中国の現地企業，マレーシアにおける華人系企業，各地の政府機関・大学など21組織の計226箇所にのぼる（表序-1参照）。本書の各章のインタビュー・データは，特に断りがない限りこの調査プロジェクトから得られたものである。

　海外における日系企業でのインタビューには，日本人出向者だけでなく，多くの企業で現地出身の経営管理者や技術者が応じてくれた（巻末の「付表　インタビュー・データ」を参照のこと）。日系企業だけでなく中国に進出している韓国企業や台湾企業さらには各国における現地企業も多数訪問できたこと，日系企業においても現地出身の人材からの聞き取りができたこと，これは日本人は研究代表者の筆者を含めて少数派であり，韓国・中国・台湾を出身国とする多国籍研究者が主要なメンバーとなっている本プロジェクト・チームのユニークな特徴であり，大きな利点の一つであった。

　訪問先の業種は，製造拠点や開発拠点からなる製造業が圧倒的な割合を占めているが，デパートやスーパーマーケットなどの大規模小売業，商社，宅配業，銀行など非製造業も含まれている。製造拠点や開発拠点では，ほとんどの場合，工場や開発の現場を見学させて頂いた。その際には，先ほどの付表には示されていない実にたくさんの現場の監督者，技能者の方々からも聞き取りを行い，

そこでも現場ならではの貴重な情報を大量に得ることができた。本来の仕事とは全く関係のない貴重な時間を割いてインタビューや現場の案内に応じて下さったこれらの方々への感謝の気持ちはどんな言葉でも言い尽くすことができないが，この場を借りて篤く心からのお礼を申し上げたい。本書では，そうして得られた情報のごく一部しか活用できていないのが，心苦しくまた心残りであるが，いずれこの宝の山を十分に活かした論考を展開したいと考えている。

本書の構成

第1章「東アジアにおける日系企業の企業内知識移転：日本人出向者の役割と連鎖的技術移転の視点からの考察」（板垣博）では，日本企業の企業内知識移転の実態を，日本人出向者の役割と課題，本国から海外拠点を経てさらに他の海外拠点へという技術移転の連鎖という二つの視角から考察する。本章は，本書の中にあって，東アジアにおける日本企業全体を見渡した考察を行うという位置づけになる。

2章から4章は，韓国との関係の中での日本企業がテーマとなる。第2章「逆駐在員による知識の移転：欧米企業と日本企業の比較研究」（金熙珍）では，韓国に進出している日本企業3社の逆駐在員制度の動機，目的，結果が，欧米企業の逆駐在員制度と比較しながら分析されている。第3章「新興国市場向け車両の開発体制の比較研究：日産と現代自動車の事例を中心に」（呉在烜）では，新興国向けに開発したモデルの特徴とその開発体制に関する日産自動車と現代自動車との比較研究を行う。第4章「多国籍企業の統合と分散のダイナミックな分析：韓国における日本企業の事例」（朴英元）では，「統合と分散」を切り口に，韓国に所在する現地子会社と日本本社との間の権限の在り方の推移と特徴を考察している。

第5章と第6章は，台湾企業と日本企業との間の協力・提携関係がテーマである。第5章「台湾におけるパナソニックと地場サプライヤーとの協力関係：レッツノートとタフブックの価値作りの底力を探る」（劉仁傑）は，台湾におけるパナソニックのノートパソコン事業とそれを支えてきた台湾のサプライヤー6社との間の協力関係の特色を考察している。第6章「企業間・企業内に

おける国際分業と多拠点間連携：日台企業間提携を中心に」（高瑞紅）では，日本と台湾の工作機械メーカーの合弁事業を核とした国際分業と提携関係が考察されている。

　第7章と第8章は，中国に進出している日系企業2社の経営をテーマとする。第7章「新興市場のモザイク構造と日本企業の創発的適応能力」（李澤建）では，自動車部品メーカーを事例にとりつつ新興国市場における製品開発の在り方についての議論がなされている。第8章「中国における日系企業のビジネス展開の成功要因：コマツを事例として」（王中奇）では，中国におけるコマツの合弁事業の成功要因が考察の対象となる。

謝辞

　あらためて多忙な勤務の時間を割いてインタビューに応じてくださった方々，製造や開発の現場を丁寧に案内してくださった方々へ，心から感謝を申し上げたい。こうしたご協力がなければ本書のもととなる現地調査の実施が不可能であったことは言うまでもない。

　現地調査の実施や研究プロジェクト予算の執行については，阿部里美さん，槐由美子さん，元安由香さんをはじめとする研究支援課の方々の周到で配慮の行き届いたサポートを頂いた。研究プロジェクトが滞りなく推進できたのもこうした支援があったればこそである。

　本書の執筆には加わらなかったが，プロジェクトのメンバーとして次の方々も，企業への協力依頼や現地調査の手配と様々な議論を通じて本書が成立する上で大きな貢献をしてくれた。戴暁芙復旦大学日本研究センター教授，郭玉傑北京理工大学外国語学院教授，劉慶瑞台湾輔仁大学外語学院副教授，張元卉北京理工大学外国語学院講師，高橋徳行武蔵大学経済学部教授，阿部武志青山学院大学ヒューマン・イノベーション研究センター客員研究員，黒岩健一郎青山学院大学大学院国際マネジメント研究科教授，石黒久仁子東京国際大学国際戦略研究所准教授。また，康冬鶯（慶應義塾大学大学院修士課程修了）さんは，プロジェクトメンバーの一員として調査に参加しつつ，中国人技術者や管理者，中国企業に対するインタビューに際して実に的確な通訳をしてくれた。

研究書の刊行が困難な状況の中で本書の出版をご快諾頂いた文眞堂の前野隆社長と前野弘太様さらにはとても丁寧な編集作業をして下さった編集部の方々にも篤くお礼を申し上げたい。

武蔵大学からの出版助成金も本書の刊行を後押ししてくれた。

執筆者を代表して
武蔵大学　板垣博

注
1　本書の各章は、『武蔵大学論集』第65巻第1号（2017年9月）に掲載された論文に加筆修正を加えたものである。章によってはかなり大幅な修正が加えられている。
2　具体的には、以下の研究プロジェクトである。
　1．平成22年度〜24年度科学研究費・基盤研究（B）：研究代表者：板垣博、テーマ「日本・中国・韓国における開発拠点の分業・連携および人材育成に関する研究」、課題番号：22330125
　2．平成24年度〜28年度；文部科学省私立大学戦略的研究基盤形成支援事業：研究代表者：板垣博、テーマ「東アジアにおける人的交流がもたらす経済・社会・文化の活性化とコンフリクトに関する研究、事業番号S1291005。このプロジェクトは、経営班、人文班、社会班の3つから成り立っており、筆者は経営班のリーダーも務めた。経営班の研究テーマは「本国からの出向者・外国人就業者・起業家の役割と異文化理解上の課題に関する研究」である。
　3．平成28年度〜30年度科学研究費・基盤研究（B）海外学術調査：研究代表者：板垣博、テーマ「日本企業の海外拠点に対する異時点間比較調査を通じた経営進化の考察」、課題番号16H05708

参考文献
橘川武郎・久保文克・佐々木聡・平井岳哉編著（2015）『アジアの企業間競争』文眞堂。
清水一史（2015）「ASEANの自動車産業 – 域内経済協力と自動車産業の急速な発展 –」（石川幸一・朽木昭文・清水一史編著『現在ASEAN経済論』文眞堂，所収）。

第1章

東アジアにおける日系企業の企業内知識移転
―― 日本人出向者の役割と連鎖的技術移転の視点からの考察

1. 本章の問題意識, 研究方法, 構成

1.1 問題意識と本章の目的

　日本企業が 1960 年代初頭にアジアを中心とした投資を開始してから半世紀以上が経過した。この東アジアへの投資は日本企業内部での技術移転を伴っただけでなく, アメリカを中心とした欧米の製品・生産技術を日本流に消化吸収してアジア各国に伝播し, その後の NIEs, ASEAN, 中国の工業化を促進するという, いわば世界史的意義をもつものであった (安保, 1998)。しかし, 日本企業の海外経営には, 「本国中心主義」,「日本人出向者主導による経営＝経営者の現地化の遅れ」という否定的な見方がその初期の段階から常に付きまとってきたのもまた事実である (Trevor, 1983；吉原, 1999；石田, 1999；Kopp, 1999)。

　筆者は, この「日本人出向者主導の経営」には合理的な根拠があると論じてきた。その要点は二つある。第 1 に, 長期雇用とタテとヨコの職務間の垣根の低さを土台とした日本企業の強みである職務間・職場間の連係プレーという現場主義的な問題解決能力を海外で発揮するには様々な障害があり, その障害を乗り越えるのは不可能ではないにしても時間がかかる。したがって海外子会社のオペレーション能力を構築し高めるためには, そうした仕事の仕方と能力を身に付けた日本人出向者の存在が不可欠である, という論点である (Itagaki, 2009)。第 2 に, 海外と本国とでは環境が異なるので海外においては本国で構築した能力をフルに発揮する必要はないといわば「80 点主義」の割り切りを

もって海外経営を行うドイツ企業とは違って，海外においても可能な限り本国に近い技能・技術水準を発揮しようとする日本企業の志向性が，日本人出向者主導の現地経営をもたらしているという論点である（板垣，2010）。大木（2014）もまた，日本人出向者は現地人トップに比べて，より有効に技術を移転するための量産知識の豊富さ，親会社との交渉力の強さ，本国の文化的背景を熟知し親会社とのつながりを持つことによるコミュニケーションの円滑さ，という点で有利であると論じ，一面的な日本企業批判に疑問を呈している。

　もちろん，筆者も，日本人出向者主導の経営にはそれに批判的な上記の論者達が指摘している問題点，すなわち，出向者に支払う人件費の高さが現地法人の収益を圧迫する，ローカル人材のモチベーションを低下させる可能性がある，本社の顔色をうかがう経営に陥る恐れがある，といった問題点が存在すること自体を否定しない。しかし，考察すべきは，そうした問題点を抱えながらも，そしてその問題点を日本企業自身が自覚しながらも[1]，なぜ出向者主導の経営が長期にわたって続くのか，そのロジックを解き明かすことであろう。言い換えれば，日本人出向者主体の経営の正と負の二つの側面を同時に見据えながら，議論をする必要がある。

　本章は，そうした問題意識を背後におきつつ，東アジアにおける日本企業の拠点間の知識・技術移転の実態と特徴を，①日本人出向者の海外拠点における比重，役割，問題点，②本国と海外拠点およびある海外拠点から他の海外拠点へという技術移転の連鎖の二つの視角から考察することを目的としている。この②の論点は，日本人以外の出向者の役割，移転される知識の具体的内容を明らかにすることによって，①の論点を補強する役割も果たす。

　東アジアを考察の対象とするのは，日本企業の進出先として最も長い歴史をもち，戦略的重要性と地理的・文化的距離の近さからして知識移転の豊富な事例を有する地域だからである。ここで，東アジアと呼ぶのは，日本・韓国・台湾・中国などの狭義の分類ではなく，World Bank（1993）が採用した分類，すなわち狭義の東アジアに加えてASEANなど東南アジア諸国をも含む分類に従った呼称である。その東アジアの中から，台湾，韓国，中国，タイ，マレーシア，シンガポール，ベトナム，ラオス，という日本企業による現地経営の経験の長さ，経済の発展段階，戦略的重要性などが異なる8つの国と地域を選び，

できる限り特定の地域的バイアスがかからないバランスの取れた情報が得られるように工夫した。

1.2　研究の方法

　考察のベースとなった情報は，序文の注2で記した主として2010年8月から2016年3月までの7年の間に上記8つの国と地域および日本国内に所在する計226の企業・機関を訪問して得られたインタビュー・データである（詳しいインタビュー・データは巻末の付表を参照）[2]。本章では，そのうち海外に所在する日本企業の拠点103社を考察の対象としている（表1-1参照）。

　海外103拠点のうち中国が53拠点と半数を占めるので一見中国バイアスがかかっているように見えるかも知れない。しかし，韓国・台湾・シンガポールのかつてNIEsと呼ばれた国が25拠点，ASEAN（シンガポールを除く）全体では25拠点となり，そうした括りで考えれば日本企業の海外展開とのバランスと大きく離れたものではないといえよう。

　日本企業の業種は，製造拠点（製造のみに特化している拠点と開発機能を有する製造拠点の両者），開発拠点，地域統括会社からなる製造業への訪問が圧倒的な割合を占めているが，デパートやスーパーマーケットなどの大規模小売

表1-1　調査対象日系企業の概要

	中国	韓国	台湾	タイ	マレーシア	シンガポール	ベトナム	ラオス	計
2010年度	11	0	0	0	0	0	0	0	11
2011年度	12	2	0	0	0	0	0	0	14
2012年度	9	4	0	0	0	0	0	0	13
2013年度	10	0	9	0	0	0	0	0	19
2014年度	11	0	1	0	0	0	0	0	12
2015年度	0	0	0	0	4	2	5	0	11
2016年度	0	3	4	7	2	0	0	7	23
計	53	9	14	7	6	2	5	7	103

注1：海外の日本企業には現地資本との合弁会社が含まれる。
注2：期間中に2度訪問した日系の拠点が，韓国，台湾，中国に一つずつあるので，訪問した海外の所在する日系の「企業数」としては101社となる。
資料：筆者作成

業，宅配業，商社，銀行など非製造業も含まれている。

インタビューは，本章の付表「インタビューのポイント」に基本的に沿いつつも，相手の話の内容や専門分野に応じて特定のトピックスに深入りしたり，時にはプロジェクトのテーマからは距離のある話題に及ぶという自由な聞き取りをも併用する半構造化スタイルによって実施された。さらに，製造拠点や開発拠点では，ほとんどの場合，工場や開発の現場を見学することができた。その際には，先ほどの付表には示されていない実にたくさんの現場の監督者，技能者の方々からも聞き取りを行い，そこでも現場ならではの貴重な情報を大量に得ることができた。

1点言い訳をするなら，訪問先での滞在時間も応対者の専門分野もまちまちであるため，得られた情報には企業ごと質問の領域ごとにかなりの精粗がある。得られた情報に企業ごと領域ごとの偏りがあることは，本研究のようなスタイルをとる調査にはつきものであり，それが論考の一部を制約していることは，率直に認めざるを得ない。

しかし，インタビュー調査においてはアンケート調査では得られない非言語的なものを含む密度の濃い大量の情報が得られる。しかも本章で対象とする拠点数が103に達するというのは，アンケート調査にも匹敵するサンプル数であるといって良いのではないか。そうした意味で，インタビュー調査によって得られた情報に基づく考察ができるのは，企業ごとに情報の精粗があるという弱点を補って余りあると考える。

1.3 本章の構成

本章は次の三つのパートからなる。

第2節では，日本人出向者の特徴・役割・課題を，現地拠点の最高責任者の出身国，全従業員に占める出向者の比率といった数値データと，非言語的情報をも含む定性的データの二つの方向から論じる。その際，海外拠点の最高責任者を務めるローカル人材や日本語人材の特徴も併せて考察し，日本人出向者の特徴を裏側から浮き彫りにする。

第3節では，日本発の技術・ノウハウが，ある海外拠点から他の海外拠点に

移転する事象を「連鎖的技術移転」と名付け，その実態の一部を「チャイナプラスワン」を契機として行われた生産機能の移管を例にとりながら考察する。具体的には，日本ー（台湾）ー中国ーベトナム間の技術移転の連鎖を，日本人・中国人・台湾人出向者が果たす役割と移転される技術の中味を中心に論じる。先にも触れたように，この節は，移転される技術の中身を具体的に論じることによって，第2節を補強する役目をも果たす。

第4節ではまとめと本章のもつインプリケーション，残された課題について論じる。

最後に補論として，現地経営において日本で生み出された製品・生産技術と，それを伝播・定着させる日本人出向者が大きな役割を果たすという共通性がありながらも，中国・台湾・韓国の拠点においては経営の特徴に違いがみられることを論じる。具体的には，中国の拠点では「日本との相互補完性」，台湾の拠点では「日本との親和性」，韓国の拠点では「日本からの自立性」に傾斜した経営が行われているとする。補論とするのは，スケッチ的な記述に留まっているからである。今後，インタビューデータをより有効に活用しながら議論を深めていきたい。

2. 日本人出向者の比重・役割・課題

海外子会社における出向者に対しては，海外子会社の統制，本国からの技術やノウハウの移転とそれに基づく海外拠点の能力構築，本社と子会社および子会社間の情報交換，子会社におけるリーダーの育成など多岐にわたる役割が期待されている (Kobrin, 1988 ; Gupta & Govindarajan, 2000 ; Fang, Jiang, Makino & Beamish, 2010)。さらに，Black, Gregarson, Mendenhall & Stroh (1999) は，異文化の中での海外勤務が企業のリーダーを育成する上で大きな効果をもつとして，本社を含む企業内部における人材育成面での戦略的重要性を強調している。本節では，筆者達が行った海外現地調査から浮かび上がる日本人出向者が果たしている役割においてその特徴がどこにあるか，また課題は何かについて，数値データおよび非言語的情報をも含む定性的データの二つの

側面から考察する.

2.1 数値データから見た日本人出向者の特徴

調査結果をいくつかの数値的なデータで確認していこう。最初にみるのは，出向者主導の経営であるか否かを端的に示すと思われる拠点の「実質的」な最高責任者が日本人出向者なのか，それともローカル人材なのかである（表1-2）。「実質的」という意味は，例えば中国拠点の場合，日本の取締役会に相当する董事会の議長である董事長が意思決定の最高責任者である場合と，董事長はいわば名目的な存在で日本の社長に相当する総経理が経営の指揮権を執る場合があり，それによって同じ役職名がついていてもどちらが経営の実権を握っているかが異なってくるからである。この表に含まれるのは操業経験年数が確実に把握できる64拠点である。

この表からまず判るのは，64拠点のうち日本人出向者が実質的な経営トップに就いている拠点が49と全体の76.6％を占めていることである。なお，操業経験年数が確実に把握できていないものも含めた103拠点全体の中でも，日本人出向者が実質的な経営トップを占めているのは80拠点と77.6％を占めており，両者の比率はみごとなまでに一致する。多国籍企業の海外子会社においてローカル人材が経営トップの地位にある比率を調べたHarzing（1999）によれば，日本企業では38.5％とドイツ企業（40.0％）とほぼ肩を並べて最も低い。白木（2006）が指摘するように，そして本調査でも明らかなように，日本企業において第三国人が経営トップの地位にある事例は皆無に近いので，上記の数字は日本人が経営トップにある海外子会社の比率が62.5％である計算となる。ちなみに，Harzing（1999）でローカル人材が経営トップにある比率が最も高いのは77.0％のアメリカ企業である。さらに，アメリカに所在する外国企業の経営トップの国籍を調査したRosenzweig（1999）によれば，日本人出向者が経営トップにある現地拠点の比率は71％である。既存研究が示したとおり，本調査の結果においても，経営トップに日本人が就くという意味での日本人出向者主導の経営スタイルが明らかである。

表1-2のデータから浮かび上がる興味深い事実は，操業経験年数が10年を

表 1-2　現地拠点の実質的な最高責任者

操業年数／進出先	日本人	ローカル	日本人トップの比率
30 年以上			
中国	0	0	
韓国	1	3	
台湾	6	3	
ASEAN（先）	5	0	
ASEAN（後）	0	0	
合計	12	6	66.7
20 年～29 年			
中国	1	2(1)	
韓国	2	0	
台湾	1	0	
ASEAN（先）	4	2	
ASEAN（後）	1	0	
合計	9	4	69.2
10 年～19 年			
中国	5	4(1)	
韓国	0	1	
台湾	1	0	
ASEAN（先）	1	0	
ASEAN（後）	2	0	
合計	9	5	64.3
9 年以下			
中国	9	0	
韓国	1	0	
台湾	0	0	
ASEAN（先）	2	0	
ASEAN（後）	7	0	
合計	19	0	100.0
総計	49	15	76.6

注1：ASEAN（先）はタイ・マレーシア，ASEAN（後）はベトナム・ラオス
注2：操業年数は訪問時のもの
注3：ローカル欄の（）内の数字はローカル人材のうち合弁相手先からの派遣者数。
資料：インタビュー調査と企業提供の資料に基づき筆者作成

表 1-3　操業経験別出向者比率

30 年以上	
ASEAN（先）平均　N=5	1.0
韓国平均　　　N=4	1.8
台湾平均　　　N=7	0.5
全地域平均　　N=16	0.9
20 年～30 年未満	
ASEAN（先）平均　N=5	1.2
ASEAN（後）平均　N=1	2.4
韓国平均　　　N=2	0.6
台湾平均　　　N=2	1.6
中国平均　　　N=5	0.1
全地域平均　　N=15	1.2
10 年以上 20 年未満	
ASEAN（先）平均　N=1	1.3
ASEAN（後）　　N=4	2.5
韓国平均　　　N=1	0.2
台湾平均　　　N=1	6.7
中国平均　　　N=17	1.0
全地域平均　　N=24	1.2
10 年未満	
ASEAN（先）平均　N=2	10.0
ASEAN（後）平均　N=3	1.9
韓国平均　　　N=1	6.3
中国平均　　　N=19	1.6
全地域平均　　N=25	2.5

注：操業経験年数，ASEAN（先），ASEAN（後）は表 1-2 に同じ。
資料：インタビュー調査と企業提供の資料に基づき筆者作成

超えると＜10年以上〜19年＞，＜20年以上〜29年＞，＜30年以上＞という操業経験の長短にかかわらず日本人が経営トップに就く拠点の割合に大きな変化がみられないとである。常識的に考えれば，操業経験が長くなるにつれて経営者の現地化が進み日本人出向者がトップにつく比率は下がるはずである。ところが表1-2が示すデータでは10年を超えたところで日本人最高責任者の比率は下がらなくなる。これを「操業経験10年超の壁」と呼ぼう。

興味深いことに，この「操業経験10年超の壁」は現地拠点の従業員全体に占める日本人出向者の比率においても全く同じ現象が見られるのである（表1-3）。全従業員に占める日本人出向者の比率は，10年を超えると平均が1％前後とほとんど大きな変化がみられない。

経営トップ，日本人出向者比率においてみられる「操業経験10年超の壁」は，日本企業は日本人主導の経営そのものに固執するが故に，10年を超えると経営者の現地化の程度が頭打ちになってしまう，ということを意味するのであろうか。おそらくそうではないというのが筆者の判断であるが，その点は次の日本人出向者の役割の問題の中で検討し，さらに現地人材の育成と関連づけつつ後にも考察する。

海外拠点において，必要とされる日本人出向者の能力とは何かを考える上で有益であると思われる二つのデータを示しておこう。

第1のデータは，開発拠点および生産拠点に付置されているものの充実した開発機能を持つ開発センターの11拠点における日本人出向者の比率である（表1-4）。A，B，C，Eを例外としていずれも5％前後を中心とした高い日本人比率が特徴的である。この例外的に日本人比率が低い拠点にはそれぞれに理由がある。まずAであるが，ここは全社のDVDプレイヤーのグローバルモデルを開発する重要拠点である。組織改編があり制度的には訪問時の経験がゼロ年となっているが，開発センターとしての機能を担い始めてから訪問時までに実質的には5年以上が経過していた。それでも毎週10人程度の出張者が日本から来ている。本国との地理的距離の近さがそれを可能にしているわけだが，こうした出張者が常時出向者の機能を補完していると考えれば，2.5％という出向者比率は決して低くない。Bは自社内部での開発に加えて，中国ソフトウェア会社からの委託業務なども行うというやや特殊な事情がある。業務の半分を占

表 1-4　開発拠点における日本人出向者比率

企業	立地	操業年数	機能	出向者数	従業員数	比率
A	中国	0	DVDプレイヤーのグローバルモデル開発	5	250	2.0
B	中国	6	カーナビ開発（委託業務が半分）	9	834	1.1
C	中国	14	化学品の研究開発（日本からの委託研究）	0	121	0.0
D	中国	9	デジタル家電研究開発	4	70	5.7
E	中国	10	計測機器・制御装置などのソフトウェア開発	1	81	1.2
F	中国	7	車載用AV.ナビの設計・開発	7	130	5.4
G	中国	8	食品開発	5	91	5.5
H	韓国	6	半導体製造用材料開発	1	16	6.3
I	韓国	39	コピー・プリンター開発	4	83	4.8
J	ベトナム	12	車両開発	60	1787	3.4
K	マレーシア	24	エアコン開発	13	272	4.8

注：A, B等の記号は単なる符号であり，他の表の記号とは無関係である。
資料：インタビュー調査と企業提供の資料に基づき筆者作成

める中国企業からの委託については日本人出向者が必要ないであろうから，その分日本人出向者の比率が低くなって当然であろう。Cは日本人出向者はゼロであるが，業務内容は独自の開発ではなくもっぱら日本からの委託研究である。経営トップは中国人だが日本の理工系大学院を修了しており，プロジェクトごとに年1回は日本人出張者が来る。Eは中国人がトップを務め，出向者比率も低いが7,8人の中国人部長全員が6年以上の日本での仕事経験がある。つまり，日本人比率が低いところはそれを補う何らかの日本的要素があるといえる。

一方，上記以外の開発拠点においては，操業経験39年のI，操業経験24年のKと操業経験の長い拠点を含めて日本人出向者の比率が高い。開発拠点には日本で生まれた製品要素技術が持続的に移転されるであろうから，このことは日本人出向者の担っている大事な役割の一つが新しい技術の移転と定着であろうことを推測させる。開発拠点の製品要素技術だけでなく，生産拠点における新しい生産要素技術の移転についても同じことがいえよう。ただ，開発拠点の方が従業員規模が生産拠点よりも一般に小さく，また，開発技術の方が生産技術に比べて要素技術の新規性がより高いであろうから，開発拠点の方が日本人出向者への依存度がより鮮明に表れることになる。以上から，操業経験年数が長くても新しい技術や機能が付加されれば日本人出向者の役割と比率は簡単には減じない，といえよう。

表 1-5 経営トップを担うローカル人材の特徴

企業	立地	機能	従業員数	在籍年数	教育	合弁
A	中国	化学品開発（日本委託研究）	121	14年	理系院（日）	×
B	中国	金型の製作開発	89	不明	不明	×
C	中国	ソフトウェア開発	81	不明	不明	×
D	中国	車載ランプの製造開発	1600	35歳入社	理系	不明
E	中国	パワートレイン生産	1400	不明	不明	○
F	中国	統括会社	不明	不明	理系院（日）	×
G	中国	建設機械の製造・開発	832	18年	理系	×
H	韓国	車載メーター製造開発	626	26年	理系	×
I	韓国	半導体・液晶装置の製造開発	450	23年	理系院（日）	×
J	韓国	車載電子部品の製造開発	870	29年	理系	×
K	韓国	電子部品の製造開発	296	33年	産業工学	×
L	台湾	自動車部品	401	33年	不明	×
M	台湾	自動車製造開発	3152	33年	理系	×
N	マレーシア	自転車部品の製造	3153	24年	不明	×
O	マレーシア	電子部品	317	19年	理系院（日）	×

注1：「合弁」欄の○は合弁相手からの出向，×は当該拠点に入社。
注2：A，B等の記号は単なる符号であり，他の表の記号とは無関係である。
資料：インタビュー調査と企業提供の資料に基づき筆者作成

　第2のデータは，経営トップに就いたローカル人材に関するものである。日本人の最高責任者に代わってトップに就いたローカル人材の特徴をみることで，からめ手から日本人経営トップに求められる資質や能力の一端を明らかにできるであろう。表1-5に経営の最高責任者を務める15人のローカル人材を一覧にしてその特徴を示した。

　表1-5からまず明かなのは，彼ら（日本人・ローカル人材ともに最高責任者は全員男性であった）の在籍年数の長さである。短くて14年，長い者では30年を超える在籍年数となっている。調査対象企業においては，経営トップ，ないしはそれに準じたポストを用意してのヘッドハンティングは1件もなく，最高責任者はすべて内部昇進によるものである。経営トップではないが，小池（2008）もタイ・トヨタのローカル役員層は内部昇進を特徴としていることを強調している。これは，経営トップをはじめ上層部のローカル人材には，その企業の理念，文化，特有の行動規範，仕事の進め方，情報交換のスタイルなどを熟知し，それを本社と共有することが求められていることを示している。こうした企業理念・文化，行動様式，仕事の仕方などを規範的知識と名付けるなら，

現地トップに求められるのは，まずは規範的な企業文脈型知識の共有である。

　次に，彼らのバックグランドとして技術系が主流をなすことが明らかである。「教育」の欄で，彼らのバックグランドが技術系なのか（たとえ経営トップになる直前には管理系であったとしても），それとも営業や管理系なのかを知るために，大学や大学院の専攻を示している。直接面談しなかったことなどで不明である5人を除く10人が理工系の最終学歴を有する。不明としたBとCも拠点の機能が開発であることからすれば，技術系人材と判断できるだろう。さらに，こうした技術系の教育バックグラウンドをもつ12人のうち，4人が日本の理工系大学院修了者であることも注目しておいてよい。また，表には示していないが，たとえ日本での教育を受けた経験はなくても日本の本社で仕事をした経験をもつ者が存在する。こうしたことから，彼らに求められているのが，日本本社が生み出した製品開発，生産管理，品質管理，設備保全などの技術を吸収し応用する能力であると言えよう。これらの開発から生産現場に至る技術を機能的知識と呼ぶなら，経営トップに就くローカル人材に必要なのが，機能的な企業文脈型知識を本社と共有できる能力である。

　以上を要するに，理工系のバックグランドをもち，かつ規範的・機能的な企業文脈型知識，さらには日本の社会や文化をよく知る人材（＝日本的文脈の理解者）が，経営トップとしての好ましいローカル人材像であるといえる。これは，海外子会社のトップに本社の所在する国で教育を受け入社したローカル人材を派遣し，彼らを軸とした理念，価値観，知識の共有が本社と現地子会社との間の紐帯をなす，かつてのヨーロッパ系企業のいわゆるマザー・ドーター組織（Franko, 1976）とよく似た特徴をもつといえよう。

　以上の表1-4と表1-5の二つの表に示された情報から想定される経営トップを含む日本人出向者の役割は，第1に企業がもつ特有の規範的知識を体化した人材としてそれを伝達し実践することである。第2に，日本の国内で新たに生み出された技術やノウハウ＝機能的知識を身に付けた人材として，それを海外拠点で実践し移転する役割が浮かび上がる。

2.2 非数値的情報から見た日本人出向者の特徴

次に，インタビューを通して明らかになった日本人出向者の特徴と課題を，非言語的情報をも含む定性的データによって論じておこう。また，日本人出向者の働きと密接に関連する現地の日本語人材の特徴についても検討を加える。

表 1-6 は日本人出向者の役割についての聞き取り調査の要点を一覧にしたものである。ここからまず明らかな第 1 の特徴は，どの拠点においてもほぼ例外なく日本人出向者は製品ないしは生産・製造技術に関する機能的知識の移転と定着の面で重要な役割を果たしていることである。そして，この機能的な面での役割は大きく分けて三つに分類できる。

まず，第 1 は，拠点におけるルーティン・ワークを含めた技術の中核的担い手としての役割である。製品やサービスの品質管理，ジャスト・イン・タイムに代表される生産・在庫管理，設備の保守保全など多岐にわたる技術部門の長としての職務を担っているケースがそれにあたる（ケース 7, 11, 17, 24, 33, 47, 53 など）。知識移転という視点からいえば，日本の親会社や親工場が有する基本的技術の移転と定着の役割といえる（山口，2006））。操業期間の決して短くない拠点においても，部門長に就いている日本人出向者のケースが多数に上ることは，こうした機能的知識の移転自体がそれほどたやすくはないことを示している。

操業経験を積んだ拠点であっても，日本人出向者が部門長として期待されている第 2 の役割は，本国において絶えず生み出されている新しい製品技術と生産・製造技術を本国と連係をとりながら導入するいることである。先に見た，製品開発拠点における日本人比率の高さがそれを示している。たとえ操業経験が長くルーティン・ワークはローカル人材でこなせても，「新しい技術や仕組みが入ってきたときには日本人出向者が必要」（ケース 49）となる状況が多々ある。藤本（1997）や折橋（2008）が強調する日本企業の新しい状況への高い対応能力を海外に持ち込む際に果たす出向者の役割である。

三つめの役割は，日本人出向者がラインの長ではなくアドバイザーなど黒子役に回る場合に純粋な形で現れる。「通常ではない場合，その時だけ特殊なや

り方が必要になる」(ケース2),「日本人はコーディネーター。基本は中国人が部長だが,非常事態への対応は日本人がサポートする」(ケース30),といったように異常への対処は,日本人出向者の役回りとなる。2の論点と併せてまさに小池(2005)が強調する「変化と異常への対処」の役割である。その際,ケース2でもケース49でも日本人出向者が日本と連係をとりながら変化と異常への対処を行っていることが見てとれる(ケース2:「日本人の仕事は日本とのつなぎ役が重要な役割。(通常でない場合の対処法は)日本のやり方と合わせ

表 1-6　日本人出向者の役割

企業	立地	出資比率	操業年数	日本人出向者の役職・任務・役割
1	中国	51	16	幹部9人,専門家4人;副総経理は中国人;日本人総経理は生産・販売,中国人副総経理は工場管理を担当
2	中国	100	0	所長は日本人,副所長は中国人;日本人の仕事は日本とのつなぎ役が重要な役割。通常ではない場合,その時だけ特殊なやり方が必要になる。そうした際に日本のやり方と合わせる必要。経験の差。
3	中国	100	15	董事長は日本人,総経理は中国人
4	中国	—	6	総経理・副総経理とも日本人。部長クラスは全て中国人;日本人の役割は技術アドバイザー。日本との情報交換は中国人のプロジェクトリーダーが直接行う。
5	中国	100	14	研究課題・プロジェクトごとに取りまとめ役の　日本人出張者が必ず年一回来る。
6	中国	55	17	総経理:日本人,副総経理:日本人は製造担当,中国人は管理担当。出向者:日本企業8,中国企業:10;基本設計は日本。
7	中国	100	7	総経理・副総経理:日本人;技術92人のうち日本人12～3人
8	中国	100	10	日本人:評価作業;中国人部長(7～8人)は全て日本に6～7年以上滞在。全て日本語でコミュニケーションが取れる
9	中国	100	7	総経理・技術部長・管理部長は日本人;課長(11人)は全て中国人だが全員日本語ができる。日本人顧問4人(ソフト2人,電気2人)
10	中国	100	14	総経理,副総経理,財務部長,資材部長など;中国人:部長は7名,科長は全員中国人
11	中国	100	8	総経理,副総経理,部長また副部長は日本人。その下が中国人(日本語がわかる)

12	中国	45	22	日本人副総経理は技術・管理出身の2人。他に開発2, 品質保証1, 製造2; 日本との情報交換は二人の日本人副総経理が中心。
13	中国	100	6	開発第1部部長は日本人, 第2, 3部部長は中国人。日本からの出張者が常時20人ぐらい。
14	中国	80	24	部門長は, ほとんどが中国人。SCM, 開発, 財務部門のみ日本人。開発部隊は60名のうち日本人3名
15	中国	60	19	日本人: 総経理, 3名の工場長, 資材部門に1名, 生産部門に1名, 経営企画部長, 財務部
16	中国	100	17	日本人出向者36人: 総経理 (営業), 副総経理 (技術), 製造: 29人, 営業: 3人, 管理: 4人
17	中国	100	8	日本人出向者: 総経理, 副総経理, 部長6人, 科長5人
18	中国	50	9	経営会議が意思決定 (総裁, 日本人副総裁3, 中国人副総裁4); 開発センターは700人中日本人25人
19	中国	20	27	日本人: 総経理 (技術) など6人。中国人はマネジメント。HRMには出向者は入り込めない; 別組織の開発会社には日本人出向者が25人おり, 当社とのつなぎ役をやる。
20	中国		16	日本人総経理は当拠点に15年間在籍。1週間に1回は5店舗全部を回る。
21	中国		6	日本本社とシンガポール子会社の合弁。日本人9人, シンガポール3人
22	中国	75	8	董事長・総経理: 中国人, 副総経理: 日本人 (技術)。
23	中国	34.3	15	中国人常務副総経理の下に2人の日本人副総経理 (生産と開発担当): 経理1, 機械加工1, メンテ1, 品管1
24	中国		0	駐在員の6割は技術系。立ち上げて間がないので日本から20-30名の超ベテランが来て教育。
25	中国	21	15	日本人のトップは副総経理 (品管), 生産技術, ATの開発, 会計
26	中国	100	10	日本人出向者: 総経理, 工場長, 製造課課長, 品質保証課課長, 生産管理課課長
27	中国	100	20	製造技術1, 販売2
28	中国		17	董事長, 総経理, 副総経理, 財務本部長, 商品部, 店舗指導部
29	中国	60	19	副董事長 (前総経理, 技術顧問, 5代目総経理); 駐在員の役割: 調整のための黒子役。まだローカル人材の実力が伴わないところは日本人がやる。最も難しいのは当企業の基本的哲学の浸透。耳にタコができるまで, 言い続けなと崩れてしまう。

30	中国	100	11	日本人はコーディネーター。基本は中国人が部長。日本人はサポート役。非常事態への対応。コーディネーター制度は新工場に移転した2013年から。それ以前は日本人が部長。
31	中国	56.3	10	日本側はものづくりに注力。中国側が人事，総務．仕組み作りをすればそれで良いというものではない。その時々で必要なことが変わってくるので，何が必要かを言う必要が。
32	中国	100	9	日本人：総経理，生産管理，品質保証，営業
33	中国	49.9	8	日本人：総経理，設計，金型，プレス，組立，製造技術（設計と製造は部長），他は課長（課長の役割は，本社とスムーズにコミュニケーションを取りながら後継者を育てること）。
34	韓国	51	37	社長：韓国人（設計技術），副社長：日本人（生産本部長を兼任；アメリカ5年，フィリピン3年の経験）。日本人は経営本部に1人，生産本部に1人，後は全て設計技術者。納入先は韓国自動車メーカー。日本企業とは文化が違う（速いスピード，トップダウン，土日なし）。肩書きが重要でまず社長を呼び出すので，韓国人社長でないと務まらない。
35	韓国	100	26	日本人出向者6人：社長，技術関連2人（経営ラインにについている），アドバイザー3人（経理1人，金型1人，品質1人）；マネージャー経験者が中心。韓国人のスタッフは日本に文句を言わない。それをカバーするのが出向者。遠慮もあるし，話しやすい人ばかりではない。韓国人の言い分：日本に連絡を取っても返事が来ない。
36	韓国	100	39	日本人：社長＋営業3人
37	韓国	100	30	社長：韓国人（取引相手の韓国企業は24時間開発しているのでスピードが肝心。韓国人社長でないと顧客との対応が難しい）。日本人出向者13人（2010年ごろから設計機能が増える。）。韓国人のグローバル出向11人（日本，アメリカ，ヨーロッパ，メキシコ）：韓国拠点が開発したものがある拠点だけでなく，開発していないものでも本人のレベルを上げて帰国してから管理者になる。
38	韓国	100	44	社長：韓国人。日本人6人：経理本部長とエンジニア。
39	台湾	10	14	日本人駐在員は副総経理（アルバイトとして入社→正社員）
40	台湾	91	35	日本人は副総経理。他に品質主管。現地の自立化に向けた人材育成。
41	台湾	100	27	総経理以外は顧問（調達，品質，製造，人事）
42	台湾	65	33	総経理は台湾人，副総経理は日本人
43	ベトナム	100	2	日本人：32人，中国人：14人
44	ベトナム	100	12	マネジメントだけでなく技術も教える

45	ベトナム	100	11	日本人3人，台湾人1人，韓国人1人
46	ベトナム	25	21	社長，副社長（日本人，ベトナム人）
47	ベトナム	100	8	日本人6のうち5人がライン，1人が技術支援。
48	マレーシア	100	24	日本人13人：社長
49	マレーシア	100	43	日本人16人：社長。出向者は従来の半分に。日本人の役割：親工場との連係，新しい技術や新しい仕組みが入ってきたときに必要。工場長，法務，労務はローカル。それ以外は日本人
50	マレーシア	100	44	日本人10人：社長，ライン5人（製造と品質），スタッフ5人（購買，生産設備など）
51	マレーシア	100	27	日本人7人：管理2，営業1，工場責任者1，技術者3，社長はマレーシア人。
52	マレーシア	100	27	日本人20人：社長，商品企画，IPS，R&D（10/100），製造，購買，経理
53	シンガポール	100	32	日本人：社長，部門長（経営管理部，経営戦略部，宅急便事業部，ロジスティック事業部，海外生活支援事業部），スタッフ（事業改革推進室，物流業務改革推進チーム）
54	タイ	71.1	50	93年に17人。現在は71人。それでも厳しいのが現状。生産，購買，営業とフルに機能を持っているので。生産の経験は長いので生産だけでいうと日本人は増えていない。品質管理などが増えている。
55	タイ	100	29	日本人12人：社長，その他管理，安全，リスク，生産，生産技術，品質などの部門長
56	タイ	100	41	日本人出向者12人：常勤役員3人（社長，企画・経理・購買，製造）
57	タイ	100	9	テクニカルセンター（地域最適製品の開発，現地顧客対応）：13／87人。生産革新（域内生産活動支援）：10／94人。
58	ラオス	100	9	日本人4人：工場長，生産技術，倉庫
59	ラオス	100	10	日本人出向者2人：工場長，
60	ラオス	100	11	日本人出向者3人：工場長，現場技術，営業
61	ラオス	100	2017	日本人出向者4人：社長，工場長，製造部長，技術課長

資料：インタビュー調査と企業提供の資料に基づき筆者作成

る必要がある」）。前節で強調した，機能面での知識移転の企業文脈的性格が如実に示されていると言えよう。更に，後述するように，この変化と異常への対処能力の構築は，仕事の仕方や部門間の連係といった規範的な意味での知識移転の度合いと深くつながっている。そして，この規範的な知識移転には機能的

知識の移転に比べてさらに多くの難しさが伴い，時間がかかるのが一般的である。

　この生産技術や現場管理のノウハウといった機能的な意味での知識移転に関して，インタビューをしながら強く印象に残るのは，「伝道師」的な熱意と情熱で任務に当たっている多数の日本人管理者・技術者が存在することである。しかも，技術移転にあたっては，単に先生として教えるのではなく，次の論点とも重なるが，現場出身の技能者だけでなく技術者も現場・現実・現物のいわゆる「三現主義」に基づき自ら現場に入り，ローカル人材と協力しながら課題に取り組むという姿勢がほとんどの拠点に共通している。彼らの熱意は，時にはビジネスとしての範囲を超えた「宗教的」な使命感とでも形容したくなるケースがまれではない。私たちとのインタビューにおいても，自分たちが伝えようとしている技術の中味は何か，その技術移転にとって何が障害となり，その障害をどう克服したか，その結果，現地拠点の能力構築がいかに進んだか，しかしまだ克服されていない問題点は何かを，微に入り細に入り説明してくれる。インタビューのテーマからして当然だが，技術系の人材にその傾向が強く見られる。こうした方々へのインタビューにおいて，当方が技術的には素人ながらこれまで多数の製造・開発拠点を訪問してきた「それなりの」予備知識と強い好奇心をもって質問をすると，興に乗り，時にはアポイントメントの際に予定されていた時間も大幅に超えて応対してくれることも珍しくない。

　この点ではドイツ企業の海外拠点に派遣されているドイツ人出向者との違いを感じる。筆者は別のプロジェクトで2007年から2009年にかけて，10社ほどの中国におけるドイツ企業を訪問する機会があったが（序文参照），この点に関しては，ドイツ企業の出向者（というよりは正確にはドイツ企業）には，ある種の「割り切り」がうかがえる。もちろん，インタビューに応じてくれたドイツ人出向者達も実によく現場と技術を知っていた。TPS（トヨタ生産方式）の信奉者も少なからずいるし，しばしばドイツ人社長自らが現場を案内してくれ（この点は日本企業との共通点である），自分たちがTPSをどのように実践しているかを，実例を前にして説明してくれる。しかしながら，ドイツ企業では，本国で実現したレベルを100点とすれば，海外拠点では80点に到達できればよいと考えている節がある。訪問したすべてのドイツ企業において経営の

トップには本国からの出向者が就いていたものの，その下のラインの長は技術を含めて中国人というケースが多く，500人規模の拠点で操業経験が浅くても出向者はトップのドイツ人1人というケースもあった。一方の日本企業では，ドイツ企業に比べてかなり多数の日本人出向者を送り，ある改善目標に向けて80点に到達できたら次は90点を，90点が実現できたら95点を目指していく。80点から90点，90点から95点へと目標を上げるに従って，必要とされる労力は比例的にではなく等比級数的に増大する。その意味ではドイツ企業の態度の方が合理的である。ただ，長期の技術移転効果でみると，日本人企業のやり方にも大きな利点があるのではないか（板垣，2010）。

以上述べてきた第1の特徴が，生産技術や製造現場の技能・ノウハウなど機能的な意味での企業文脈型知識の移転における役割と貢献であるなら，次の2から4は，仕事の仕方や情報交換のありかたといった規範的な企業文脈型知識移転に際しての役割である。

第2の特徴として，経営者と技術者が「現場に降りていく（あるいは入り込んでいく）」ことをいとわないことが挙げられる。日本企業の得意とする現場主義は，現場を軸に据える経営，自律的に考える現場，現場における従業員の参加などさまざまに定義づけられるが，その核になるのが経営者や技術者が生産現場に入り込んでいくことである（米倉，1986）。もちろん，現場の従業員が自発的に何かやろうとすることは現場主義の大事な要素であるが，この点では程度の差はあるものの日本企業は多くの進出先で一定の成果を収めてきた（やや我田引水めくが筆者が関係している文献を列挙すると，安保・板垣・上山・河村・公文（1991），Itagaki（1997），公文・安保（2005），河村（2005），上山（2005），苑（2006），山﨑・銭・安保（2009））。一方，現地の経営管理者と技術者が率先して現場に入るという点に関しては，日本企業と出向者達が海外のローカル人材にしばしば物足りなさを感じ，苦労している。そうした中で日本の経営者や技術者は率先して現場に入り込み，現場の中で現地のスタッフとともに現場で発生する様々な問題に取り組んでいる。私たちの企業訪問に際しても，拠点のトップマネージャーや技術の部門長が自ら詳しく丁寧に工場現場を案内してくれることもしばしばである。もっとも，ローカルのマネージャーやエンジニアが現場に入らないという不満が日本人出向者の口からもれるのは，以前に比

べるとずいぶんと減ったように思われる。現場主義という日本企業の規範が，海外拠点において定着してきたことの証かもしれない。先に見た勤続年数の長いローカル人材トップもまさにこうした姿勢を身に付けた人材であり，彼らの果たす役割も大きいのであろう。

　第3の特徴として挙げられるのが，きめ細かなプロセスの管理を重視することである。上司の部下に対する仕事の管理のあり方としては，「結果の管理」と「プロセスの管理」の二つに大別される。結果の管理とは，定められた期日までに与えた任務を達成すれば良いと考え，任務を達成する手段や進捗状況などは担当者に任せておくという方式である。一方のプロセスの管理では，一定の標準化された手順や段取りに従って仕事を進め，仕事の節目節目では進捗状況の報告を求め，常に上司や関係部署と連絡を取りながら任務を達成するという方式である。多くの日本企業が重視するプロセスの管理には，中国でもアメリカでも現地の従業員から，大事なのは与えられた任務を達成することであっていちいち進捗状況を報告するのは合理的でない，定められた手順より自分流のほうがよりスマートに目標を達成できる，という反発がしばしば見られる。

　これに対する日本人出向者達の反応（反論）は，次の3点である。第1に，従業員個人個人の自分流の方が本当に賢いやり方であるなら，それは標準化されたプロセルに組み込み，皆で共有化すべきである。それこそが，日本企業が現場主義として常に行っている改善である。第2に，プロセスの管理をきめ細かく行うか否かによって，目標達成時の精度に差が生じる可能性が高い。目標達成率95％で合格だとしてもプロセスの管理をきめ細かく行うことによって達成率を98％，99％と高めていくことができる。第3に，たとえ入念な段取りを行わずに目標を達成できたとしても，段取りをきちんと追わないことによって目的達成の最終の段階で他の部署に余分な負荷をかけている可能性が高い。いずれも，もっともな反論であろう。

　最後に第4の特徴は，職務間，職場間，企業間の連係プレイが，日本企業の得意とする問題解決能力のベースであるという点とつながる。少数のスタープレイヤーの力に頼るのではなく，幅広いプレイヤーのチームワークで問題を解決する方式であり，それが日本企業の強みの源泉であり，それが根底にあって先ほど述べた変化と異常への対応力となっている（板垣, 2008）。その強みを発

揮するよう海外拠点でも力を入れているものの，それこそが海外の日本企業が最も苦労している点でり，日本人出向者の力が必要とされるポイントでもある。「駐在員の役割は調整のための黒子役。まだローカル人材の実力が伴わないところは日本人がやる」（ケース29）がその典型的な事例である。海外の現地法人では，，個々の職務遂行においては高い能力を発揮する人材でも，連係プレイは苦手とするケースが多い。ある日本人出向者の言葉を借りれば「野球に喩えて言うと，サードやショートとしての技量は高いが三遊間のゴロの処理が苦手」なのである。そこで，職場間の連係プレイの要として，あるいは組織と組織の隙間を埋める役割を果たすのが，日本人出向者である（Itagaki, 2009）。規範的な知識移転に関して，もう一つ興味深い証言を紹介しておこう。「最も難しいのは当社の基本哲学の浸透。耳にたこができるまで言い続けないと崩れてしまう」（ケース29）。規範的な技術移転がいかに難しく，時間がかかるかを如実に示す証言である。

　以上が日本人出向者が果たす役割であるが，それでは海外拠点において，ローカル人材が中心的な役割を果たしているのは，何かについて記しておこう。表1-6から読み取れるのは，製造技術・生産技術・品質・開発の部門長には日本人出向者が就くケースが圧倒的に多いのに対して，総務・人事といった管理畑の部門長にはローカル人材を当てるケースが少なからずある。つまり，技術系のラインには日本人出向者が，管理系のラインにはローカル人材が就き，それを一般的には日本人トップが，しかし少数のケースでは企業文脈的知識を身に付けたエンジニアのバックグランドをもつローカル人材トップが統括するという組織構造が海外拠点における模式的な姿である。

　本国とは異なる現地環境が経営者の現地化を必要とするケースとして興味深いのは，韓国の事例である。「納入先は韓国自動車メーカー。日本企業とは文化が違う（速いスピード，トップダウン，土日なし）。肩書きが重要でまず社長を呼び出すので，韓国人社長でないと務まらない」（ケース34）。「取引相手の韓国企業は24時間開発しているのでスピードが肝心。韓国人社長でないと顧客との対応が難しい」（ケース37）。前者は韓国人社長の下で働く日本人出向者の，後者は韓国人社長自身の言葉であり，しかも取引相手の韓国企業もそれぞれ異なる。つまり，別々の企業の，異なる取引先をもつ日本人と韓国人が

口を揃えて，韓国企業での取引の特徴について同じ証言をしているのである。

2.3　日本人出向者の課題

　以上が日本人出向者が日本からの知識移転の上で果たしている大きな貢献であるとすれば，問題点ないしは課題としては次の3点が挙げられる。

　経営トップが，従業員の士気高揚と組織活性化に寄与するようなリーダーシップを発揮するのは現地経営にとって非常に重要である。問題点の第1はそこに関わっている。機能的な意味での技術移転には熱心であっても，それが現地の従業員の士気を高め組織全体を活性化するには至っていない経営トップが存在する。技術移転に熱心なあまり，ローカル人材への不満が口をついて出たり，不満が態度や表情に表れる日本人出向者も存在する。それでは，むしろ組織の活性化を阻害しかねない。経営トップに必要な資質は，必ずしも何らかの特定の技術に長けていることではない。何よりも大事なのは，現地の経営者や部下が生き生きと働いているかどうかである。この点で，訪問者から見てすぐに判るのは，働いている人々の目であり，またインタビューに同席する現地社員が議論に積極的に参加しようとしているかどうかである。同じく日系企業とはいっても，インタビューの場で若手のローカル人材でも自由にものが言える雰囲気の企業もあれば，現地の社員が我々と日本人出向者との応対を（たとえ日本語が話せる人でも）人ごとのような顔をして押し黙って見ているだけの企業もある。自由闊達な議論や意見を言える雰囲気が作れるかどうかで経営トップの力量や才覚が問われる。良い方の事例を紹介しよう。中国に拠点をもつ日本の飲料メーカーで日本人出向者の一人が「ウチが中国で作っている飲料の味は日本とまったく変わりません」と説明すると，その出向者のすぐ隣に座っていた中国人の女性人事部長が，笑いながら首を横に振ってこちらにウィンクを返してきた。風通しの良い会社の証である。

　第2の問題点は，出向者の中に様々なレベルの「方言」，つまり当該企業内部やその業界に特有の言葉や表現を多用する人が数多く存在することである。差し障りのない「方言」の事例を紹介しよう。差し障りがないという意味は，使っているご本人が自覚しているからである。上海に所在する重電メーカーでのイ

ンタビューの中で,「ウチ(この場合は日本本社を含む当該企業グループ全体のこと)の経営管理の軸は＜セイハンザイ＞です。」との説明があった。「性犯罪」を想起させる言葉に思わず怪訝な顔をすると,眼と口元を緩ませながら「生産・販売・在庫の最初の文字をとって「生販在」と表現します。ウチにはこうした独特の言葉使いが実に多いんですよ」と解説してくれた。企業や業界の「方言」が多くなる理由は,企業文脈的知識が重要で,かつ,長期取引に基づく企業間の分厚い知識共有を基盤とした経営が行われているからであろう。つまり,社内だけでなく社外との取引においても方言が使用され,それが不自由なく通じているのであろう。

こうした企業・産業ごとの方言の問題に加えて, High Context Culture としての日本の特徴(Hall, 1976)が,部外者や海外の人たちにとって判りにくい言葉の使用を促す要因となっている。High Context Culture とは,ある言葉が発せられたときに,省略された部分が多くあっても,その言葉の意味するところを容易に理解できる共有された基盤が分厚く存在する社会である。ある自動車部品メーカーで長く海外業務に携わってきた方は,若手を海外に出すときに,「日本語が通じるなら日本語でコミュニケーションをとって一向に構わないが,＜日本人語＞を喋るな＜日本語＞を話せ」と諭すそうである。これは非常に大事なポイントである。しばしば「日本語は曖昧だ」と言われるがそれは間違いである。日本語は使い方によっていくらでも論理的に明晰に物事を表現できる言語である。曖昧であるのは,直截的な表現を避けようとする日本社会の人間関係によるものである。例えば「○○についてはいかがなものか」といった反対意見の婉曲的な言い回しは,日本に住んでいればともかく,海外で教科書を使って日本語を学んだ人たちに果たして通じるであろうか。後で述べるように,台湾,韓国,中国では日本語人材が豊富に存在する。しかし,日本語が通じても「方言」や「日本人語」を多用していては,話し手の真意が正確に伝わらない事態があちこちで生じているのではないかと危惧される。

その点,先に触れた中国におけるドイツ人出向者達は実にみごとであった。彼らは,我々のような部外者であっても理解が容易な普遍的な言葉を使って(英語というお互いにとって母語ではない言葉で Q&A を行ったという点は割り引く必要があるにしても),理路整然と明快に自社の状況を説明できる能力が備

わっていた。EUという多文化社会の中で経営し，国内でも現場で多数の外国人労働者が働いているという経営環境が，彼らの普遍的な言葉を使用する能力を鍛えたのではないかと推測される。

次の第3の論点は，出向者自体の問題というよりは，むしろ日本企業の特徴や現地環境と深く関連するより広い文脈の中で考えるべき事柄であり，しかも問題があるから直すべきであると簡単に言い切れない複雑なテーマでもある。

それは，経営者の現地化の遅れというおなじみの問題である。2015年から2016年の夏にタイやマレーシアで再訪あるいは再々訪した25年以上の操業経験のある7つの拠点において，強く印象に残ったのは，7拠点中6拠点のトップが日本人出向者であり，タイの自動車関連の大規模な拠点では，製造現場の軸となる職長クラスやメンテナンス要員の育成が相変わらずの課題とされていたことである。これまで訪問する度に聞かされた「私の使命はローカル人材の育成です」という言葉は一体何だったのか，と思わずにはいられない。これは批判しているのではない。何故そうなったかをそうとうに深く考えなくてはならないと痛感したのである。今，確信のもてる答があるわけではないがいくつかの推論は可能である。

まず，操業経験の長いタイの自動車関連大規模工場において，製造現場の職長や設備メンテナンス要員の育成がいまだに課題とされている点からみていこう。その最大の要因は，この20年間に従業員数が3倍以上になるという急激な規模の拡大に求められるであろう。当然，相当な数の新人採用が必要であるし，せっかく採用して訓練しても，離職率が高いが故に技能が現場に定着しないという問題もある。現場の軸となる要員の育成が恒常的な課題となってきた大きな原因の一つはこれであろう。

もう一つの要因は，そうした経営環境の中にあって，果たしてどのレベルに達するまで現地人材の育成に力を入れるべきかという人材育成の目標値にあるのではないか。現場の軸となる要員の理想的な能力を100とした場合に，60までのレベルには一定の努力と熱意で達成できるとしても，それを70，80，90までもっていくには時間と労力という意味でのコストが飛躍的に高まるであろう。それよりは，日本人出向者やローカルのエンジニアの力によって，いわば「上から」補っていく方がはるかに合理的だとする判断が働いても不思議

ではない。その点に関して，冷静かつ客観的に説明をしてくれた日本人出向者（今回のインタビュー相手ではないが）がいる。「現地市場の開拓を担う販売拠点や現地独自製品の開発を行う開発拠点ならいざ知らず，私たちのような生産拠点では多少コストがかかったとしても，日本人出向者を貼り付けて工場運営のパフォーマンスを維持・向上させる方が理にかなっているのではないか」。しかし，経営者の現地化に関して，こうした率直な物言いをされる方は稀で，一般には私たち外部の訪問者に対しては，「現場要員の育成が課題である」という説明になるのではないか。この二つおよび，先ほど述べた開発機能をはじめとする新規技術の移転に伴う出向者比率の上昇によって，出向者比率の「操業経験10年超の壁」は説明出来るのではないか。

　もう一つの経営トップの現地化については，狭義の東アジア（韓国・台湾・中国）対ASEANというみごとなコントラストが描ける。表1-2から，我々の調査対象の中でローカル人材が経営トップとなるのは操業経験10年以上の拠点であることがわかる。それを整理しておくと，中国では操業経験10年以上の12拠点のうち6拠点（30年以上の拠点なし）が，韓国では7拠点のうち4拠点（30年以上では4拠点中3拠点）が，台湾では11拠点のうち3拠点（30年以上では6拠点中3拠点）においてローカル人材がトップを務めるのに対して，ASEANの拠点では13拠点中2拠点（30年以上では5拠点中ゼロ）に過ぎない。しかも，ASEANのローカルトップの1人は，日本の大学院修了者である。

　では，狭義の東アジアとASEANを分かつ要因は何か。実はそれを明確にデータで示すのは難しい。表1-7に30年以上の操業経験を持つ拠点のプロフィールをまとめておいた。表1-7が示しているとこに従えば，経営トップが日本人かローカル人材かに関して狭義の東アジアとASEANを分かつのは，従業員数でみた拠点の規模の大小でも，開発機能の有無でも，出資比率の高低でも，日本人比率の高低でもない。では何が決め手になるのであろうか。この先は，インタビューを通じた極めて感覚的なものになるが，一言で言えば日本語人材の質・量の両面での層の厚さの違いである。表1-7では，ASEANでもJ，M，Nのように日本語人材が存在するとした企業もあるが，そうしたところを含めてローカル人材とのインタビューは1社を除いてすべて英語であった。1社だ

表 1-7　操業経験 30 年以上の企業（製造・開発拠点のみ）

所在国	機能	出資比率	操業年数	従業員数	経営トップ	日本人比率	日本語人材
A 韓国	製造+開発	51	37	626	ローカル	1.6	管理職は日本語が話せる（入社してから）。設計部隊の半分は日本語人材。ほとんどの資料が日本語。
B 韓国	製造+開発	100	39	83	日本	4.8	開発センター 83 人のうち日本語コミュニケーション能力 native なみが 6 割；日本での駐在 3 年以上が 38%（29 人），2～3 年が 17%（13 人）。
C 韓国	製造+開発	100	30	870	ローカル	1.5	会社の全体会議は日本語。図面も全部日本から。
D 韓国	製造+開発	100	44	296	ローカル	2.0	設計部隊は日本で 1 年以上実習。日本語は入社してから。現在は日本語も英語もできる若者が増える。
E 台湾	製造	91	35	401	ローカル	0.5	現在は日本からの支援よりも必要時に日本語ができる人が日本に行く。
F 台湾	製造+開発	65	30	4500	日本	0.3	標準言語は日本語。組長・班長クラスはすべて日本語が話せる。日本で研修した人たちが，課長と部長クラスとなり，人脈があるので電話やメールで自由に意思疎通ができる。
G 台湾	製造+開発	65	33	3152	ローカル	0.5	F に同じ
H 台湾	製造+開発	100	45	300	日本	0.3	日本人董事長の下にいる台湾総経理ほか経営幹部とは日本語でインタビュー
I 台湾	製造	47	30	460	日本	1.3	
J マレーシア	製造	100	43	2125	日本	0.8	20 年前の幹部候補生達が幹部。幹部のほとんどが日本語ができる。
K マレーシア	製造	100	44	760	日本	1.3	
L シンガポール	製造+開発	100	42	550	日本人？	0.7	
M タイ	製造	71.1	50	5577	日本	1.3	経営会議的なものは日本語。日本研修経験者が幹部には多いので一部を除いて日本語がわかる。しかし，通訳は入れている。日本語の堪能な人が通訳を引き受ける。実務でやり取りするときは英語。ジェネラルスタッフミーティングには敢えて日本人は入らない。
N タイ	製造	100	41	1764	日本	0.7	経営会議は日本語

注：A，B 等の記号は単なる符号であり，他の表の記号とは無関係である。
資料；インタビュー調査と企業提供の資料に基づき筆者作成

け例外があるが(操業経験30年未満なので表1-7にはないが),それは経営トップを務めるローカル人材が日本の大学院修了者であったことによる。一方,韓国と台湾ではローカル人材とのインタビューでも日本語でできる拠点が多くを占めた。特に表1-7に掲げた企業では例外なくすべて日本語人材との日本語によるインタビューが可能であった。

　この日本語能力の問題は,単なる言語能力の問題ではなく,言語の修得過程,修得後の日本への研修,出張,出向さらには日々の業務における日本とのやり取りを通じた日本本社ならびに日本社会がもつ規範的知識をよく知っているか否かの問題と深くつながっている,と考えた方が自然である。先ほどの経営トップにあるローカル人材の特徴と併せて考えれば,日本の規範的および機能的な企業文脈型知識を豊かにもつ在籍年数の長いローカル人材と,同じく一定の日本語能力をもち,日本企業の規範的な知識を身に付けた人材のプールが存在するときに,経営者の現地化が進む,と考えられる[3]。比喩的に言えば,東アジアにおいては,日本語人材の裾野が広ければローカル人材の山高しである。

　良かれ悪しかれ,規範的および機能的な企業文脈型の知識に基づいた経営を実践する日本企業の特徴が如実に現れているといえよう。

2.4　日本語能力をもつローカル人材の特徴

　次に,海外拠点の出向者の役割と組織運営に大きな影響を与える日本語能力を持つローカル人材の特徴を整理しておこう。表1-8は,台湾,韓国,中国において訪問した日系企業のうち,日本語人材の比重,役割,言語能力についての情報が得られた20社の状況を一覧にしたものである。実際は,台湾,韓国,中国の訪問先にはこの表に掲げられていなくても日本語人材の層の厚さにおいて引けをとらない企業も多数存在すると思われるが,と言うよりほとんどの企業が日本語人材のプールをもっていると思われるが,限られた時間内でのインタビュー調査故の情報量の制約である。ついでに言えば,日本企業の資本が入っていない地場企業であっても,経営者や技術者の中には日本語で私たちとのインタビューに応じてくれた人もあった。他の地域ではありえない狭義の東アジアの特徴である。

まず第1に特筆すべきは，日本語を公用語（標準語）とする2社（C，R）に加えて，全員が日本語人材という企業も2社（E，N）存在することである。公用語とは言いながら，工場現場で働く作業者レベルまでもが日本語を使うわけではなく，一定の階層より上の管理職の公用語が日本語という意味であろうから，公用語と銘打たなくても「管理職は日本語が話せる」（K），「会社の全体会議は日本語」（L），「課長50人のうち3／4は日本語人材」（S）といった企業も，事実上，日本語が公用語化していると考えてよい。だとすると，20社中およそ7社において日本語が事実上の公用語になっているわけである。これは，英語を公用語化すべしという今の世の中の流れとはかなり異なる状況であるといえよう。

　この点に関連してさらに付け加えれば，「組長・班長クラスはすべて日本語が話せる」（R）というのは，考えてみればすごいことである。中南米やアジアに進出したアメリカ企業において，フィリピンやマレーシアといった小学校から英語を教えている国を除けば，工場現場のチームリーダークラスまでが英語を話せるところが一体いくつあるだろう。

　第2に，とりわけ日本語人材が豊富なのが製品開発拠点である。多くの開発拠点において，言語，仕事の流儀，人的ネットワークの面において日本との間に大きな距離がなく，日本の拠点と常時ダイレクトにコンタクトを取りながら仕事を進めている。「Eメール，TV会議で日本との情報交換を直接行う中国人が増えている。日本と中国という分け方でなく，仕事をする上で必要に応じてシームレスに両国を往復している」（A），「日本との情報交換は中国人のプロジェクトリーダーが直接に行う」（B），「設計部隊も半分ぐらいは日本語が話せる。資料はほとんどが日本語」（K），「開発センター83人のうち日本語コミュニケーション能力nativeなみが6割。メール・テレビ会議により日本と全く同じ環境で仕事をする。年に2〜30人が往復」（M）といったあたりがその代表例である。

　多くの拠点が豊富な日本語人材のプールを擁しているが，採用時に日本語の能力を必要としているところはごく少数派である。日本語能力よりもまずは仕事の能力を優先していることの表れであろう。入社後の日本語習得法としては，社内で教室を開いているところもあれば，個人に修得を任せているところもあ

表 1-8　日本語人材の役割，機能，言語能力

企業	立地	機能	日本語人材の機能と役割	訪問時期
A	中国	製品開発・生産技術開発	日本へ1年で10数人を派遣（期間1年）。制度的に始めてから3年ぐらい。先生を決めて，一緒に働く。座学も語学もあるが，基本はOJT。1年で大きく成長。仕事の面だけでなく日本とのネットワークができるのも大事。日本に行っても辞めない。Eメール，TV会議で日本との情報交換を直接行う中国人が増えている。日本と中国という分け方でなく，仕事をする上で必要に応じてシームレスに両国を往復。	2010.8
B	中国	カーナビ開発	日本との情報交換は中国人のプロジェクトリーダーが直接に行う。	2010.8
C	中国	半導体生産	日本語が公用語。部長・科長は日本語でコミュニケーションが可能。日本語が昇進の条件となっている。専門の通訳はいない。会社でも週3回日本語教育。日本語ができる人が先生役となる。採用時に管理系では日本語をみるが，技術系は最初から日本語を求めない。	2011.8
D	中国	ブルーレイ機器の生産	日本語人材 200 数名／2000 名	2013.8
E	中国	組込ソフト開発	全員が日本語人材（要員数40人）	2013.8
F	中国	建設機械の製造・開発	日本語人材：32 人／832 人。	2014.8
G	中国	車用ミラー	日本語1級17人。設立時から2013年までは全員を日本語教育。8期生まで3年間の日本研修。多いときは20名。今は3名。大卒ですぐに送る。従業員数40人。	2014.8
H	中国	車載用ターボ製造	今回は作業長クラスも日本に派遣。知識だけでなくワーカーの管理など仕事の仕方を学んでもらう。	2014.8
I	中国	金型・プレス部品生産	設計，生産，仕上げ加工において年間2-4名，6か月日本に派遣。目的はモチベーションと日本の考え方を理解してもらう。帰ってくると多少日本語がしゃべるようになる。	2014.8
J	韓国	半導体製造用材料開発	ソウルのメンバー（営業）は全員日本語が話せる。顧客のニーズを把握し日本に伝え，日本から担当のエンジニアが来る。	2011.3
K	韓国	自動車用メータ開発製造	管理職は日本語が話せる（入社後）。最近は入社時に日本語と英語が一定のレベルが必要。設計部隊も半分ぐらいは日本語が話せる。資料はほとんどが日本語。日本への逆出向：エアコン・スマートキー・回路など育成のために5人を派遣。	2012.3
L	韓国	電子部品の製造開発	会社の全体会議は日本語。図面も全部日本から。今後，拠点内での英語の比重が高まると，日本とのやり取りが課題になる。セールスエンジニアは日本語と英語が必須。入社したら日本語を勉強。学生時代に英語を学ぶために留学する学生も多い。4～5年前までは，日本の技術部に半年から1年ぐらい研修に送っていた。現在はキーマンを日本に出向させて技術を身に付ける。	2012.3 2016.3

M	韓国	コピー・プリンター開発	開発センター83人のうち日本語コミュニケーション能力nativeなみが6割；日本での駐在3年以上が38%（29人），2〜3年が17%（13人）。メール・テレビ会議により日本と全く同じ環境で仕事をする。年に2〜30人が往復。	2012.3
N	韓国	半導体・液晶装置の開発生産	全社員日本語人材	2012.3
O	韓国	フェライトコア・電源コイル製造・開発	設計部隊は日本で1年以上実習。日本語は入社してから。しかし，現在は就職難で日本語も英語もできる若者が増える。	2016.3
P	台湾	貿易投資	日本への逆出向（研修ではなく3〜5年）；そのまま本社採用になった人も。	2014.3
Q	台湾	自動車部品・ミシン	新しい技術が必要なら日本語ができる人が日本に行く。	2014.3
R	台湾	自動車生産・開発	標準言語は日本語。部長会議：日本語。組長・班長クラスはすべて日本語が話せる。日本で研修した人たちが，課長と部長クラスとなり，人脈があるので電話やメールで自由に意思疎通ができる。	2014.3 / 2016.3
S	台湾	自動車部品製造・開発	課長50人のうち3／4は日本語人材	2014.3
T	台湾	ノートPC生産	周辺機器の開発を模索中（技術者10名）；台湾の技術者を日本に研修・長期出張	2016.3

資料：インタビュー調査および企業提供の資料に基づき筆者作成

る。ただ，最も効果的なのがなんといっても日本での研修あるいは逆出向である（A，G，K，L，M，O，P，Rなど）。この日本での研修や日本への逆出向は，日本語の習得とならんで日本本社の仕事の進め方を身に付け，日本本社における人的ネットワークを構築する上でも大きな効果があり，その後の技術の吸収や日本との情報交換において威力を発揮する（A，H，I，R；この点に関しては本書第2章も参照のこと）。

　狭義の東アジアにおいて，日本語人材の層が厚く存在するのは，日本企業にとってはこの上もない財産であるが，一緒に仕事をする人たちが外見も日本人と大きく異ならないだけに注意を払うべき三つの陥穽があると思われる。一つは既に述べた「方言」の陥穽である。もう一つは，日本語の能力と仕事の能力とを混同してしまう陥穽である。第3に注意すべきは，日本に留学，研修，逆出向などで滞在し，規範的な知識を身に付けた人材が多いとしても，文化の差異がないかのように振る舞うと時には深刻なコミュニケーションギャップを生

みかねないという落とし穴である。

3. 東アジアにおける日本企業拠点間の連鎖的技術移転

　日本企業の生産・開発拠点の海外ネットワークが拡大する中で，従来の日本の「親」拠点から海外の「子」拠点へという技術移転に加えて，親拠点生まれの技術を吸収して能力を向上させたＡ国の拠点から次のＢ国の拠点への技術移転という現象が生まれつつある（金，2015）。それに伴い，日本企業の特色とされてきた海外拠点における第3国出身経営管理者層の薄さ（白木，2006）にも一定の変化が生じうる可能性がある。本研究の調査対象において，日本の親会社が生み出した知識を吸収・定着させつつ能力を高めた海外拠点が，自身のもつ機能の一部を移管した他国の拠点を支援し技術移転を行うという事例が観察された。具体的には，日本の親工場－（台湾拠点）－中国拠点－ベトナム拠点間で技術が移転され，その際に，日本からの出向者はもちろん，中国などのローカルマネージャーも大きな役割を果たしているのである。本節ではこの技術移転のあり方を「連鎖的技術移転」と名付け，その連鎖的技術移転の中での出向者の役割と移転される技術の中味について考察する。その考察を通じて，第2節で論じた技術移転に際しての出向者の役割と技術移転の実態，特に2節で述べた機能的知識の移転の具体的な中味を示したい。

　以下，まず最初に連鎖的技術移転を引き起こした要因は何かを確認し，その後，三つのケースを検討する。

3.1　チャイナプラスワンとは何か

　中国に拠点を展開する企業が，同じ製品分野の拠点をASEANの新興国などに新たに設立する動きは，しばしばチャイナプラスワンと表現される。つまり，連鎖的技術移転の出発点がチャイナプラスワンにあるとすれば，まず，チャイナプラスワンはなにゆえに起きた現象かを確認しておく必要がある。それが，政治的・社会的要因に主として基づくものなのか，主に経済的要因によって引

き起こされたものなのかによって，連鎖的技術移転の性格が異なってくるからである。もし，中国の政治的・社会的要因が引き金となったのであれば，この連鎖的技術移転を日系現地子会社の能力向上として論じる際には慎重な態度が必要であろう。逆に経済的・経営的要因に主として基づくものであれば，日本企業による海外ネットワーク構築のより一般的な意味をもつものとして論じることができよう。

　チャイナプラスワンという言葉が使われ出したのは2000年代の初頭であろう。日本経済新聞を検索すると，初めて現れたのは2003年9月15日の記事であり，そこではJETRO理事長渡辺修氏の言葉「中国の生産がストップしたときのリスク回避」がチャイナプラスワンとして引用されている。ここでは，リスクが何なのかは明示されていないことでもわかるように，当初は中国投資の一極集中はリスクである，というやや漠然とした認識であった。その後，日中政府間の政治的対立やそれに伴う反日デモの激化によって，政治的・社会的リスクが強く意識されるようになった。さらに，近年では，中国における急激な賃金上昇や人民元の対ドルレートの上昇も中国リスクとして認識されるようになった。丸屋（2015）によれば，チャイナプラスワンとは「中国での経済，政治，社会リスクの高まりに伴い，中国拠点の一部を他の国・地域へシフト（移管）する動き」である。そこで，中国拠点に投資をしている企業が，同じ製品分野でのASEAN投資を行う動機は，政治的・社会的要因によるものなのか，それとも経済的要因が主なのか，また，その投資は中国拠点とどのような関係をもつのか，新たな投資先はどこなのかを，JETROのデータに依拠しつつ確認しておこう。

　図1-1は，JETROが中国に拠点を有する企業に対して，今後中国での事業をどう展開するかについて2004年から2015年にかけて実施したアンケート調査の結果である。まず第1に明かなのは，中国ビジネスを「拡大する」との回答が2004年調査では86.2%あったのが，2015年調査では45.8%にまでほぼ半減していることである。しかし同時に，2015年においても撤退派は少数に留まり（6.3%），現状維持派（20.2%）と未確定派（26.5%）を合わせた割合が拡大派とほぼ同じ比率になっている点にも注意しておきたい。積極的拡大派の割合は減ったものの，縮小に転じたというよりは，現状を維持しつつ様子を見

ようとの姿勢が見てとれる。

　この図でもう一つ注目すべきなのは，中国各地で展開された2回の激しい反日デモ（2005年4月と2012年8〜9月）に対する企業側の反応が異なっていることである。2005年の反日デモ直後の5月に実施された緊急アンケート調査では，拡大派の比率が前年11月から大幅に減少した（86.2→55.8%）。しかし，その年の11月に実施された通常アンケートでは拡大派の比率が回復しているのである（78.9%）。つまり，初めて経験する中国の反日デモに対して，企業側は敏感に反応したものの，比較的短期間にそのショックが吸収されたと言える。一方，2012年の反日デモから間がない13年1月のアンケート調査では拡大派の比率が09年の水準から減少しているものの（73.5→59.0%），同年11月には更に減少し（43.2%），その後はほぼ同じ水準が維持されていることを考えれば，13年1月の減少は，反日デモのショックに由来するというよりは，より長期的・構造的な要因の方が大きな意味をもっている，との推測が成り立つ。

　ところが，フローでみた日本から中国への純直接投資額が，2013年以降，それまでほぼ同じ動きをしていた対ASEAN投資と大きく乖離しながら減少し（図1-2），しかも，その減少が先に述べた2012年夏・秋の反日デモの時期

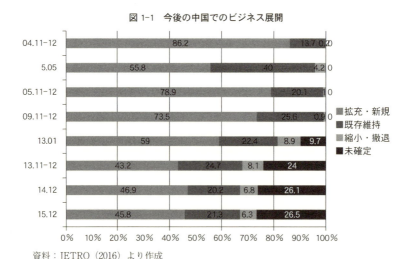

図1-1　今後の中国でのビジネス展開

資料：JETRO（2016）より作成

と一致し，中国で日本車が襲撃されるなどの事件とも重なったため，マスメディアなどでは投資額の減少は政治的・社会的な意味でのチャイナリスクによるものとの論調が勢いを得た。

しかし，確認しておくべきことは，日本企業による毎年のフロー投資額の積

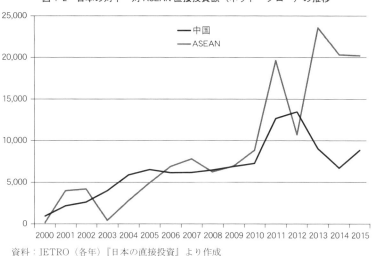

図1-2　日本の対中・対ASEAN直接投資額（ネット・フロー）の推移

資料：JETRO（各年）『日本の直接投資』より作成

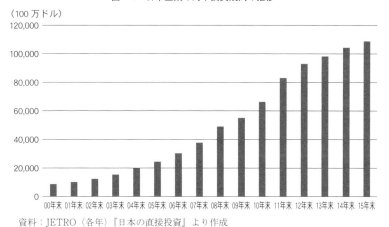

図1-3　日本企業の対中投資残高の推移

資料：JETRO（各年）『日本の直接投資』より作成

表 1-9　中国から拠点を移管する理由　　　　（複数回答：単位%）

	生産コスト・人件費の上昇	需要変動への対応	取引先企業の要望	機能集中による効率	現地販売の不振	為替レートの変動	1極集中のリスク	労務上のリスク
2006 n=21	4.9	-	-	1.2	0	-	4.1	-
2010 n=38	50.0	-	-	7.9	10.5	-	28.9	-
2013 n=205	58.5	12.2	9.8	11.2	7.8	7.8	10.7	10.7
2014 n=222	66.7	13.1	11.7	11.3	9.5	12.2	23.0	15.3

資料：JETRO（2015 a）より作成。

み重ねに現地であげた利益の再投資額を合計した対中投資残高は順調に増大している，という事実である（図1-3）。ここから，チャイナプラスワンとは，少なくともマクロ的には，中国の拠点をたたんで別の拠点に移るというイメージとは異なる。ただし，2005年以降の投資残高は過大評価されている点には注意が必要である。投資残高はドル評価によるものであり，後述するように2005年から2015年にかけて人民元の対ドルレートは3割以上上昇しているからである。人民元に評価し直せば2015年度の投資残高はドル表示額の7割程度の水準とみなすのが妥当であろう。

中国からの「拠点のシフト」の意味を以上のように押さえた上で，それではその要因は何かを同じくJETROのデータによって確認しておこう。表1-9は，中国からの他地域に拠点を移管する理由についてのアンケート調査の結果である。2010年から「生産コスト・人件費の上昇」が年々増加し，2014年には66.7％に達している。その他，「需要変動への対応」（13.1％），「為替レートの変動」（12.2％），「機能集中による効率（低下）」（11.3％）など経済的要因が大きな割合を占めていることが判る（複数回答のため合算しても意味がない）。一方，社会的リスクといえる「労務上のリスク」（15.3％）に加えて「1極集中のリスク」には政治的・社会的リスクも含まれるであろうから，政治的・社会的リスクを無視すべきではないが，経済的なリスクの回避が最大の理由であるといえよう。

図 1-4　製造業の賃金年間実質負担額（2015 年度）

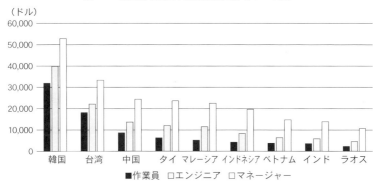

資料：JETRO（2015 b）より作成。

図 1-5　人民元対ドル為替レートの推移

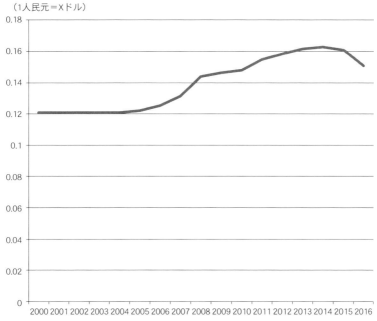

資料：Principal Global Indicator より作成

次に，経済的要因である賃金の上昇と為替レートの上昇がどの程度であるかをみておこう。

まず，ドルベースでみた製造業賃金水準の国際比較では，作業員，エンジニア，マネージャーのすべてにおいて，2015年度には中国がアジア（シンガポールを除く）の中では韓国，台湾に次ぐ水準に達しており，中国よりも先に工業化の進んだタイやマレーシアといったASEANの水準を上回っていることが判る（図1-4）。

次に，人民元の対ドル為替レートの変動を図1-5によってみておくと，2005年から人民元は上昇をはじめ，2015年には3割を超える上昇となった。その後，中国の為替介入により人民元の対ドルレートは下落しているものの，2005年の水準をはるかに超えている。

人件費の高騰と人民元の対ドルレートの上昇という中国拠点を取り巻く経済的要因の悪化が，中国拠点からの移管を促す要因であることが，こうしたデータからも裏付けられている。

最後に，表1-10で2014年時点で日本企業の生産拠点の主な移管先はどこかをみておこう。中国からASEANへの移管のうち，最大の移管先はベトナムであり，次いでタイ，インドネシアとなっている。本章で考察の対象とする日本‐中国‐ベトナムの間の技術移転は，こうした流れを代表するサンプルの例

表1-10　2014年度調査による主な拠点移管パターン

移管元	移管先	構成比
日本	ASEAN	22.7
	タイ	9.3
	ベトナム	4.8
	インドネシア	2.9
日本	中国	12.0
中国	ASEAN	16.2
	ベトナム	7.1
	タイ	3.4
	インドネシア	1.9
中国	日本	4.6
中国	中国	3.5
その他		41.0
全体		100.0

資料：JETRO（2015 a）より作成

であるといえる。なお，日本から ASEAN への移管先としては，ベトナムよりタイの方が割合が高い。おそらく，タイの方が日本との技術水準の差が小さく，移管がよりしやすいことがその要因の一つであろう。

以上，マクロデータから浮かび上がるのは，中国からベトナムへの移管がチャイナプラスワンを代表する動きであり，その要因としては政治的・社会的要因は無視し得ないものの，経済的要因の方がより重要である，という事実である。

3.2　中国拠点からベトナムへの連鎖的技術移転の 3 事例

中国拠点からベトナムへという連鎖的技術移転の 3 事例を紹介し，技術移転を引き起こした要因，技術移転の中味，出向者の果たす役割について考察しよう。

あらかじめ，三つの事例における中国とベトナム拠点間の移転の要点を述べておく。オムロン・ヘルスケア事業は，中国拠点は中国市場向け，ベトナム拠点はグローバル市場向けという棲み分けが結果的になされたケースである。富士ゼロックスは，グローバル市場向け生産拠点の分散および代替生産体制が構築されたケースである。日華化学は，ベトナムへの投資が顧客対応のためになされ，それに際しては，中国よりも先に投資をしていた台湾の拠点が支援を行うという，拠点間ネットワークの活用が特徴となるケースだといえる。

①オムロン・ヘルスケア事業[4]

オムロンのヘルスケア事業は，「家庭用」血圧計という新しいジャンルを開拓した先駆者であり，現在でもこの製品分野では世界市場シェア 53%（ベトナム拠点訪問時）を誇る最大手である。ヘルスケア製品の生産拠点は次の四つである。

　日本松阪：マザー工場という位置づけで，基幹部品の生産と一部完成品の少
　　　　　量生産を行う。
　中国大連：1993 年に設立され，血圧計の他，体組成計，体温計，歩数計，
　　　　　家庭用酸素発生器（大気汚染に悩む中国市場向けに開発された独自開発

製品）を生産。全商品の60％を生産する主力工場である。

ベトナム工場：ホーチミン市郊外に所在し，2007年に操業を開始した。2012年に第2工場建設。家庭用血圧計の生産。従業員数：915人

ブラジル・サンパウロ（ネブライザの生産）

　大連工場からベトナムへの移管は，大連での1極集中生産への危惧からである。そこで東南アジアを検討し，良い港があり，賃金も安い立地としてホーチミンを選んだ。当初の計画では，大連とベトナムの2極体制を志向していたが，大連の賃金上昇を受けて，大連を中国市場向，ベトナムをグローバル市場向けと位置づけ直した，というのがおよその経緯である。

　オムロン・ヘルスケア事業は，典型的な連鎖的技術移転のケースである。その出発点は1980年代後半の松阪工場におけるオムロン流トヨタ生産システムの導入である。平準化，後補充方式，リードタイム短縮，U字型ライン方式を導入し，ONPS（オムロン・ニュー・プロダクション・システム）と名付けた。大連工場では2004年ごろからDNPS（ダイレン・ニュー・プロダクション・システム）への取り組みを開始した。ベルトコンベア方式の大量生産方式と長い生産サイクルから，カンバン方式による生産サイクルの短縮，円形の太陽ラインと呼ぶセル生産方式への転換を図った。その背景は，当時は松阪の生産もゼロに近い状況で，ほぼすべてが大連での生産となる中で賃金が上昇しだしたため，QCDの向上，生産サイクルの短縮など，台湾系，中国系の競争相手を圧倒する生産効率をつくり出す必要があったことである。一方でベトナム工場の建設の情報も大連に入り，グループ内拠点間の切磋琢磨による競争でもあった。

　ベトナム工場で力を入れているのは，製品ミックスの平準化とリードタイムの短縮であり，セル生産方式は一部のみしか導入されていない。これは多能工化がまだ進んでいないという制約によるものである。

　この連鎖的技術移転の担い手にもそれぞれ特徴がある。松阪から大連への技術移転では，10年以上のキャリアをもつ中国人工場長を中心とする現地スタッフが生産革新に取り組み，松阪工場出身の日本人総経理はアドバイス役を心がけた。現地のスタッフが主体的に取り組まなければ，本当の意味での技術移転

にならないと考えたからである。一方の，大連からベトナムへの技術移転では，大連で経験を積んだ中国人スタッフが中心となった。中国人スタッフが技術移転の中心的な担い手になったのは，ベトナムへの移管は上腕式の血圧計のみであり，シンプルな生産体制を敷くことが目的であったためである。したがって，支援期間は短くて済んだのであるが，同時に支援期間の短さには，次の4つの要因も指摘できる。すなわち，①ベトナム人の中国に対するライバル意識，②通訳の困難さ，③支援に向かった中国人の出向経験のなさ，④そのため，長期滞在は家庭が許さない，などである。

②富士ゼロックス[5]

　富士ゼロックスの生産拠点は，本社の下に日本，上海，深圳，ベトナム・ハイフォンが並ぶという体制がとられている。以下，4拠点の概要である。

- 日本：研究開発，基幹部品の生産，トナー・感光体の製造を行い，組立はNECから買収した高機能大型機のみとなっている
- 上海：1987年に設立され，中国市場向け製品の開発＆生産を行う。従業員数は約2,000名。
- 深圳：1995年に設立され，グローバル市場向けの量産拠点である。ここの強みは華南地域のサプライヤーからの部品調達である。従業員数は約6,000人。
- ハイフォン：2011年11月に操業を開始した。東南アジア，オセアニア市場向けおよび米ゼロックスへのOEM生産を行う。従業員数は1,972人。

　深圳工場からベトナムへの移管の動機はリスク分散であり，深圳との2拠点体制で代替生産を追求する。深圳工場は一時1万人を超えるなど大きくなりすぎて，リスクを感じるようになった。当初，ベトナム工場は組立のみに特化した低投資工場を目指した。しかし，それでは生産準備，品質管理，など常に深圳に依存しなくてはならず，リスク分散にはならない（組立機能がない日本には依存できない）。そこで，プリント基板，プラスチック成形品の内製，生産準備機能などもベトナム工場に付加し，深圳との完全代替工場を目指すよう

になった。

　中国からベトナムへの技術移転の中味は，生産プロセス革新による工程のプラットフォーム化である。これにより両工場のラインの相互互換の実現と重複投資の回避を目指している。深圳工場からハイフォン工場への技術移転の担い手は，日本人・中国人出向者たちである。当初は組立機能のみの軽投資工場を目指したので，出向者が15人でスタートした。しかし，完全代替工場が目的となったので，日本人35名，中国人15名の50人の出向者が常駐することになった。このように，出向者を大量投入して技術移転を進めている。日本人出向者は，社長，工場長，技術統括部長，生産管理，調達，物流，第1製造部（カラープリンター），部品製造，生産技術，品質管理などの機能を担い，中国人出向者は深圳工場のコピーである第2製造部の管理を担っている。

　日本には，先ほど述べたようにNECから買収した大型機種ラインしか残っていないので，技術移転は深圳からベトナムへという流れになる。それもあって，中国人出向者達が日本人と並んで大きな役割を果たしているのが，当工場の特徴である。

　日本に組立工場を回帰させる，すなわち組立ラインそのものを戻すのはそれほど難しくないが，内製しているキーパーツを除いて部品サプライヤーが中国の華南地域に出てしまったので，日本で組み立てるとなると部品の輸入が不可避であり，これでは日本で組み立てる意味がない。日本回帰が報道されているキヤノンとの比較でいえば，同社は米ゼロックス社とのグローバル市場テリトリー制があるため，また法人向け市場が中心であるため，販売量が出ないのが苦しいところである。日本国内に工場を戻し，3箇所に分散して生産するのでは採算が取れない。

③日華化学[6]

　日華化学は福井の地場企業であり，繊維加工用界面活性剤（染色用剤，抗菌，消臭，撥水）の日本国内トップメーカーである。研究開発力と顧客の現場に入り込んでの技術対応力が同社の強みである。顧客対応力は70数年の蓄積に基づく技術サービスの力である。繊維は素材が多岐にわたり，それに応じてそれぞれ薬品が異なる。しかも土地が異なり使用される水が異なれば，材料の配合

も変える必要があるので苦労は大きいが，顧客対応の中で身に付けたノウハウがそのまま同社の強みとなる。ただ，環境問題に敏感な昨今の情勢を勘案して，繊維関連で稼ぎながら脱繊維化を進めるのが当社の戦略である。

同社の海外展開は，顧客であるアジアの繊維産業の発展順に行われた。その概略は，次の通りである。

1968年：台湾（合弁→94年独資）
71年：韓国（合弁→95年独資）
74年：タイ（華人企業との合弁→04年独資），インドネシア（合弁→94年独資）
88年：アメリカ・サウスカロライナ
93年：中国広州
02年：上海研究所，中国杭州工場
04年：ベトナムホーチミン郊外のビエンホア市

国内外の拠点の役割分担は次の通りである。

日本：本社機能，研究開発，生産工場
中国：繊維事業の製品開発・生産の中心。浙江工場の中国人総経理は日本本社の繊維事業部長を兼任。
台湾：台湾人社長。総勢90人。開発部隊の80％以上が日本語人材
韓国：韓国人社長。総勢80人。開発部隊の半数が日本語人材。
ベトナム：出向者：日本人3名（社長，副社長他），台湾人1名（副社長），韓国人2人．総勢31人：生産機能のみを有する。

ベトナムへの進出の理由は顧客対応のためである。すなわち，中国拠点の主要な顧客であった台湾繊維メーカーのベトナム進出に伴ってベトナムへ進出することになった。したがって，納入先は台湾繊維メーカーが中心であり，次がベトナム系，3位が韓国系，そして現在伸びているのが中国メーカーであり，日系の顧客は5社程度しかない。日系がらみの進出でないところにベトナム拠

点の特色があり，それが技術移転の担い手にも大きく影響している。

同社の技術移転は，研究開発と現場対応力の二つに大別でき，それに応じて主な担い手にも違いがある。

製品開発の面では，まず繊維では日本から上海研究所へという流れであり，上海で日本人出向者4名が指導を執っている。脱繊維では日本が中核拠点であるが，台湾と韓国では現地の日本語人材を核とした日本拠点との知識共有が進められ，日本と協力して次世代の新製品開発を行っている。

顧客への対応能力に関する技術移転は，中国の浙江工場では日本本社の繊維事業部長を兼任する中国人総経理を中心に進められている。一方，ベトナムでの工場立ち上げには台湾日華の工場長がラインレイアウトの設計をはじめ全面的にサポートした。ベトナムに進出している台湾・韓国企業が主な顧客であるため，日本人だけでなく，台湾と韓国拠点からの出向者が常駐しているのが，当社ベトナム拠点の特色である。

同社の現地人材育成は，日本への留学生を積極的に採用し活用している点に特色がある。本社の所在地にある福井大学などの中国人，ベトナム人留学生などを日本で採用するが，籍は日本本社でなく，それぞれの国の採用にして2, 3年間日本に逆出向するという形で技術を身に付けさせている。ベトナム人の技術部長候補は名古屋大学卒業で，3年間日本の日華で勤務し，ベトナムに帰国した。今のベトナム人工場長は，日本留学組ではないが，日系企業3社での勤務経験があり，6年前に副工場長として採用され，今年工場長に昇進した人物である。

3.3 3社の事例紹介から浮かび上がるファクト・ファインディングの要点

以上の3社の事例から浮かび上がるファクト・ファインディングの要点を，箇条書き風に記しておく。

1. 日本の本社（親工場や開発機能）がもつコア技術（3社に共通したコア技術として製品技術があり，それに加えてオムロンの場合はオムロン・ニュー・プロダクション・システム，富士ゼロックスの場合は基幹部品，日華化学では顧客対応力）が子会社に移転され，子会社は移転された技術を元に子会社なら

ではの能力を構築し（オムロンではダイレン・ニュー・プロダクション・システム，富士ゼロックスではグローバルマーケット向け製品の多量生産，日華化学では日本企業以外の顧客への対応力），その能力と知識の一部をベトナムの環境に合わせつつ移転している。

2. 連鎖的技術移転の中で，中国拠点からの移管が中国拠点は中国国内市場向け，ベトナム拠点はグローバル市場向けと市場の棲み分けに発展するケース（オムロン）と，中国とベトナム拠点の共通性に力点があるケース（富士ゼロックス，日華化学）に大別できる。

3. 1で述べたように，日本は連鎖的技術移転の出発点として相変わらず重要な役割を果たしているが，量産（組立）の面では技術の主力が海外拠点に移ったり，組立機能そのものが失われているケースもある（富士ゼロックス）。

4. 東アジアの連鎖的技術移転においては，台湾・韓国の拠点が特有の働きをするより連鎖の長いケースもある（日華化学）。

5. 連鎖的技術移転の担い手としても，日本人出向者だけでなく各拠点出身の経営者・技術者が重要な役割を果たしている。

6. その結果，欧米の企業に比べて遅れているとされてきた現地経営陣の中における第三国国籍人材の果たす役割が大きな日系企業も生まれつつある（富士ゼロックス，日華化学）。

4. まとめ・インプリケーション・残された課題

　最後に，本章のまとめとそのインプリケーション，残された課題について論じておこう。

　本章で明らかにし，そして強調してきたのは，まず第1に，日本の本社（工場・開発拠点）がもつ機能的および規範的な企業文脈的知識（それはとりもなおさず日本企業がもつ強みの根底にあるものであるが）を海外拠点に移転し，定着させ，実践する上で果たしている日本人出向者の役割の大きさである。拠点運営の基本となるルーティンとしての機能的な知識の移転自体ですらそれほど簡単ではなく，ましてや，その「応用問題」である新しい状況への対応力や

異常事態への対処能力の構築にはいっそうの時間がかかるのである。しかも，そうした機能的知識が移転し定着するには，それを裏から支える仕事の仕方や職場間・部門間・企業間の連係プレーに集約される規範的知識の移転と定着が必要であり，それにはいっそうの難しさと時間がつきものである。その間，現地拠点のパフォーマンスを維持・向上させるためには，部門長としてであれアドバイザーとしてであれ，日本人出向者が現地拠点で力を発揮せざるを得ない。つまり，本章の特徴は，これまで多くの論者が強調してきた日本人出向者主導の現地経営の問題点ではなく，その合理的側面を主張する点にある。経営者の現地化の遅れを論じるのであれば，現地拠点のミッションは何か，そしてそのために必要な構築されるべき能力とは何かに即して，現地拠点の経営者としてどのような人材が必要かを議論する必要がある。

第2に，少数派ではあるものの，現地拠点の最高経営責任者を務めるローカル人材の特徴も明らかにした。彼らの多くは，流暢な日本語を話し，日本への留学経験や当該企業であるかどうかは別として日本での勤務経験ないしは長期の研修経験があり，かつ当該拠点に長期間勤務してきた人材である。しかも，理工系の教育バックグランドをもつ人材が多数派である。言い換えれば，日本人出向者と同じように機能的・規範的知識を本社と共有できている人材である。同時にローカル人材が経営トップにある企業では，経営トップだけでなく質と量の両面で層の厚い日本語人材が存在しているケースが大部分である。第1と第2の事実から，企業文脈的な知識と経験を競争力の源泉とする日本企業の特色が表れているといえる。

第3に，日本人出向者の多くは日本の生産現場がもつ知識の移転には情熱を傾けるものの，人事管理を中心とした現地従業員の管理については，現地企業との合弁であればもちろん，単独出資であってもローカル人材に任せる傾向が見られる。つまり，この面では経営者の現地化が進んでいるのである。規範的知識とはまた異なった意味で，歴史や文化，そして政府機関をはじめとする現地の組織との関係が深い領域であるだけに，賢明といえば賢明なやり方である。しかし，こうした管理面をローカル人材に任せることが規範的な知識の移転にどう影響するかは研究する必要があろう。残された課題の一つである。

第4は，本章が全く触れなかった領域である。つまり，現地拠点の経営戦略

面での能力についてである。インタビューでそうした領域の質問をしても，ごく一部の拠点を除いてはあまりインパクトのある答えは返ってこなかった。その理由として，調査対象拠点が生産工場が中心であり，開発拠点であっても現地向け製品を1から本格的に開発している拠点は皆無である点（それ自体は合理的な選択であると筆者は考えている）が挙げられるだろう。ある生産拠点の日本人最高責任者は，「私には，戦略的意思決定以外のすべての権限を本社から与えられている」と述べている。戦略的意思決定の権限の多くは本社が握り，現地子会社にはオペレーション上の裁量権が与えられ，それを日本人出向者ならびに本社と規範的・機能的知識を共有するローカル人材が支える，これが程度の差はあれ現在の多くの日系現地拠点の特色ではないか。

　しかし，これに関連して，さらにもう一つ深い要因があるかも知れない。それは，Porter & Takeuchi（2000）が主張するような意味での，日本企業がもつポジショニング・ベースの戦略的思考の弱さであろう。ポーター達の日本企業批判を，シンガポールにある日本の大手自動車メーカー統括会社の日本人出向者に紹介したところ，苦笑しながら「まるでうちの会社について語っているみたいですね」との感想が返ってきた。そうだとすれば，現地子会社における（ポーター達が主張する意味での）戦略的志向性の弱さは，本社との相似形が原因である，との見方もできる。

　日本の親会社が生み出した知識を吸収しつつ能力を高めた海外拠点が，自身と共通する製品が移管された他国の拠点を支援し，技術移転を行う――これを本章では連鎖的技術移転と名付けて考察した。具体的には，いわゆるチャイナプラスワンを契機に，日本の親会社から移転された技術をベトナム拠点へと伝える役割を，移管元の中国拠点の日本人出向経験者や中国人マネージャー，場合によっては日本から中国への技術移転の間に位置する台湾や韓国人出向者が担っているのである。

　本国の親会社から海外子会社への技術移転や両者間の知識共有については膨大な研究の蓄積がある。その多くが分析のフレームワークとして依拠しているのが，権限や知識の統合と分散を縦と横の軸として多国籍企業を「グローバル型」，「マルチナショナル型」，「インターナショナル型」，「トランスナショナル型」と分類したBartlett & Ghoshal（1989）の研究であり，さらに「トランス

ナショナル型」の延長線上にある多国籍企業モデルが「差別化されたネットワーク」論（Nohria, N. & Ghoshal, S., 1997）である。本章の連鎖的技術移転は，独自の能力を構築した海外子会社が他の拠点に知識を移転するという点では「差別化されたネットワーク」論ともある種の共通性はあるが，決定的な違いは彼らが中心のないネットワークを強調するのに対して，連鎖的技術移転においてはむしろ親会社－移管元の拠点－移管先の拠点という統合的紐帯の中で独自の能力を構築した子会社が姉妹拠点に知識の移転を行う点である。Jones（2005）が的確に指摘しているように，差別化されたネットワーク論は現実の分析というより理念が先行しており，その実例とされるヨーロッパの小国生まれの企業であるABBの経営は理想とはほど遠いのが実態である。

　海外拠点が親会社から移転された技術の上に現地の立地特性を加味して独自の能力を構築するという意味では，Dunning（1979）の議論をベースとして「立地優位性」をキーワードに日本企業の海外子会社を分析した天野（2005）の研究とも方向が重なる。ただ，連鎖的技術移転のつなぎ手の役割を担う中国拠点が，日本の技術を吸収しながら日本とは異なる立地特性の中で構築した能力の独自性の要点についてはじゅうぶんな考察ができていない。これも，今後の課題である。

　連鎖的技術移転の中のベトナム拠点において，中国人，台湾人，韓国人などの経営管理者が存在するのは，一見，白木（2006）の第三国出身の経営管理層の議論と共通しているように見える。しかし，決定的な違いは欧米企業のいわゆるグローバル・スタッフィングとは異なり，あくまで技術的連鎖の中での第三国出身経営者である点である。そこから判断するに，同じく第三国出身の経営者といっても，日本企業と欧米企業とではその役割に大きな違いがあると思われるが，その点の考察も今後の課題としておきたい。

[補論]
現地経営の特徴：日本と中国の「相互補完性」，韓国拠点の日本からの「自立性」，台湾と日本の「親和性」

　日本人出向者の役割，日本語人材の豊富さなど，中国，韓国，台湾に所在する日系企業においては多くの共通性が見られる。しかし，その経営のあり方，特に日本の本社や事業本部との関係についてみると興味深い差異も浮かび上がってくる。その差異をやや強調して表現するならば，中国と日本との「相互補完性」，韓国における日本からの「自立性」，台湾と日本との「親和性」となるのではないか。もちろん，「相互補完性」，「自立性」，「親和性」は，日本企業の海外拠点であれば，程度の差はあれ共有している要素であるが，中国，韓国，台湾の拠点での特徴の差をやや強調すればということである。
　中国と日本の相互補完性は，まず生産品目に表れる。日本では新たに開発した製品や多品種少量（変量）品目を生産し，中国では成熟化した製品や大量生産品目を生産する，といったあたりが典型例だが，よく知られている事実なのでここではこれ以上立ち入らず，製品開発における相互補完性について論じたい。日本では基本機能の開発を行い，海外では現地市場適応型の開発を行うというのが中国拠点を含む現在の日本企業の一般的姿である。しかし，それに加えて，中国の特徴は，日本の開発部隊と一体になって製品開発を遂行する拠点が多数存在することである。その際，一番多いのが，日本の開発機能や工程の一部を取り出して中国拠点に委託するというケースである。こうした分担関係がスムーズに進む大きな要因の一つが，すでに触れたように中国開発拠点のほとんどが多数の日本語人材を抱えていることにある。そうした個々の日本語人材が直接に日本の開発部隊とコミュニケーションをとりながら，いわばシームレスに開発業務に当たっている（松下華禄，DIC，パナソニック天津など）。これよりさらに進化した相互依存関係は，同じジャンルの製品でも日本と中国ではプラットフォームの段階から異なる機種を開発するというケースである（アルパイン）。日本の開発拠点では時間をかけて部品相互間の調整を十分に行いながら精度の高いモデルを開発するのに対して，中国の拠点では短期間でともかく完成したモデルを開発するのである。日本人技術者は，時間をかけてで

も完成度の高い製品をつくりだすという環境の中で育ってきたのに対して，中国人技術者は短期間に一挙に完成品をつくりだすというプレッシャーに強く，相互に学び合いながらもそれぞれの持ち味を活かした開発態勢を組んでいる。

　韓国の自立性とは，まず第1に市場の自立性である。電子部品メーカーに多く見られるが，元来は日本向けなどの輸出目的で韓国での生産を開始した多くの拠点が，現在は韓国の有力メーカーへのサプライヤーとして活路を見出している（アルプス電気）。第2に，それと関連して技術の自立性がある。韓国の大手メーカー市場を開拓する中で，日本の技術をベースにしながらも韓国独自の製品を開発する能力を身につけた拠点が増えている（デンソー）。第3に，経営の自立性が挙げられる。本社の役員を兼ねる日本帰りの（留学後に本社採用）韓国人社長が強い経営裁量権を持っていたり（アルバック），韓国の子会社が独自に中国に孫会社を展開する（デンソー）といったケースがこれにあたる。つまり，韓国の拠点においては，市場，技術，経営権の自立性が強いといえる。

　台湾では，日系企業・現地企業を問わず日本方式との親和性が高い。国瑞汽車はおそらくトヨタの中でも最もTPSの浸透度合いが高い海外拠点の一つといえよう。台湾三菱商事は，社員を研修ではなく人材育成と本社での戦力を兼ねて出向者として長期に日本に派遣している。出向者の中には実力が認められてそのまま日本の本社採用となる人材も存在する。日系企業ではないが，現地の食品・流通・物流ビジネスを担う大手財閥企業（統一集団）がフランチャイジーとして展開する全国チェーンのコンビニエンスストア（セブンイレブン）の店舗経営のあり方は，日本の資本が直接関与していないにもかかわらず驚くほど日本と似通っている。そこでは，日本における最新の業態を吸収するために日本経験の豊富な人材が本社と東京事務所において重要な役割を果たしている（統一超商）。この同じ財閥企業は，日本の大手運送会社（ヤマト運輸）と合弁で宅急便事業を展開している（統一速達）。このケースでも，日本側の出資比率は10％に留まり，日本からの出向者も1人であるにもかかわらず，日本国内とほぼ同様のサービスを提供している。いずれも，台湾における日本との親和性を示す事例といえよう。ただし，こうして蓄積された技能と人材は狭隘な台湾市場ではいわば過剰能力ともなりつつあり，その能力を台湾以外の拠点

を含めていかに活用するかが，台湾のみならずグループ企業全体の課題である。

中国，韓国，台湾で異なる特徴が生まれる背景

同じ東アジアにおける日系企業の海外拠点でありながら，何故にそうした違いが生じるのかを，それぞれの立地特性と関連づけながら述べてみよう。

まず，中国からみていこう。中国と日本との相互補完性は，中国と日本との間の立地特性の違いがもたらすと考えられる。具体的には，購買力の面でも嗜好性の面でも多層的でしかも地域差の大きな中国と同質的な日本市場の違い，価値観や行動様式の多様な中国の人材と同質的な傾向の強い日本の人材，マクロ的な経営環境が猛烈なスピードで変化を遂げている中国と変化の速度が緩慢な日本，などが挙げられる。そうした差異が，日本の拠点と中国の拠点の強みの違いにつながり，より相互補完的な色彩が濃くなると考えられる。

韓国と台湾は，中国と比べればむしろ日本との同質性が強く現れる。しかし，その同質性に違いがあるのではないか。

韓国の場合，いわば作られた同質性である。具体的には，韓国の大企業はさまざまな要素技術を日本企業から導入し，しかもしばしば日本人のベテラン技術者を採用してキャッチアップを図ってきた。もちろん，韓国企業のイノベーションを無視するわけにはいかないが，その多くは「創造的模倣」である。一方，韓国に進出した日本企業の多くは完成品メーカーではなく部品メーカーである。彼らの当初の進出目的は，韓国で生産した部品や素材を日本に逆輸入することであったが，韓国が先進国化する中でコスト面での優位性，とりわけ中国やASEANの姉妹工場に対する優位性の多くを失った。こうした状況の中で，韓国に進出した部品メーカーが生き残りを図るとすれば，日本メーカー向けと韓国メーカー向けの間で互換性の強い要素技術を活かしながら，韓国メーカー向けの市場を開拓し，日本の本社とは直接関連の薄いビジネスを強化するという，自立化の途が有力な選択肢となったのである。

台湾の場合の同質性は，人の価値観の共通性など日本との間のより自然体の同質性といえよう。しかし，それだけでは，もちろん日本との関係において埋没してしまう。台湾の立地上の強みは，「人の力を借りる」巧みさである。その典型的事例が鴻海などのEMS企業である。アップル，デル，ジーメンスといっ

たグローバル企業との取引の中から製品設計などのノウハウを学び取る，日本企業から核となる設備・部材を調達し，同時にきめ細かな品質管理・生産管理の技術やノウハウを吸収する，中国大陸の人材を巧みに活用する，といったいわば全方位外交の中から生み出された強みが台湾の立地特性といえよう。したがって，日本企業にとっては，台湾の自社拠点においても台湾の現地資本との提携においても，自身の特長と強みを経営トップ層から幅広い従業員層に至るまで，理解してもらいやすいのである。これが日本と台湾との親和性の要因である。

(板垣　博)

注
1　筆者が80年代後半以降訪問した日系企業の出向者達の多くが「私の役割は現地人材の育成です」，「経営者の現地化を進めるのが当社の方針です」と異口同音に語り続けている。
2　この他に，同じく筆者が代表者を務めた次の研究プロジェクトから得られた情報も一部利用している。平成19年度～平成21年度科学研究費・基盤研究(B)海外学術調査(研究代表者：板垣博，テーマ「中国進出日系企業における仕事の管理の仕組みから見た人材育成の目指すべき方向」，課題番号：19402032。このプロジェクトでは，日系企業と比較するためにドイツ企業10社や中国企業も訪問した。
3　ただし，これは広義の東アジアにおける経営者の現地化の問題であり，日本語人材に乏しい（あるいは皆無の）アメリカやヨーロッパの拠点に関しては別のロジックが必要になろう。
4　オムロン大連は2013年8月23日に，オムロンベトナムは2015年8月21日に訪問。松阪工場及び大連工場に関する記述は『日経情報ストラテジー』，「海を渡ったトヨタ流」(2007年6月6日号)も参照した。
5　ベトナム拠点での聞き取りは，2015年8月17日に行われた。
6　ベトナム拠点での聞き取りは，2015年8月20日に行われた。

参考文献
安保哲夫 (1998)「日本型多国籍企業による国際的技術伝播」(東京大学社会科学研究所編『二〇世紀システム6 機能と変容』東京大学出版会所収)。
安保哲夫・板垣博・上山邦雄・河村哲二・公文溥 (1991)『アメリカに生きる日本的生産システム――現地工場の「適用」と「適応」――』東洋経済新報社。
天野倫文 (2005)『東アジアの国際分業と日本企業：新たな企業成長への展望』有斐閣。
Bartlett, C.A. & Ghoshal, S. (1989), *Managing Across Borders*, Boston: Harvard Business School Press.(吉原英樹監訳『地球市場時代の企業戦略：トランスナショナル・マネジメントの構築』日本経済新聞社，1990年)。
Black, J. S., Gregarsen, H.B., Mendenhall, M. E., & Stroh, L.K. (1999). *Globalizing People through International Assignments*, Mass:Addison-Wesley Publishing.(白木三秀・糸井裕久・梅澤隆訳『海外派遣とグローバルビジネス：異文化マネジメント戦略』白桃書房，2001年)。
Dunning, J.H. (1979). "Explaining Changing Patterns of International Production: In Defence of

Eclectic Theory", *Oxford Bulletin of Economics and Statistics*, Nov.
Fang,Y.L., Jiang,G. L. F., Makino, S., & Beamish, P.W. (2010), "Multinational Firm Knowledg, Use of Expatriates, and Foreign Subsidiary Perfomance", *Journal of Management Studies*, Vo.47 (1), 27-54.
藤本隆宏 (1997)『生産システムの進化論』有斐閣.
Franko, L. (1976), The European Multinationals. London:Harper & Row.
Gupta, A. K., & Govindarajan, V. (2000), "Knowledg flows within multinational Corporations", *Strategic Management Journal*, Vol.21 (4), 473-496
Harzing, A.W.K. (2001), "Who's in Charge?: An Empirical Study of executive staffing practices in foreig subsidiaries", *Human Resource Management*, Vol.40 (2), 139-158
Hall, E.T. (1976), *Beyond Culture*, New York:Anchor Books.（岩田慶治訳『文化を超えて』TBSブリタニカ，1993年）.
石田英夫 (1999)『国際経営とホワイトカラー』中央経済社.
板垣博 (2008)「日本製造業の競争優位と石油・ガス産業への適用可能性」(安保哲夫編著『日本石油・ガス産業の国際競争戦略：国際石油メジャー・日本製造企業との比較』ミネルヴァ書房，所収).
Itagaki, H. (2009), "Competitiveness, localization and Japanese companies in China: realities and alternate approaches", *Asia Pacific Business Review*, 15 (3), 451-462.
板垣博編著 (2010)『中国における日韓台企業の経営比較』ミネルヴァ書房.
Itagaki, H. ed. (1997), *The Japanese Production System: Hybrid Factories in East Asia*, London:Macmillan Press.
JETRO (2015 a)『2014年度日本企業の海外事業展開に関するアンケート調査』.
JETRO (2015 b)『2015年度アジア・オセアニア進出日系企業実態調査』.
JETRO (2016)『2015年度日本企業の海外事業展開に関するアンケート調査』.
JETRO (各年)『日本の直接投資』.
河村哲二編 (2005)『グローバル経済下のアメリカ日系工場』東洋経済新報社.
上山邦雄編 (2005)『巨大化する中国経済と日系ハイブリッド工場』実業之日本社.
金熙珍 (2015)『製品開発の現地化：デンソーに見る本社組織の変化と知識連携』有斐閣.
Kobrin, S. J. (1988), "Expatriate reduction and strategic control in American multinational-corporations", *Human Resource Management*, 27 (1), 63-75
小池和男 (2005)『仕事の経済学（第3版）』東洋経済新報社.
小池和男 (2008)『海外日本企業の人材形成』東洋経済新報社.
Kopp, R. (1999), "The Rice-Paper Ceiling in Japanese Companies: Why It Exists and Persists" in in Beechler, S. L. and Allan Bird eds. Japanese Multinationals Abroad: individual and Organizational Learning,New York:Oxford University Press
公文溥・安保哲夫編著 (2005)『日本型経営・生産システムとEU』ミネルヴァ書房.
丸屋豊二郎 (2015)「日本企業のASEANシフトとチャイナ・プラスワンの行方 - 日本企業の国内外拠点再編に関する実態調査の分析 - 」(『広東省珠江デルタ・東西北地域間の経済格差縮小に向けた政策研究』日本貿易振興機構アジア経済研究所.
Nohria, N. & Ghoshal, S. (1997), *The Differentiated Network: Organaizing Multinational Corporations for ValueCreation*, San Francisco:Jossey-Bass.
大木清弘 (2014)『多国籍企業の量産知識：海外子会社の能力構築と本国量産活動のダイナミクス』有斐閣.
折橋伸哉 (2008)『海外拠点の創発的事業展開：トヨタのオーストラリア・タイ・トルコの事例研

究』白桃書房。
Porter, M, & Takeuchi, H. (2000), Can Japan Compete?, New York: Basic Books and Perseus Publishing. (邦訳『日本の競争力』ダイヤモンド社)。
Rosenzeig, P.M., (1994), "Management practicies in U.S. affiliates of foreign-owned firms: Are 'they' just like 'US'?", *The International Executives*, 36 (4), 393-410
白木三秀 (2006)『国際人的資源管理の比較分析:「多国籍内部労働市場」の視点から』有斐閣。
Trevor, M., (1983), *Japan's Reluctant Multinationals: Japanese Management at Home and Abroad*, London:Frances Pinter.
World Bank (1993), *The East Asian Miracle:Economic Growth and Public Policy*, New Yourk:Oxford University Press. (白鳥正喜監訳 [1994]『東アジアの奇跡:経済成長と政府の役割』東洋経済新報社)。
山口隆英 (2006)『多国籍企業の組織能力:日本のマザー工場システム』白桃社。
山﨑克雄・銭佑錫・安保哲夫編著 (2009)『ラテンアメリカにおける日本企業の経営』中央経済社。
米倉誠一郎 (1986)「鉄鋼業におけるイノベーション導入プロセス:連続鋳造施設導入プロセスの日米比較」(今井賢一編著『イノベーションと組織』東洋経済新報社, 所収)。
吉原英樹 (1999)『未熟な国際経営』白桃書房。
苑志佳編 (2006)『中東欧の日系ハイブリッド工場』東洋経済新報社。
『日経情報ストラテジー』,「海を渡ったトヨタ流」(2007年6月6日号)。

付表　インタビューのポイント

1. 現地法人の概要
- 設立・操業開始時期
- 資本金：金額，出資比率，合弁相手
- 主要製品：種類，生産能力，当工場の比率
- 生産・出荷価額
- 主要な市場：現地市場シェア，輸出比率，主要輸出国
- 当地における拠点数および全従業員数
- 主要取引先
- 従業員数（部門別，正社員と臨時工，男女比，出向者数）
- 稼働日数・稼働時間，1人あたり労働時間
- 離職率・欠勤率

2. 現地法人の機能・役割：開発拠点の場合
- 拠点設立の目的（部品の現地化，市場への適応，現地調達設備への対応）とその後の変化および目的の達成度
- 立地選定の理由
- 開発・設計をしている製品（組み込みソフトを含む）の種類，ターゲットとする顧客
- 製品の特性（製品全体と個々の部品および部品相互間の綿密な調整が必要か，それとも自己完結型の部品か；カスタム部品の割合；メカ，電子，ソフトの割合）
- 企業全体の開発・設計活動の中での当該拠点の機能および役割分担
    - 本社との関係：権限委譲の度合い，分業
    - 他の拠点との分業関係
- 職種別要員数：メカ，電子，ソフトの割合
- 出向者と現地人スタッフの役割分担
- アウトソーシングの有無と程度
- サプライヤーとの関係（本国での取引の有無，開発上の情報交換）

2. 現地法人の機能・役割：生産拠点の場合
- 製品の分業関係：親工場，他の姉妹工場，マザー工場としての役割の有無
- 製品・生産技術：技術の源泉（本社，当社内部，姉妹工場，連係企業や組織）
- 生産設備：親工場との比較
- 生産管理：大ロット生産か小ロット生産か，混流生産の程度，工程内在庫管理，見込み生産か受注生産か
- 品質管理：直行率，工程内での作り込みか出荷検査重視か，異常への対処法（異常の発見，問題解決，再発防止），生産現場と品質管理部門の役割分担，
- メンテナンス：メンテナンス要員（テクニシャン，エンジニア）の採用と育成，テクニシャン・エンジニア・オペレーターの役割分担
- 作業管理：作業標準の作成（誰が行うか，本国との相違），標準時間（ST）の本国との比較およびその達成度，タクト・タイムの設定（固定的かフレキシブルか）
- 作業長：採用と昇進（内部昇進か外部採用か），役割（労務管理，要員配置，IE，品質管理，設備メンテナンス，他部署との連携）
- 現地調達率，カントリーオリジン

・調達先：本国，海外姉妹工場，現地本国系企業，現地企業，その他
・部品調達先との関係：長期取引か短期取引か，納入頻度
・部品調達先のQCDおよび技術指導の有無

3. 他の拠点との情報交換のインターフェースとキーパーソン
・情報交換のキーパーソンの役職，職務，職務経験
・他の拠点（海外，ハードウェアと組み込みソフト，生産拠点）および顧客との情報交換の内容，頻度，方法
・情報交換のルール化・標準化を進めているか，それともあまり標準化せずフレキシブルな対応を重視するか
・使用される言語

4. 仕事の仕方
・職務記述書の有無；ある場合はその内容と活用の仕方
・個々人が担当する職務の幅（外資の場合は本国との比較）と固定化の度合い
・配置転換の有無・頻度・範囲
・上司から部下への命令・指示の内容・性質
・上司への提言の有無と内容
・従業員間の情報の共有化を進める仕組み
・拠点内・開発ステージ間での情報交換の内容，頻度，方法
・チームワーク（職種間，部門間，職層間，拠点間）重視か個々人の仕事の独立性を重視するか

5. 人的資源管理
・採用：毎年の人数，採用の頻度，応募者の倍率，採用方法と基準
・給与を決める要素と階層間の格差
・給与・昇進における評価のポイント
・昇進の基準と速度
・教育訓練（教育訓練の体系，OJTおよびOff－JTの中身，海外拠点との交流，他拠点からのトレーナーの規模と役割）
・離職率：地域の同業他社と比較した高低とその理由
・従業員の定着や雇用保障に対する姿勢
・従業員に経営側の方針を伝える仕組み，頻度
・従業員の要望や不満を汲み上げる制度

6. 経営の成果と課題，今後の展望
・工数全体の変化
・他の拠点との工数の比較
・経営の課題：ターゲットとする顧客，機能・品質とコストのバランス
・今後の展望：現在の機能の強化，新たな機能の付加

第 2 章

逆駐在員による知識移転
―― 欧米企業と日本企業の比較研究

1. はじめに

　本章の目的は，逆駐在制度活用における欧米企業と日本企業の違いを明らかにし，その違いの背景について考察することである。伝統的に，多国籍企業は本国従業員の海外派遣制度を，海外拠点を効果的にコントロールおよびマネジメントする手段として用いてきた (Bonache & Brewster, 2001; Reiche, 2006)。その一方で，海外市場の多様化，海外拠点における機能の深化，駐在員の不足や限界などにより，逆駐在制度を導入・活用する企業が増えてきている。逆駐在制度とは，(本国親会社の人材を海外拠点に派遣するのとは逆に)，海外拠点で採用した人材を本国親会社に出向させる制度のことである (有村，2009)。日本企業においても逆駐在制度は普及しつつあり，例えば，デンソーの日本本社には，現在約 100 名の外国人エンジニアが逆駐在員として勤務している。なお，インドにより本格的な開発機能を設けるため，スズキも数百名規模のエンジニアが本社駐在をしており，日産自動車における欧米エンジニアの逆駐在とそれを通じた知識のグローバル化は野中・徳岡 (2009) の中心テーマであった。さらに，トヨタも「トヨタ自動車 75 年史」において，1992 年から実施している ICT (Intra Company Transferee) 制度を紹介している。
　多国籍企業は，どのような動機や目的で逆駐在制度を導入し，逆駐在員はどういった役割を果たしているのだろうか。また，逆駐在制度を活用した結果として，どういった成果が得られたのだろうか。このような疑問に答えるため，本章では大きく二つの研究アプローチによりデータ収集および分析を行った。まずは主に欧米企業を対象としてなされてきた逆駐在制度に関する研究をレ

ビューし，欧米企業における逆駐在制度運用の動機，目的，および結果について整理を行った。日本企業の逆駐在制度に関する既存研究は数少なかったため，比較分析に必要なデータは日本企業を対象としたインタビュー調査から収集した。そのうえで，逆駐在制度活用における欧米企業と日本企業の違いについて比較分析した。

　その結果，欧米企業と日本企業の間には，逆駐在制度の目的や成果において興味深い違いが見られることが分かった。欧米企業はグローバル戦略策定に必要な海外市場知識を取り入れる手段として主にマネージャーを対象とした逆駐在制度を導入し，グローバル・スタッフィングの多様性を高めていった。一方，日本企業は本社に蓄積された知識を海外拠点に移転する手段として生産や開発部門のエンジニアを対象とした逆駐在を実施し，海外拠点における能力の成長と役割の深化といった成果を生み出している。同じ制度の運用においてなぜこのような違いが生まれるのだろうか。本章では，逆駐在員が移転する暗黙知の中味に焦点を置きながらその違いの原因について考察する。以下では，まず欧米企業の事例を既存研究から整理するところから始めよう。

2．欧米企業における逆駐在制度

2.1　グローバル戦略策定に向けた本社の文化的多様性の確保

　欧米では，1990年代末より逆駐在制度に関する研究が盛んに行われ始めた。欧米企業にとって距離的にも文化的にも遠く感じられるアジア市場の浮上が，逆駐在制度が始まった契機であった。欧米における諸研究から浮かび上がる興味深い点は，「本社におけるグローバル戦略策定」のために「マネージャー」を中心とした逆駐在が実行されていたことである。以下では，既存研究にみられる逆駐在制度の有効性，本社における戦略策定と適用という目的，マネージャーを中心とした制度運用について順に説明する。

　まず，欧米企業における逆駐在制度はイタリアのFiat（フランス，ベルギー，スペイン，レバノンのマネージャーを本社取締役に任用）や，Royal Dutch

Shell（38カ国からの逆駐在員を本社に配置）など，その採用例が増えている（Feely & Harzing, 2003）。東欧5カ国（チェコ，ポーランド，ハンガー，ブルガリア，ルーマニア）における西欧・米多国籍企業の駐在・逆駐在制度について研究したPeterson（2003）も，1997年から2000年の間に駐在員の数は減り，逆駐在員の数は増えたことを示した。

　なぜ逆駐在員の活用が増えるのか。逆駐在制度の必要性および有効性については多くの研究がその論拠を提示してきた。例えば，Harveyら（Harvey et al., 1999a; 2000a,b）は大きく二つの理由から逆駐在制度の有効性を説明する。第1に，海外派遣員の限界である。新興国でのビジネス・インフラの欠如が災いして，海外派遣員は本社との間でより複雑な調整を求められるため，派遣拒否するケースが多いし，赴任してもそのパフォーマンスにおいて失敗率が高まる。第2に，現地人材の強みがより力を発揮する状況になってきたこと。新興国への事業拡大の際に，多国籍企業は予測せぬ社会的・文化的・制度的なギャップに直面しがちで，それは参入および現地におけるビジネス展開の成功を阻害する。適切な社会的・コンテキスト的な知識を持つ逆駐在員はこのギャップを埋めることができるし，事業戦略の場面特殊的な適用を進めることができるのである。近年発表されたHarzing, Pudelko, & Reiche（2016）は，逆駐在員が果たす知識移転の役割についてより実証的な論拠を加える。彼らは，13カ国における多国籍企業の拠点約800カ所より収集されたデータを分析し，本社から海外拠点への知識移転には，駐在員より逆駐在経験者（former inpatriates）の存在がより有効でことを示してる。その理由として著者らは，駐在員は現地人の視点を理解する上で必要となる文化的・制度的知識が不足している一方，逆駐在経験者は本社から移転される知識の受信者となる同僚の観点をより的確に理解しているため，特に暗黙知の移転により向いていると主張する。

　このように，海外市場の多様化による駐在員の限界と逆駐在員の有効性の双方に着目した欧米企業は，主に海外市場に関する知識を本社に流入させるための手段として逆駐在制度を捉えていたとみられる。逆駐在制度に関する研究を主導していたHarveyらは，本社における文化的な多様性を高めるために，半永久および永久に海外拠点の人材を本社に移すことを議論の対象としていた（Harvey & Buckley, 1997; Harvey, Novicevic, & Speier, 1999; Harvey et al.,

2000a)。そのために，逆駐在員の選定，トレーニング，モチベーション，評価システム，キャリア・パスに関する検討が初期研究の大半を占める。ここで，注目すべきは，「永久的・半永久的」といった時間フレームである。逆駐在員が本社内に永久的・半永久的に勤務する形となれば，どのようにして日々変わっていく海外市場に関する知識を本社に流入させるのだろうか。これについて，Harvey, Novicevic & Speier（1999）は，「逆駐在員マネージャーは，本社組織構造内に配置され，新興国の拠点に頻繁に出向くことで，本社のグローバル戦略の方向性を示す」(p.464) と記述している。

上記の議論から考えると，逆駐在員は各海外市場に関する知識を本社に持ち込み，それらを参考に本社のグローバル戦略は策定される（Garte, 1996; Harvey & Buckley, 1997; Collings, McDonnell, Gunningle, & Lavelle, 2010)。また，本社で作られたグローバル戦略を各海外拠点に適用していくことも逆駐在員の役割として期待されているようだ（Adler, 2002; Reiche, Kraimer, & Anne-Wil Harzing, 2008)。Harvey & Buckley (1997) は，逆駐在マネージャーは，新興国で効果的に競争する際に必要となる政策，戦略，計画を作るうえで観点の多様性を提供するだけではなく，どのようにグローバル戦略をたて，ローカルに合わせた行動をとるのか（how to globalize but yet act locally）に関する文脈的な理解ができる，としている。Reiche ら（2008）も，逆駐在員は，適切な社会・文脈的知識を持つことで，ビジネス戦略の場面特殊的適応（context specific adaptation）を促進すると主張する。

本社戦略の策定・現地拠点での実行が逆駐在員の役割とされているがゆえに，欧米企業を対象とした諸研究では，「マネージャー」を逆駐在制度の主たる対象として想定し，議論している。逆駐在制度に関するどの研究においても，職種に言及することはなく，逆駐在員マネージャー（inpatriate managers）といった表現がみられる点からは，戦略策定に参加できるレベルの管理部門の経営者であろうと推察できる。この推察の間接的な論拠として挙げられるのが，Reiche（2010）の研究である。彼は，ドイツ系多国籍企業10社における269名の逆駐在員を対象にサーベイを行い，論文中に彼らのデモグラフィを詳細に示している。それには，国籍，年齢，性別，婚姻関係，勤続期間などが含まれているが，職種には全く触れていない。他の諸研究と合わせて考えると，欧米

企業における逆駐在員は経営管理部門のトップマネージャー層が対象となっていると理解できる。

海外拠点のマネージャーを対象としているがゆえに、逆駐在員が本社組織内で直面しがちな問題点も重要な議論の対象となっていた。Harvey et al. (1999) では、逆駐在員が本社組織の中で仕事をしながら文化変容（acculturation），同化（assimilation）をする過程で様々な問題が生じる可能性があるため、適切なマネジメントが必要であることを述べ、Harvey et al. (2005) でより詳細にその問題点と対策について論じている。例えば、本国中心主義（ethnocentrism）があるゆえに、逆駐在員は汚名（stigma）やステレオタイプ，外国人としての適応障害（liability of foreignness）といった問題に直面する可能性が高い。そこで，これらを抑えるマネジメント・プログラムの必要性と概念図を提示している。このような議論は，本社に招かれグローバル戦略策定プロセスに参加する各現地拠点のマネージャーらが，本社の経営管理者らとの間で経験し得る困難に注目したものと解釈できる。

2.2 グローバル・スタッフィング[1]の再構築

本社組織の多様性を確保し，未知の海外市場に関する情報や知識獲得を契機に始まった逆駐在制度に関する研究は，その範囲を広げ，グローバル・スタッフィングの再構築へと発展していく。Collings 達は，世界市場の変化とそれに伴う国際的な任務（international assignment）マネジメントの変化に研究の焦点を当てている。つまり，本国からの海外派遣員に依存していた既存のやり方を根本的に再評価して対案を再検討する必要性と，グローバル・スタッフィングにより戦略的視点を取り入れるべきであることを主張する (Collings et al., 2007; Scullion et al., 2007; Collings et al., 2008; Collings et al., 2009; Collings et al., 2010)。

まず，Collings et al. (2007) と Scullion et al. (2007) では，多くの企業が一般的に使ってきた海外派遣制度が，近年のグローバル環境の中でどのような課題に直面しているのかを，供給面，コスト面，需要面，パフォーマンス，キャリアなどの項目から議論している。そういった検討からより多様なグローバル・

スタッフィング政策の必要性を訴える彼らは，海外派遣制度の弱点を補完する施策として短期的国際任務（shor-term international assignments），頻繁な出張ベースの任務（frequent flyer assignments），逆駐在員（inpatriats）を提示している。その中で，逆駐在をメインテーマとしている研究（Collings et al., 2010）では，どのような要件が海外拠点からの駐在（outflow staffing flow）に影響を与えるのかを本社要因，海外拠点要因，構造要因，人材管理システム要因から検討している。アイルランドに子会社をおいたMNCを対象に414件にわたる設問調査を行った結果，46%の海外拠点が本社へ逆駐在員を派遣していることが分かった。また，MNCの出身国，MNCの規模，エントリー・モード，海外拠点の規模，MNCの戦略（統合の程度），などによって逆駐在制度の活用度は異なってくることを示している。そして，Peterson（2003）の研究でも逆駐在員の活用が増えてきている理由は，グループ内により大きな人材のプールを創造するためであると結論づけている。

このように，欧米企業において逆駐在制度の活用が広がった2000年度以降の諸研究から，本社組織内の多様性のみならず，企業グループとして人材のプールをより多様化させる方向へと逆駐在制度が拡大してきたことが分かる。

3．日本企業における逆駐在制度

それでは，日本企業においてはどのような目的で逆駐在制度が活用され，どういった成果に結びついているのだろうか。欧米企業との比較的な視点を持つ上で，同質なデータが欧米と日本企業の両方から得られることが理想的であるものの，日本企業の逆駐在に関する既存研究は数少なく，探索的なものに留まっていた（石田，1994；有村，2009）。そこで，本研究では，日本企業を対象にしたインタビュー調査を通じてデータ収集を行った。調査対象としては，1）日系製造業企業の韓国拠点，2）製品開発機能を有する拠点，3）逆駐在制度を積極的に活用している拠点，といった条件の中から研究協力が得られた3社を選んだ。進出先国の多様性から生じ得る違いを抑えるため，多くの日本企業が進出している韓国に対象を絞り，知識移転の観察に適していると思われる製

品開発機能を有する拠点に調査サンプルの範囲を定めた。インタビュー調査は全7回に渡って実施され,各部門のマネージャーやエンジニアの20名よりデータを収集することができた。サンプル企業の概要を以下の表2-1で示している。

3.1 海外子会社の能力育成

多様な海外市場に関する知識を取り入れ,グローバル戦略を策定することを目的としていた欧米企業とは逆に,日本企業は海外子会社の能力を育成する手段として逆駐在制度を活用していた。すなわち,知識の流れとしては,外(海外市場)から中へ(本社)ではなく,中から外へ向けた流れを主な目的とした取り組みといえる。

例えば,アルバック・コリアでは,2000年に着任した韓国人社長が韓国市場におけるビジネス強化を図るため,本社からの技術習得策として本社への逆駐在制度を立ち上げ,開始した。2000年初期からはサムスン,LGなど多くのローカル電子メーカーが成長するにつれ,装置メーカーであるアルバックの韓国拠点も急成長を遂げており,社員数そのものも急増したが,同時に本社への逆駐在員の数も急増させていった(図2-1)。2002年より始まった同制度を通じた逆駐在者の人数は,2007年のピーク時には年間75名に至り,現在は累積

表2-1 サンプル企業の概要

	アルバック・コリア (ULVAC Korea, Ltd.)	ジャトコ・コリア (Jatco Korea Engineering Corp.)	韓国アルプス (ALPS electronics Korea Co., Ltd.)
産業	装置,産業機械	自動車部品	電子・自動車部品
規模(従業員数)	377 (2014)	244 (2014)	150 (2014)
インタビュー日時	2013.3.14 2015.2.3	2015.2.2 2012.11.30	2014.11.5 2013.3.12 2015.4.24
インタビュー対象	GM (General Manager) 1名 (J),エンジニア4名 (K)	専務 (J),経営企画 (J),広報 (J),ブランド担当マネージャー (J),エンジニア3名 (K)	エンジニア7名 (K),GM1名 (J),マネージャー1名 (J)

注:(J) は日本人を,(K) は韓国人を意味する。
出所:著者作成

図2-1 アルバック韓国拠点の逆駐在員数の動向

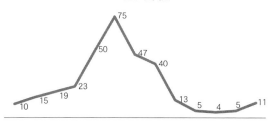

	02年	03年	04年	05年	06年	07年	08年	09年	10年	11年	12年	13年	14年	計
出向者数	10	15	19	23	50	75	47	40	13	5	4	5	11	317
総従業員数	135	143	269	322	392	339	366	364	443	484	446	368	366	
出向比率	7%	10%	7%	7%	13%	22%	13%	11%	3%	1%	1%	1%	3%	7%

出所：アルバック韓国拠点の社内資料

合計317名が逆駐在の経験を有する。最初は，製造技術やノウハウを習得するための施策として始まったとみられる。

同様に，韓国アルプスも，現地市場での生き残りがかかった危機感の中で，製品開発能力の育成を目的に逆駐在制度を導入した。多品種の電子・自動車部品を手掛ける韓国アルプスの韓国拠点設立は1987年のことで，韓国南部の光州に，生産品の全量輸出を条件に金星（今のLG）と合弁会社を設立した。国内に電気電子産業を育成しようという当時の韓国政府のねらいが背景にあったのである。その中で，韓国アルプスは1993〜1994年から韓国国内向けのビジネスを目指して，自前の開発部門を立ち上げた。さらに，1995年ごろから日本への逆駐在を開始し，年に1〜2名を送り始めた。現在，韓国アルプスの開発組織は150名まで拡大しているが，そのうち30名程度が日本への逆駐在経験を有する。韓国拠点が開発機能を設け，日本への逆駐在制度を始めた背景には，1996年の合弁契約解消以降，韓国市場で生き残れるかどうかといった危機感があった。全量輸出といった条件が外れたため，すべての顧客に販売拡大ができるようになったものの，設立以来日本から発注を受けた製品を生産し，輸出した経験しか持っていない韓国拠点にとっては全く新しい挑戦であった。1990年代半ばからは韓国自動車メーカーからの受注も狙い始めた韓国拠点は，

開発機能育成とそのための本社からの技術吸収を狙って逆駐在制度を導入したのである。1996年の合弁解消以降の韓国拠点の売上推移は，2000年ごろから韓国国内向けの販売が増え始め，2011年には国内販売額が輸出額を超える結果となった。

　ジャトコ・コリアの場合は，上記の2社とは多少異なる動機により逆駐在制度を開始した。日本側のエンジニア不足を補うため，優秀な現地人材を採用し，日本へ出向させたのである。しかし，最初は意図していなかったものの，その逆駐在が以下のような現地拠点の成長と役割分担につながる結果となった。

3.2　海外子会社における製造・開発能力の成長

　調査対象である3社のデータから共通してみられる傾向として，逆駐在制度を通じた製造・開発機能における海外子会社の能力向上が挙げられる。本社での逆駐在経験を持った生産・開発のエンジニアの蓄積がまずは両機能部門における現地市場対応力を高めたのである。

　アルバック・コリアの場合，当初は韓国で装置生産は無理であると日本本社から反対されていたにも関わらず，日本への出向による技術習得の結果として飛躍的な生産技術の発展を遂げた。1号機と2号機までは100％日本からの輸入部品に依存していたものの，第3号機からは国産化を進め，現在では部品点数の95％を現地調達できるようになった。なお，製品開発においても，本社およびグループ会社からの技術習得に努めた結果，2011年には韓国に研究所を設立し，2012年からは材料，装置の開発を開始している。10年余りの間，日本への逆駐在を通じて育ててきた22名のエンジニアが開発作業を行っている。

　ジャトコ・コリアにおいても同様の成長が見られる。図2-3からもうかがえるように，本社への逆駐在員数は2000年から2005年までは毎年大幅に増加したが，2005年から2007年までは逆に大幅に減少し，2007年以降は10名程度と落ち着いてきている。こうした推移の背景には，韓国拠点の自立度が高まってきたことがある。すなわち，日本本社に逆駐在をしなくても，韓国拠点で本社と連携した仕事をしたり，韓国拠点独自の仕事を進めたりすることが可能に

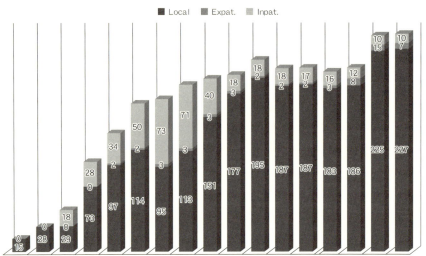

図 2-3 ジャトコ・コリアの従業員数，逆駐在員数，駐在員数の推移

出所：ジャトコ・コリアの社内資料

なったのである。例えば，解析作業の場合，日本・韓国という区別ではなく，隣の部署のような感覚で共同で業務をこなしている。韓国に53名，日本には50名弱のエンジニアが所属しており，同じシステム環境で協業しているのである。CADのような定型的業務はベトナムやインドの専門会社に外注するが，専門性を要するようなシミュレーション技術は韓国と日本で対応している。

　韓国拠点側にチーフエンジニアが誕生したことも，韓国拠点の成長を示す大きな出来事であった。チーフエンジニアは製品開発の全プロセスにおける権限を持つ。例えば，顧客との間で性能，原価といった仕様を決める権限，開発プロジェクトの日程，資源配分を決める権限，出来上がった図面を承認し，生産交渉を行う権限までを現地で持つようになったのだ。契機となったのは，ルノー・サムスン向けの仕事がフランスから韓国に移管され，ダイレクトに顧客とすり合わせるためには現地人をチーフエンジニアにする必要性があった。そこで，韓国拠点の場合，人材が育ってきたこともあるので，本社は権限を与えても差し支えないと判断し，チーフエンジニアを任命したのである。日本にはこういったチーフエンジニアが10名程度おり，海外拠点のエンジニアがチー

フエンジニアになったのは初めてのケースであるという。もちろん，韓国拠点初のチーフエンジニアとなったPさんも，本社に3年間駐在をした経験を有する。

そして，韓国アルプスでも，韓国国内顧客との取引を増やそうと努める過程で，開発機能を着実に向上させてきた。その結果，1999年ごろからは応用設計に限っては独自開発もできるようになり，図面作成が可能になった。また，2005年ごろからは海外顧客向けの仕事も担当できるようになった。例えば，ヨーロッパ顧客向けの仕事は日本で受注し，韓国拠点で応用開発と生産を行うケースが増えてきた。

3.3　グループ内の役割分担

各海外子会社の開発機能における成長の結果，3社は韓国市場における顧客対応だけではなく，各企業グループのグローバル・ビジネスにおいても重要な役割を果たしている。かつては本社が担当していた製造や開発機能の一部を担えるまで成長し，本社の負担を軽減させつつ，より多様なグローバル顧客に対応している。

アルバック・コリアは，今ではアルバック社のグローバル売上の約23％を占めるまでに成長しており，グループ内で中国拠点と本社の開発業務をサポートできるようになった。中国の場合には，受注そのものはアルバック社の中国拠点が担当し，韓国拠点で生産と納品を担当するような分業をすることが多いという。また，最近は韓国側の部長が中国拠点の工場長に任命され，管理と指導の業務を行っているという。さらに，本社の開発業務をサポートする事例も増加してきている。例えば，2014年には11名が本社へ逆駐在に出ているが，本社側の必要によるケースが殆どであった。すなわち，以前は8割から9割が本社の技術を習得するための逆駐在であったのに対して，最近は本社の開発プロジェクトで即戦力となるエンジニアの派遣を要請され，送る割合が年間逆駐在者全体の8割以上に上っている。本社への逆駐在を通じて培ってきた技術力をもとに，今はグループ内で大きな貢献をしている事例である。

ジャトコ・コリアにおいても，設立初期から大勢の逆駐在員派遣を通じて開

発能力を培ってきた結果，今では日本と中国以外の世界中の顧客に対応し応用開発の業務を担うといったグループの中核的な役割を果たしている。韓国拠点の業務の内，60～70％が韓国国内顧客対応（ルノー・サムスン，GMコリア）で，30～40％が本社とグループのサポート業務である。つまり，日本本社で開発された製品の基礎モデルを，世界各地の顧客に合わせて応用開発する役割を韓国拠点が担当しているのである。

例えば，ジャトコ社のアメリカ顧客向けの開発作業も韓国拠点で対応しているが，GMコリア担当の韓国人エンジニアが週2回程度ジャトコのアメリカ拠点と連絡を取りながら，アメリカGM対応の応用設計業務を進めている。また，中国の東風日産，マレーシアのプロトン，台湾のハイテックへの対応も韓国拠点から出張ベースで行っている。韓国拠点がここまでグローバル顧客に対応できる能力を構築できた理由は，本社への逆駐在だけではない。韓国国内の顧客の存在が重要な意味を持つ。例えば，GMは小型車の開発・調達拠点を韓国に集約して，中型車の開発・調達拠点をミシガンに集約するといったグローバル分業をし行っている。また，ルノーサムソンも，小型車の開発を韓国に集約している。逆駐在を通じて本社から習得できた技術能力を韓国内の顧客対応に活用できたからこそ，今のジャトコ・コリアのように，世界分業の一端を担うだけの能力をもつ拠点として育つことができたと考えられる。

同様に，韓国アルプスも，2010年以前には，韓国拠点が担当するのはもっぱら韓国顧客向けの開発業務とするという方針でやってきたが，最近は企業グループ内全体のエンジニアリング・リソースとしての役割分担を求められるまでに成長してきた。一例として，2010年頃から特定製品の開発業務を本社から韓国拠点に移管し始めていることが挙げられる。アルプス社製品のスイッチ類のうち，ヒーターやナビゲーションなど技術要求度が高い製品は日本が引き続き開発を担当し，ドアやステアリングなどある程度技術が確立された製品の開発は韓国に移管された。すなわち，スイッチ類の70％に上る製品において，グローバル顧客向けの製品開発を韓国アルプスが担当することとなる。この開発業務移管のために，最近はさらにマネージャー・レベルの本社逆駐在も増やしている。今後よりグループ内の開発役割分担が増えていく傾向を受け，韓国拠点は2013年2月110億ウォンを投資し，3階建てのR&D棟を建設した。ま

た，エンジニアの人数も現在150程度であるのを今後3年間に30名程度増やしていく計画である。

4．ディスカッション：欧米企業と日本企業の比較分析

　以上，欧米企業と日本企業における逆駐在制度活用の目的や成果について，既存研究およびインタビュー調査から得られた事実を整理してきた。両企業における違いは下記表2-2のように示すことができる。

　要するに，欧米企業は本社のグローバル戦略策定やそれの適用に貢献できる現地拠点のマネージャーを逆駐在員として活用してきた一方，日本企業は製造や開発に関する技術的知識を海外拠点に移転する手段としてエンジニアを中心とした逆駐在制度を活用してきたといえる。それでは，なぜこのような違いが見られるのだろうか。

　欧米企業と日本企業の対照的な逆駐在員の活用から，両者が逆駐在制度を通じて移転しようとする暗黙知の中味がそれぞれ異なる可能性がうかがえる。つまり，欧米企業は本社のグローバル戦略策定に必要な海外市場知識が，日本企業は本社側に蓄積されている生産・開発に関する知識が「逆駐在制度を通じて移転したい暗黙知」の中味になっているのである。興味深いことに，「戦略的意思決定能力」と「生産・開発能力（現場力）」を欧米企業と日本企業はそれぞれの強みとしてきた（Jones, 2005）。すると，自らの強みや得意とする分野は暗黙知の形で人を通じて移転させ，不得意な分野は形式知として標準化した形でグループ社内で共有してきたのではないだろうか。

表2-2　逆駐在員制度活用における欧米企業と日本企業の違い

	欧米企業	日本企業
目的	新興国市場に関する知識を本社に流入させグローバル戦略策定に反映，そのグローバル戦略の現地適用	海外拠点の生産・開発機能の育成
対象	経営管理職のマネージャー	エンジニア
成果	グローバル・スタッフィングの多様化	海外子会社における生産・開発能力の成長，グループ内の他拠点サポート

ここで，各企業の得意不得意の議論と権限の本社集中・分散の議論をかけ合わせて考えてみることも有意義であろう。本研究のデータ分析から浮かび上がることは，「不得意な分野は本社に権限を集中させたうえで標準化を進め，得意な分野は駐在員や逆駐在員による暗黙知の移転を通じてより権限が分散された形で強みを発揮しようとする」といった命題である。欧米企業の場合，比較的不得意分野である生産現場の管理は，本社の技術者に権限を集中させ，標準化を徹底する傾向がある。その一方，戦略的意思決定を得意とする欧米企業は，グローバル戦略策定のプロセスにおいて様々な現地市場に関する知識を織り込んでおり，その戦略を現地で実行する際にも逆駐在員が裁量権を発揮できる。対照的に，日本企業の場合，不得意分野である戦略的意思決定は（Porter, 1996），本社に権限を集中化する傾向が極めて強い（Bartlett & Ghoshal, 1989）。一方，得意分野である現場主義的な能力構築においては，技術者である駐在員や逆駐在員が中心になって本社の企業文脈的知識を現地子会社の生産・開発現場に柔軟に移転していく（Itagaki, 1997; Abo, 2007）。もしそうだとすると，なぜ多国籍企業は得意な分野は権限を分散させ，不得意な分野は権限を本社集中させるのだろうか。この点についてはさらなる考察が必要であろう。

　「欧米企業と日本企業とでは逆駐在員が移転する暗黙知の中味が異なる」といった命題から，従来の駐在員に関する議論に対しても新たな疑問が生じる。駐在員に関する諸研究は盛んに行われており，彼らの役割は技術移転や経営管理，組織開発，組織文化の浸透，本社戦略に基づいたコントロールなどと（Edstrom & Galbraith, 1977; Kobrin, 1988），どの企業においても共通するものとみなされてきた。欧米日の多国籍企業を対象に行われた比較研究からは，日本企業が最も数多くの駐在員を活用していることばしばしば指摘され（Tung, 1988; Harzing, 2001; Peterson, 2003），人材の現地化が遅れていると解釈されてきた（白木，2006；有村，2009）。要するに，日本企業は本社集権的グローバル経営を行っているため，駐在員の数が多いといった理解であった。しかし，本章の比較分析から浮かび上がったように，逆駐在員が移転する暗黙知の中味が欧米企業と日本企業では異なる可能性を考慮すると，従来の駐在員が移転する暗黙知の中味も両者では異なる可能性がある。もしかすると，欧米企業の駐在員は本社戦略の移転・適用により注力し，日本企業の駐在員は生産・

開発に関する技術移転・適用が主な目的であった可能性がある。その故に，生産や開発に関する「技術適用」は，設備の保全，部品調達，品質管理，検査などより広範囲な活動領域にかかわるため，日本企業の駐在員はその数が多かったという解釈もできるのではないだろうか。移転する暗黙知の中味の違いを踏まえて考慮すると，ただ駐在員の数が多いか少ないかで人材の現地化レベルを論じることは短絡的すぎるかもしれない。

　本章の主張を要約すると，欧米企業と日本企業はグローバル経営においてそれぞれ得意・不得意分野を有し，得意分野は権限をより分散させた形で人を通じて移転させる一方，不得意分野は本社に権限を集中させたうえで，標準化させた形での移転する，となる。多国籍企業の知識移転に関する議論の中でも，暗黙知の移転は非常に困難であること（Kogut & Zander, 1993; Lord & Ranft, 2000; Szulanski, 1996; von Hippel, 1994），だからこそ企業にとって模倣可能性の低い競争優位の源泉となることが論じられてきた（Madhavan and Grover, 1998 ; Subramaniam and Venkatraman, 2001）。欧米企業・日本企業どちらも競争優位の源泉となる暗黙知を駐在員や逆駐在員を通じて海外市場に移転しているからこそ，模倣がより困難になり，持続的な競争優位の源泉となり続けているだろう。本章における逆駐在制度の比較分析から，欧米企業と日本企業が海外拠点に移転する暗黙知の中味の違いについてより深い考察ができる。これは，両企業の強みと弱みに合わせた本社の権限や現地拠点の自律権問題についても新たな思考の材料を提供するものと考える。なお，この考察は，もっぱら戦略的意思決定の領域に限定されてきた従来の集中・分散の議論（Prahalad & Doz, 1987）に見直しを迫るインプリケーションがある。

　しかし，本章の議論をより妥当なものとしていくにはいくつかの課題が残されている。まず，本章では欧米企業と日本企業といった分類で比較分析を試みているが，これは大まかな傾向を把握するための分け方であるため，今後の研究においてはさらなる検討が必要である。例えば，欧州と米国企業を一つのグループとして束ねていいかどうか，欧州企業の中でも多様なアプローチがあるのではないか，などの課題が山積している。これと同様，既存研究の示唆から欧米企業の得意分野を「戦略的意思決定」，日本企業の得意分野を「現場主義的な能力構築」と概念づけて議論を進めたが，この点についてもより具体的な

論拠が必要であろう。そして、日本企業の逆駐在制度を韓国といったコンテキストに限定し、その特徴を導き出した点についても議論の余地は残る。著者が行ってきた現地調査から、アメリカ、インド、中国、アセアンからの逆駐在員の場合も本章で取り上げた韓国と同様の傾向は観察されつつある。しかし、より多様な国と産業における追加調査が行われて初めて、日本企業における逆駐在制度をより正確に理解することができるだろう。最後に、比較データの非対称性も指摘せざるを得ない。本章では、欧米企業に関しては既存研究から、日本企業に関してはインタビュー調査から収集したデータをもって分析を行った。欧米における既存研究と同等のものが日本企業に関しては存在しなかったことがその理由であり、比較分析に必要なある程度の事実は本章での方法論より確保できたと考える。ただ、本議論をより発展させていく上では、欧米企業と日本企業におけるインタビュー調査やサーベイなど、より体系的な比較研究デザインに基づいたデータ収集と分析が欠かせないだろう。

(金熙珍)

注

1 グローバル・スタッフイングは、多国籍企業が本社と海外拠点におけるキー・ポジションをPCN (parent country nationals), HCN (host country nationals), TCN (third country nationals) を。どのようなミックスで採用、配置、マネジメントしていくのかといった課題と定義される (Scullion and Collings, 2006)。

参考文献

Abo, T. (2007), *Japanese Hybrid Factories: A Comparison of Global Production Strategies*, Palgrave Macmillan, UK.

Adler, N.J. (2002), *International Dimensions of Organizational Behavior* (4th Edition). Cincinnati, OH: South Western.

有村貞則 (2009)「いわゆる逆出向制度のジレンマとその解決に向けて：ある大手電機会社の事例を通じて」『東亜経済研究』第67巻第2号、151-177頁。

Bartlett, C.A., & Ghoshal, S. (1989), *Managing Across Borders: The Transnational Solution*. Boston, MA: Harvard Business School Press.

Bonache, J., and Brewster, C. (2001), Knowledge transfer and the management of expatriation. *Thunderbird International Business Review*, 43 (1), pp. 145-168.

Collings, D. G., Scullion, H., and Morley, M. G. (2007), Changing patterns of global staffing in the multinational enterprise: Challenges to the conventional expatriate assignment and emerging alternatives. *Journal of World Business*, 42, pp. 198-213.

Collings, D. G., Morley, M. J., and Gunnigle, P. (2008), Composing the top management team in the international subsidiary: Qualitative evidence on international staffing in U.S. MNCs in the

Republic of Ireland. *Journal of World Business*, 43, pp. 197-212.
Collings, D. G., Scullion, H., and Dowling, P. (2009), Global staffing: A review and thematic research agenda. *The International Journal of Human Resource Management*, 20 (6), pp.1253-1272.
Collings, D. G., McDonnell, A., Gunnigle, P., and Lavelle, J. (2010), Swimming against the tide: Outward staffing flows from multinational subsidiaries. *Human Resource Management*, 49 (4), pp. 575-598.
Edstrom, A., & Galbraith, J.R. (1977), Transfer of managers as a coordinative and control strategy in multinational organizations, *Administrative Science Quarterly*, 22: 248-263.
Feely, A., & Harzing, A. (2003) Language management in multinational companies, Cross Cultural Management, 10 (2) :37-52.
Garte, J. (1996), The big emerging markets. *Columbia Journal of World Business*, 31: 6-31.
Harvey, M. G. (1997), "Inpatriation" training: The next challenge for international human resource management. *International Journal of Intercultural Relations*, 21 (3), pp. 393-428.
Harvey, M. G., and Buckley, M. R. (1997), Managing inpatriates: Building a global core competency. *Journal of World Business*, 32 (1), pp. 35-52.
Harvey, M. G., Speier, C., and Novicevic, M. M. (1999a), The role of inpatriation in global staffing. *The International Journal of Human Resource Management*, 10 (3), pp. 459-476.
Harvey, M.G., Novicevic, M.M., and Speier, C. (2000a), An innovative global management staffing system: A competence-based perspective. *Human Resource Management*, 39 (4), pp. 381-394.
Harvey, M. G., Novicevic, M. M., and Speier, C. (2000b), Strategic global human resource management: The role of inpatriate managers. *Human Resource Management Review*, 10, pp. 153-175.
Harvey, M. G., Novicevic, M. M., Buckley, M. R., and Fung, H. (2005), Reducing inpatriate managers' 'Liability of Foreignness' by addressing stigmatization and stereotype threats. *Journal of World Business*, 40, pp. 267-280.
Harzing, A.-W. (2001), Who's in charge? An empirical study of executive staffing practices in foreign subsidiaries. *Human Resource Management*, 40 (2), 139-158.
Harzing, A.-W., Pudelko, M., Reiche, B.S. (2016), The bridging role of expatriates and inpatriates in knowledge transfer in multinational corporations, *Human Resource Management*, 55 (4), 679-659.
石田英夫（1994）「日本企業のグローバル化と国際人事の基本問題」，石田英夫編者『国際人事』中央経済社，第1章，1-20頁。
Itagaki, H. (1997), *Japanese Hybrid Factories: Hybrid Factories in East Asia*, Palgrave Macmillan, UK.
Jones, Geoffrey (2005), Multinationals and Global Capitalism: From Nineteenth to the Twenty First Century, Oxford University Press.
Kobrin, S. (1988), Expatriate reduction and strategic control in American multinational corporations. *Human Resource Management*, 27; 63-75.
Kogut, B. and U. Zander (1993), Knowledge of the firm and the evolutionary theory of the multinational corporation, *Journal of International Business Studies*, 24 (4), pp. 625-645.
Lord, M. and A. Ranft (2000), Organizational learning about new international markets: exploring the internal transfer of local market knowledge, *Journal of International Business Studies*, 31 (4), pp. 573-589.
Madhavan, R. and R. Grover (1998), From embedded knowledge to embodied knowledge: new

product development as knowledge management, *Journal of Marketing*, 62 (4), pp. 1-12.

野中郁次郎・徳岡晃一郎 (2009)『世界の知で創る：日産のグローバル共創戦略』東洋経済新聞社。

Peterson, R. B. (2003), The use of expatriates and inpatriates in Central and Eastern Europe since the Wall came down. *Journal of World Business*, 38, pp. 55-69.

Porter, M. E. (1996) "What Is Strategy?" *Harvard Business Review* 74, no. 6 (November?December 1996) : 61-78.

Prahalad, C.K., and Doz, Y.L. (1987), *The Multinational Mission: Balancing Local Demands and Global Vision*, Free Press.

Reiche, B. S. (2006), The inpatriate experience in multinational corporations: An exploratory case study in Germany. *International Journal of Human Resource Management*, 17 (9), pp. 1572-1590.

Reiche, B.S., Kraimer, M.L., & Harzing, A. (2008), Inpatriates as agents of cross-unit knowledge flows in multinational corporations, Published in P. Sparrow (Ed.) *Handbook of International Human Resource Management: Integrating People, Process, and Context*, p.151-170. Oxford:Wiley-Blackwell.

Reiche, B.S. (2011), Knowledge transfer in multinationals: The role of inpatriates' boundary spanning, *Human Resource Management*, 50 (3), 365-389.

Scullion, H,m and Collings, D.G. (2006), *Global Staffing*, London: Routledge.

Scullion, H., Collings, D. G., and Gunningle, P. (2007), International human resource management in the 21st century: Emerging themes and contemporary debates. *Human Resource Management Journal*, 17 (4), pp. 309-319.

白木三秀 (2006)『国際人的資源管理の比較分析：多国籍内部労働市場の視点から』有斐閣。

Subramaniam, M., and Venkatraman, N. (2001), Determinants of transnational new product development capability: Testing the influence of transferring and deploying tacit overseas knowledge. *Strategic Management Journal*, 22, pp. 359-378.

Szulanski, G. (1996), Exploring internal stickiness: impediments to the transfer of best practice within the firm, *Strategic Management Journal*, 17, pp. 27-43.

von Hippel, E. (1994), "Sticky information" and the locus of problem solving: implications for innovation, *Management Science*, 41 (4), pp. 429-439.

第3章

新興国市場向け車両の開発体制の比較研究
―― 日産と現代自動車の事例を中心に

1. はじめに

　本章では自動車の新興国市場向け製品戦略における日韓自動車メーカーの違いについて考察する。自動車の開発から販売までの全プロセスの中で開発プロセスに注目しながら新興国にどのような車両を，どのような開発体制で行っているかについて実地調査に基づいて分析する。日韓自動車メーカーの中でその戦略と考え方にかなり大きな相違が見られる日産自動車と現代自動車を重点的に取り上げて分析を進める。

　自動車メーカーの海外進出についての研究が多いが，そのほとんどは生産に関するものである。すなわち，これまでの研究では生産システムや生産技術，または生産現場での人事労務管理などに焦点を置いた研究が多く，製品開発に重点を置いた実証分析の研究は少ない。しかし，2000年代前後から急速に拡大してきた新興国市場における競争戦略の成否は，生産システムや生産技術の移転を通じた能力構築だけでは足りず，先進国市場とは異なる新興国市場に対応した車両の開発とそのスピーディな市場投入にかかっている面が大きいと思われる。

　例えば，日本のフルラインナップメーカーのトヨタ，日産，ホンダは中国やインドなどの新興国市場で欧米メーカーや韓国メーカーに比べて苦戦してきた。その理由としては多くの要因が絡んでいるが，2000年代に入って明確に見えてきた点は，先進国市場とは特質がかなり違う新興国市場向けの車両を開発して投入してこなかったことが大きい。先進国市場で成功した車両をそのまま投入する，あるいは部分的に改良して新興国市場に投入しても，「高すぎる」，

「そこまでの機能はいらない」といった高価格や過剰品質という問題が発生し，当初の見込み通りには売れないことが多かったのである。

このような問題に対して日本メーカーは数年間の社内論争を経て，2010年ころには各社内でおおむね共通のコンセンサスに達したように見える。すなわち，いわゆるグローバル・モデルとは別途に新興国市場向け専用車両を開発して投入しないと新興国市場で成功することは難しいということである。

以上のような背景で日本の自動車メーカーは新興国市場向け専用車両の開発体制の構築に経営資源を積極的に投入してきた。そこで次のような疑問点が生じてくる。日本の自動車メーカーはどのような新興国市場向けの車両を開発しているのか，それはグローバル・モデルと何が違うのか，そのモデルの開発の際，日本の開発本部と新興国の開発拠点との開発分担はどうなっているのか，などの点である。本章では日産自動車と韓国の現代自動車を主要分析の対象にして，このような疑問について考察することにしたい。

2. 製品開発プロセスとその海外展開

広い意味での製品開発は製品コセンプト作りから始まり，製品基本計画を作って事業の妥当性を提示し，それが経営陣に認められれば，本格的な製品開発，すなわち，製品および工程のエンジニアリングの段階に入り，多くの経営資源（開発要員や資金など）が集中的に投入される。自動車の場合，製品エンジニアリングの段階では部品の機能や構造に関する詳細設計とその試作，テストが行われ，次の工程エンジニアリングの段階では金型やその他設備の設計と制作，その試作とテストが行われる。

製品コンセプト作りではターゲット顧客を設定しその顧客ニーズを解釈する活動で，製品基本計画はそのコンセプトを部品の基本的な組合せに翻訳し，大まかな目標コストや売上高等を算定して事業性を検討する活動である。製品エンジニアリングは多くの部品の設計図が詳細に作られる活動であるが，最近はCADを利用してデジタル・データとして作成され，実物の試作車の代わりに，そのデータを使ってデジタル試作が行われるのが一般的である。次に量産工程

図 3-1 製品開発プロセス

資料：近能善範・高井文子（2010）と日産内部資料をもとに作成

の設計と試作，テストが行われるが，この段階でもデジタル・データを使って各工程の作業についてのシミュレーションが行われることが多い。製品エンジニアリングの段階に入れば数百名が参加する大規模な様々な活動が複雑に絡み合って進められ，開発終了までの期間も長い。そして，製品開発は自動車メーカー内での活動だけではなく，100社を超える1次サプライヤーも参加して共同開発が進められるので，その複雑性はさらに増す[1]。このような製品開発活動を海外に展開するのはそう簡単ではないのは明白である。

よく知られていることであるが，日本の自動車メーカーの特定製品の開発は販売から生産技術までの広い機能部門にまたがって製品開発を統括するプロダクト・マネージャー（PM）制をとっているメーカーが多い。このPMは製品コンセプトも自身の責任で設定し，製品および工程エンジニアリングも主導する，製品の開発全般にわたって強い権限を持つ「重量級PM」である。それに対して韓国の現代自動車のPMは，米国の自動車メーカーがそうであるように，主に製品の設計分野だけに責任を持つ「軽量級PM」制をとっている[2]。

もう一つの注目点は試作プロセスにおける革新である。すなわち，部品の設計図作成の後，実物の試作車が作られ，そのテストが行われるが，1990年代初頭までは開発試作と量産試作をそれぞれ2回ずつ行っていた。それをCAEなどのデジタル技術を使ったシミュレーションによって，問題解決のタイミングを前に（フロント）出す（ローディング）ことによって，試作とテストの回数を減らし，全体の開発期間を短縮することになった。このような手法を「フロントローディング」と呼ぶが，それはCADやCAEなど1990年代のデジタル技術の飛躍的な発展によって大きく進展した。その結果，トヨタの場合，フ

表3-1 フロントローディングによるトヨタ自動車の開発期間の変化

	1990年代初頭	1999年代末
新規プラットフォーム (フル・モデル・チェンジ)	24～27カ月	18カ月
既存プラットフォーム (マイナー・モデル・チェンジ)	24～27カ月	13カ月

資料：トヨタ自動車へのインタビュー調査より作成

ル・モデル・チェンジの際に1990年代末から開発試作と量産試作をそれぞれ1回だけですませるようになり、開発期間も大幅に短縮できたのである（表3-1参照）[3]。

以上をまとめると、従来は設計から1次試作（設計の不具合を出し切る）、2次試作（設計対策の確認）、1次量産試作（工程の不具合を出し切る）、2次量産試作（工程対策の確認）、ラインオフ（生産開始）の段階を経ていたが、新方式では、新規プラットフォームの場合は設計、試作（1回）、量産試作（1回）というプロセス、既存プラットフォームを使ったマイナー・モデル・チェンジの場合は設計、量産試作、ラインオフというプロセスとなった。

次に、製品開発機能の海外移転について簡単に述べておこう。そのやり方は自動車メーカーによって多少異なるが、おおむね次のような段階をたどっていると言える[4]。

まず、最初の段階においては、日本本国の開発組織が車両開発のほぼすべてを行い、海外現地の開発組織は部品ベースで国産化を担当する段階である。本国で作成された設計図面を現地の部品メーカーに発注し、それが設計スペック通りに作られているかに関して実験と評価を行うのは主な役割である。この段階で現地の実情に合わせて多少の仕様の変更も行われることもある。車両について言うと、この段階はグローバル・モデルをあまり変更せずに生産の現地化に重点が置かれている。

次にはグローバル・モデルの改良は日本の開発本部が主に行うが、その後の開発作業、例えば、実験確認や設計変更など量産立ち上げまでのかなりの作業を現地の開発組織が担う段階である。この段階では現地の開発組織は一部の部品の開発能力も保有する。

その次の段階では，日本の開発本部はプラットフォームのみを開発し，製品コンセプトを解釈して外観デザインを決め，アッパーボディの開発を行うのは現地の開発組織である。

最後の段階では，現地の開発組織がプラットフォームを含めた車両のすべてを開発する段階である。

以下では以上の段階に留意しながら，日産と現代自動車のケースを見てみよう。

3. 日産自動車の新興国向け製品開発の戦略と特徴

1990年代まで日本の自動車メーカーの製品開発は先進国市場向けのものがほとんどであった。2000年代に入り，トヨタや日産，ホンダは新興国での研究開発機能を急速に拡大してきた。ここでは日産を中心にその状況について考察したい。

3.1 グローバル研究開発体制

日産は国内に総合研究所（基礎研究），先端技術開発センター（先行技術開発），日産テクニカルセンター（車両開発：NTC）などの研究開発関連拠点を置いている。また，試験と評価のための拠点として栃木，追浜，北海道に試験場がある。その他に元日産座間工場工機工場を利用して2007年4月に作られたグローバルプロダクションエンジニアリングセンター（GPEC）がある。ここでは，日本本国での車両開発と開発・量産試作の中心組織であるNTCとGPECについて述べた後，そのグローバル展開の全般的な状況，そして中国での開発活動について詳しく考察することにしたい。

まず，NTCは1万4千名程度の開発関係要員があり，その役割は①グローバル・モデルの開発，②インフィニティ・モデルの開発，③ローカル・モデルの開発である[5]。先進国および新興国市場など世界の市場で売られるグローバル・モデルは基本的に日本のNTCが開発する。一部の車両のボディや内装，

外装を地域の市場の特性に合わせて改良して出すことはあるが，プラットフォームを含むアッパーボディの基本形は日本のNTCで開発するとみていい。

車両の開発プロセスは2節で説明したとおりに行われる。狭義の製品開発に限定してみると，機能設計から詳細設計を経て試作・試験，そして生産準備へと進む。日産もトヨタと同様に，従来開発試作と量産試作をそれぞれ2回ずつ行っていたが，CAEの活用に基づいたシミュレーション技術による問題の早期発見と設計変更，すなわちデジタル試作によって，新プラットフォームの本格的な車両開発の場合でもそれをそれぞれ1回だけで行っても済むようになった。

試作と試験について少し詳しく見ると，日産の場合，開発試作（1回）は日産GPECで，量産試作（1回）は量産工場で行うことを標準としている。プラットフォーム流用の派生モデルの場合は，開発試作は行わず，一気に量産試作に入る。この場合，量産試作（生産試作）の前半はGPECで，後半は量産工場で行う。新プラットフォームの場合は，GPECで開発試作1回，量産工場で量産試作1回～2回を行う。量産試作が2回となるのはエンジンも新型の場合である。

このように，日産では開発試作は厚木のテクニカルセンターではなく，座間のGPECで行う。テクニカルセンターに試作工場があるが，そこでは先行試作に専念する。また，日産のGPECでは，車体溶接ラインと同じNIMS（Nissan Integrated Manufacturing System）の一部を再現してある[6]。さらに組立ラインの幾つかの工程も再現されている。組立ラインの重要工程（トリム7工程，シャシー・プラットフォーム7工程，テスターライン）を作って，車両品質のキーとなる部分をテストしている。このテストの時には常駐の試作工場の専門要員と，プロジェクトごとにテクニカルセンター（製品開発）と工場からやってくるプロジェクトチームが一緒になって試作をしている。

次に，グローバル開発拠点の展開状況とその役割について見てみよう。海外開発拠点は，進出した順番と市場の大きさによって開発能力の差があり，そのためその拠点の役割も違う。日産の海外開発拠点の役割・責任について表3-2のようになっている。Aランクは歴史が長く開発能力も高い開発拠点で，日本のNTCが開発したプラットフォームを使ってアッパーボディをNTCと協

表 3-2 日産における海外開発拠点の役割・責任

ランク	役割・責任	開発拠点
A	プロジェクトのトータル・マネジメント コンセプトからアッパーボディのトータル開発	米国とイギリス
B	プロジェクトのトータル・マネジメント 部品の開発（かなりの部品）	メキシコ
C	一部の部品の開発 部品の現地化 ローカル部品のコスト低減と品質改善	中国，タイ，インド
D	本社の開発設計の委託作業とサポート	ベトナム

資料：日産テクニカルセンターでのインタビュー（2011年1月28日）から作成

力しながら開発する役割を担っている。

　海外開発拠点の中でAランクの役割を担っているのは米国とイギリスである。米国では「日産テクニカルセンター・ノースアメリカ」が1988年に設立され，2008年には1千名程度の開発要員を抱える規模まで成長している[7]。海外開発拠点の中で最も高い能力を保有するこの米国開発組織はアッパーボディや主要部品の開発から車両の試験・評価を担っている。イギリス（開発要員は700名程度）も米国と似たような役割を遂行している。北米のメキシコにある「日産テクニカルセンター・メキシコ」はBランクの能力を保有する開発拠点で，部品の開発とその試験・評価が主な役割である。その開発要員は500名近く存在する。

　要するに，米国とイギリスなどの先進国の開発拠点は日本のNTCが開発したプラットフォームを使い，アッパーボディを中心とした車両開発を行い，その車両の量産準備（量産試作と立ち上げ）を担当していると言える。

　新興国における開発拠点はタイ，インド，中国，ベトナムに設置されている。タイの場合，ピックアップトラックなど日本にはない車種を生産，販売しているので，そのような車種を開発するのがタイの役割である。ただ，トヨタのIMVにおいても見られるように[8]，プラットフォームを含めた車両を開発する能力はなく，アッパーボディも独自で開発できるレベルに達していない。今は，部品の現地化が主な役割で，将来，アッパーボディを開発できる拠点として育てていく計画である。

タイと同じランクに分類されているのはインド,中国である。ここも将来は製品コセプトからアッパーボディを独自で設計できるように育てるのが基本方針である。ベトナムはDランクに分類されていり,本社の開発作業の一部をサポートするのが基本的な役割である[9]。

新興国市場の中で日産が最も力を入れているのは中国である。東風汽車の乗用車部門に入り込んでグローバル・モデルの改良と中国向け専用モデルの開発・生産という二足戦略を実行していり,近年その組織規模も急速に拡大している。

新興国の開発拠点は,一部のローカル部品の開発,日本設計部品の現地化(実験と評価を含む),ローカル部品のコスト低減と品質の確保,量産準備を担当しているのが現状である。以下ではその実情を詳しく考察することにしたい。中国を事例にこれらの点について詳しく見てみよう。

3.2　中国における製品開発体制:東風日産のケース

日産の中国開発体制について述べる前に,まず日産のグローバル車両戦略を見ておこう。日産は車両展開において三つのカテゴリーに分けている(インフィニティは除く)。一つはグローバル・モデル,もう一つはリージョナル・モデル,最後には特定国専用モデルである。最初のグローバル・モデルはティアナやマキシマなど世界の各国の市場に投入しているモデルで,説明はあまり必要ないだろう。二番目のリージョナル・モデルは特に新興国を対象にしたモデルで,ダットサンやマーチのようなモデルがこれに当たる。最後のケースは中国市場に限定して投入したヴェヌーシアである。

一つ確認しておくべきことは,日産も従来はグローバル・モデル一本で世界の各国市場に対応してきたことである。それだけでは新興国市場,とりわけ,中国市場で高いシェアを獲得するのが難しいという認識のもとで,新興国市場専用モデルの開発という戦略にたどり着いたのである。

では日産の中国市場向け車両開発について少し詳しく見てみよう。日産は2002年に新会社「東風汽車有限公司」の50％株式取得してバス,トラック,小型商用車,乗用車といったフルラインの自動車メーカーを設立した。乗用車部門においては東風日産乗用車有限公司(以下,東風日産と呼ぶ)を設立して,

日産ブランドとインフィニティ・ブランド，中国固有ブランドの車両を生産し販売している[10]。日産ブランドの車両はティアナ，マキシマなどのグローバル・モデルで，外装や内装の部品を部分的に現地化することはあるが，車両の大きな改良は行わず，花都工場や大連工場で生産している。中国固有モデルとして東風日産が開発したのはヴェヌーシア・ブランドである。このヴェヌーシアは鄭州工場で生産されている[11]。

　東風日産に「乗用車開発センター」が設立されたのは 2003 年 8 月である。このセンターは日産ブランドの現地生産車種のみを担当しているが，2006 年にはこのセンターを現在の「東風日産乗用車技術センター」として新たに設立して研究開発機能を拡大した。2012 年時点でこのセンターには約 700 名の要員がいたが，その後にも要員数を増やしていく予定だという。この技術センターは設計開発部門，実験分析部門，技術管理部門という 3 つの部門で構成されているが，車両のモデルチェンジの際の設計開発，その部品の国産化（VE やVA 活動も含む），顧客観点に立った商品性の評価，品質の改善などが主な役割である。

　日本の NTC との役割分担について少し詳しく述べると，日産ブランドの車両は日本の NTC が開発し，東風日産の技術センターは量産試作とその評価，品質の確保と改善という分担である。無論，日産ブランドの車両の一部部品の設計活動に参加することはあるが，少なくとも 2012 年までは日産ブランドの車両開発に十分な能力はついていないと本社の NTC は判断しているようである。

　もう一つの中国固有ブランドのヴェヌーシアの場合は役割分担の状況がかなり違う。すなわち，ヴェヌーシアは東風日産の技術センターが車両開発の大部分を担当して開発されたものである。ただ，プラットフォームは中国側が独自に開発したものではなく，日産が開発した 1 世代前のもの（マーチと同じクラスの排気量 1,300cc 級のエンジン）を流用したので，プラットフォームから車両を開発したとは言えない。しかし，そのような限界はあるものの，中国人の開発要員が自分たちの力で車両のほとんどの部分を開発したことはとても意味深い。トヨタやホンダなど他の日本のメーカーは日産のような思い切った戦略は今のところとっていない。

ヴェヌーシアは前世代のプラットフォームを流用していること，日本のNTCの開発資源はほとんど使っていないこと，日本から輸入した部品はほとんど使わず中国ローカルメーカーの部品使用比率が非常に高いことなどの要因により，中国で販売されている日産ブランド車に比べ非常に安い価格を実現している。中国の消費者の目線に合わせた品質水準，機能の絞り込みなどをして，低価格を達成し，中国の国民車，すなわち，中国一般大衆に広く売れる車を目指している。このこともあって，ヴェヌーシアは日産というロゴをつけていない中国人開発要員による自主ブランドで，将来はそのブランド車種を 5 車種にまで拡大していく予定になっている。

以上をまとめると，中国における日産の車種戦略は日産ブランドと自主ブランドという二足戦略になっていることが分かる。日産ブランドの車両はグローバル・モデルで，日本のNTCで開発し，日本のGPECで開発試作と前半の量産試作を行った後，中国の東風日産の工場で後半の量産試作が行われ，品質の確保などの処置が取られる。この日産ブランドの車両における東風日産の技術センターの役割は量産試作を除く車両の設計の面においてはまだ限定的である。

自主ブランドと呼ばれるヴェヌーシアは，プラットフォームは前世代のものを流用している限界はあるものの，その他の車両開発は東風日産の技術センターがほとんど開発したものである。

3.3 日本メーカーの新興国市場向け車両

過剰品質や高価格の問題に対する対策として日本の自動車メーカーは低価格車を開発して投入するようになった。日産のヴェヌーシアがその例であるが，トヨタやホンダもそれぞれ新興国市場専用モデルを開発し，投入している。例えば，トヨタの新興国市場専用モデル，エティオス（Etios）とヴィオス（Vios），ホンダのブリオ（Brio）などである。

日産は新興国地域モデルとしてダットサンを 2014 年から投入している。このダットサンはトヨタやホンダの新興国専用モデルに比べて格段に低価格の車両で，インドを始めとする新興国地域で広く販売している。それに対してヴェ

表 3-3　日本メーカーの代表的な新興国市場専用モデルの比較

	トヨタ	ホンダ	日産
車両名	エティオス（Etios）	ブリオ（Brio）	ダットサン（Datsun）
発売時期	2010 年 12 月	2011 年秋	2014 年初
価格 （インド市場基準）	49.6 ルピー （約 93 万円）	50 万ルピー以下 （約 93.5 万円）	40 万ルピー （約 63 万円）
販売地域	インド，ブラジルなど 12 カ国以上	東南アジア市場など	インド，東南アジア，ロシア，南アフリカなど
特徴	トヨタブランドで販売する新興国新興国専用モデル	ホンダブランドで販売する新興国専用モデル	ダットサン・ブランドで販売する新興国専用モデル

資料：日経 BP 社（2010）の表をもとに，日経 BP 社（2013）の記事などを参考にして作成

ヌーシアは中國地域限定モデルで，その価格を見ると，2012 年に出市したセダン系のモデルが 7 万元を切る 6 万元（約 95 万円）後半の値段であったが，その後 2014 年に出した R30 のモデルは 4 万元を切る（3 万 9900 元：約 65 万円）値段にまで下げている。このような 4 万元を切る価格の車はスズキの「ワゴン R」だけで，中国民族系メーカーの低価格車と十分競争できる価格水準で，その販売量も伸びている[12]。

トヨタはインド市場専用の車両としてエティオスを開発して投入した。エティオスはセダン系を含めた 4 つの車型のモデルを開発して販売しているが，その価格は 49 万 6,000 ルピー（約 93 万円）から 68 万 6,500 ルピー（約 128 万円）までである。トヨタが新興国で 100 万円を切る値段で車両を投入したことは初めてで，その試みは評価できるが，インド市場での受けは期待したほど良くはないようである。

もう一つ，トヨタはエティオス以外に新興国市場を対象にヴィオスを投入している。ヴィオスはタイ，中国，ベトナムなどで生産し，8 カ国以上で販売している。2013 年には 22 万台を売り，「新興国向けグローバル戦略車」としての位置付けを強めているという。このヴィオスは「200 万円以上もするカローラには手が届かないが，一定の品質水準を求める中間層の顧客」を主要ターゲット顧客にしているが，販売台数の多いタイでの価格は 180 万円程度以上なので決して安くはない。しかし，エティオスよりも新興国市場に合うデザイン性を高めて機能も多く盛り込んだことが販売増につながっているようである[13]。

ホンダは2011年3月にブリオをタイで発売した。この車両はアジア市場向けに開発されたサブ・コンパクトカー（1,200cc）で，タイの次にインドと他の東南アジア市場に投入される予定である。トヨタのエティオスと同じく新興国市場専用のプラットフォームを使って開発されており，その値段もエティオスとほぼ同じ水準（90万円半ば）である。

　トヨタは日産ほど低くない価格の車を新興国市場に投入しているが，それはトヨタのブランド力を落とさない範囲での低価格の追求と見られる。それに対して日産のヴェヌーシアは日産ブランドを守るため，そのロゴを外して低価格を最大限追求するという方針だと考えられる。グローバル・モデルとは違う新興国市場向けの専用モデルを開発して投入するという共通性はあるものの，その実行方法は日産とトヨタはやや異なることに留意すべきである。

4. 現代自動車の新興国向け製品開発の戦略と特徴

4.1　グローバル開発体制の構築

　現代自動車の製品開発プロセスは商品企画→先行開発→製品開発→量産準備の段階をたどるので，大枠で見れば日本の自動車メーカーと同じプロセスとなっている。ただ，日本メーカーのプロダクト・マネージャー（PM）が製品コンセプトから量産の以前までの全プロセスを統括して管理している重量級であるのに対して，現代自動車は軽量級のPM，すなわち，製品設計の業務でのみのリーダーである。製品コンセプトを商品企画部門が作って開発部門に渡すと，開発設計部門がそれを受けて機能設計，詳細設計を行うやり方である。量産準備は開発部門のPMが主導するのではなく，生産技術統括本部が主導して行われる。日本のメーカーは一人のPMが各機能部門を統合して量産開始までの全プロセスをリードするが，現代自動車は各機能部門がそれぞれの局面でリーダーシップをとる方式で製品開発・量産準備が行われる。

　もう一つ，開発期間についてみると，現代自動車は日本メーカーより多少長い。その主因は試作・評価に時間がかかる点にある。前述したとおり，日本の

大手自動車メーカーはデジタル試作の多用で開発試作と量産試作をそれぞれ1回に減らし、全体の開発期間を短縮しているが、現代自動車は今でもそれを2回ずつ行っている。デジタル技術に基づいたフロントローディングの能力がまだ不十分であることがその主因だと思われる。

　現代自動車の国内研究組織は中央研究所（基礎研究）、環境技術研究所（燃料電池車の研究）、南洋技術研究所がある。その中で南洋技術研究所が現代自動車の製品開発の中心拠点であり、また世界に展開している技術研究所のネットワーク拠点でもある。この技術研究所には設計棟、デザイン棟、パワートレーン棟、通風試験場、衝突試験場、総合走行試験場などの施設があり、約1万名の研究要員を抱えている。グローバル展開については、米国には技術研究所とデザインセンターが、欧州にも技術研究所とデザインセンターがドイツにあり、日本には技術研究所だけを置いている。新興国においてはインドと中国に技術研究所を設置している。

　米国と欧州の技術研究所は日本メーカーほど歴史が長くなく、その役割も限れている。アッパーボディの開発を任せることはなく、南洋研究所がプラットフォームからアッパーボディまでの車両開発のほぼすべてを担当している。技術動向の把握（特に先端技術）とその研究と導入、アッパーボディの一部の改良、現地化した部品の試験と評価などが主な役割である。インドや中国の技術研究所も車両開発で大きな役割は遂行しておらず、新興国向け専用モデルと言われる車両の開発は南洋技術研究所が行っている。要するに、現代自動車の海外の研究開発組織は製品開発と工程エンジニアリングにおいて補助的な役割にとどまっているといえよう[14]。

4.2　パイロット・センター

　現代自動車において特に注目すべきことは南洋技術研究所の敷地内に量産準備の試作工場を設置していることである。パイロット・センターと呼ばれるこの組織は2003年に設置されたが、量産工場とほぼ同じ生産ラインを設置している大規模の試作工場である[15]。少し具体的に述べると、このパイロット・センターには開発試作車を制作する試作棟と量産試作を担当するパイロット棟と

いう2つの工場がある。試作棟では開発試作を技術研究所が主導して行っている。パイロット棟の場合は量産工場と同じく車体溶接，塗装，最終組立のラインで構成されている。車体溶接ラインと塗装ラインは1ライン，組立ラインは3つ，そのうち2つは常設ラインで残りの1つは開発車種が多い時に使用する非常時ラインである。工程数は量産ラインより多少少ないが，量産設備を使ってムービング・ラインで車を作り上げる。すなわち，このパイロット工場は，量産ラインとほぼ同じ工程を作っておいて，そこで量産試作を行って，量産時の問題を検出し，解決する役割をもっている。日本メーカーの場合は，本格的な量産試作は量産工場の生産ラインで行うのが一般的だが，現代自動車は南洋研究所のパイロット工場に集中して行っているのである。

このパイロット・センターにはエンジニアが70～80名，生産職の技能員は約300名程度が常時従事している。エンジニアはセンター設立初期には各工場の試作棟，設計，生産技術，購買の出身であったが，今はこのセンターに新規入社組が徐々に増えている状況である。生産職の場合も初期には国内工場から選抜した熟練工で充員したが，今は工場勤務経験のない新規入社組が大部分を占めるようになった。その新規入社の技能員は経験が浅いこともあって，量産試作の過程で積極的に問題を指摘し，改善提案することはあまりできないので，単純な組立作業に従事している。量産試作の問題を把握しその解決策を考えるのはエンジニアたちである。

4.3 量産試作のプロセス

現代自動車の量産試作のプロセスについて少し詳しく述べよう。

現代自動車の量産プロセスは国内と海外工場とで異なる。国内工場は1回目（P1）と2回目（P2）の量産試作がパイロット工場で行われた後，設備の試運転（try-out）に主眼を置いた量産試作を国内工場で2～3回（t1-t3）行う。海外工場の場合は，P1-P2-t1-t2-LP2のプロセスになっている[16]。P1とP2を合わせて1カ月程度，海外工場での量産試作には1カ月半程度かかる。試作車はパイロット工場で1日当たり16台，組立ライン当たり8台が生産される。

パイロット工場での量産試作は，設備，金型，ジグなどを使って，設計品質

のとおりに新車が生産できるかを，生産技術のエンジニアが中心となったCFT（Cross Functional Team）が検討するために行うものであり，次に量産工場で行う量産試作は実際に量産工場でもパイロット工場で検討し，対策をとったとおりに車両ができるかを確認するためのものである。

現代自動車はパイロット工場での量産試作にプレス機械の金型，車体溶接の設備（特にメインバックと呼ばれる工程の金型・ギグ）などを使って試作し，問題があればその設備を調整し，のちに量産工場にそれを持ち込んで量産に使っている。海外の新設工場の場合にはそこに設置されるプレス機械や溶接ロボット，塗装ロボット，組立自動機械なども国内ですべて試運転を行い，調整してから新工場に持ち込むのが基本である。

この点は日本メーカーと違うので少し詳しく触れると，現代自動車は車体パネルの金型として内製するのは外板サイド・パネルやフードのような大物のパネルに限られる[17]が，その金型をすべて国内で作り，海外量産工場に持ち込む政策をとっている。先に述べたように，海外移管する前にパイロット工場にあるプレス機械で試作車用のパネルを作り，金型を微修正したうえで海外工場に持ち込むのである。現地工場で金型製作できる熟練工を育てることはやらず，プレス機械の保全はプレス機械のメーカーに，金型の保全は外部の専門メーカーに委託して行っている。

パイロット工場での量産試作のもう一つの機能は，作業マニュアル（組立工法書や作業標準票など）を生産管理専門家が中心になって作成し，作業員に対する教育・訓練を行うことである。後者のため，海外工場からはパイロット工場に3回に分けて作業者を派遣する。作業者は1回当たり30～40名が来るので合わせて100～120名が来ることになる。海外作業者を指導するのはパイロット工場の作業者である。補助的に工程ごとにパネルが設置されており，そこで動画で実際の作業の動きを見るようにしている。国内工場の場合，量産工場から70名程度の要員が来てこの試作に参加している。

日本のメーカーの量産試作に関して，参考となるのは小池（2008）の研究がある。その研究によれば，トヨタは国内生産の場合には国内の量産工場で量産試作を行うが，海外生産モデルの場合には，日本の海外支援センターで量産試作をまず行い，次に海外工場で量産試作を行うプロセスである。国内で行う量

産試作は，第1台目は日本のパイロットチームが，2台目からは海外のパイロットチームが順番に組み立てるやり方である。その後，海外の工場で第一次量産試作と第二次量産試作が行われる。第一次量産試作は量産ラインでパイロットチームが行うが，第2次量産試作はライン作業者が行う。トヨタの場合は，国内での量産試作より海外量産工場の試作に重点が置かれているといえよう。

4.4　新興国向け製品開発戦略：北京現代のケース

現代自動車が中国市場への製品投入戦略を変えたのは2006から2007年にかけて主力モデルのエラントラの販売の急減であった。例えば，2007年中国自動車市場は20％拡大したが，エラントラは2006年の29万台から2007年23万台へと減少した。おおむね50％減少したことになる。2006年頃から競合メーカーは値引き攻勢をかけてきたが，現代自動車はそれについていくことができなかった。これまで現代自動車はグローバル仕様のエラントラをほぼそのまま中国市場に投入していたため，価格競争力に問題があり，外観デザインも中国消費者に好評とはいえなかった[18]。

このような事態に直面した現代自動車はグローバル・モデルをほぼそのまま投入してきたこれまでの方針を大きく変え，中国市場むけ専用のモデルを開発するようにした。それが2008年8月に出市したエラントラ（悦動：ウエドン）である。

この悦動を開発する前の現代自動車の車種戦略はグローバル・モデル一本戦略であった。グローバル・モデルを開発して先進国のみならず，新興国市場にも内装を少し変えるだけで投入してきた。現代自動車が中国市場に参入してから2007年頃までは急速に販売台数を伸ばしてきたが，その要因の一つが競合他社の車種に比べ相対的に安かったという価格競争力にあった。しかし2007年前後から上海GMなどが先に中国仕様の低価格車を開発して投入し，値引き攻勢を強めてきたことで，これまでの現代自動車の強みであった価格競争力が崩れ始めたのである。

悦動はこのセグメントの最大競争メーカーである上海GMの凱悦（Exelle：エクセレ）より1万元も低く設定して価格競争力を高め，外観デザインも中国

消費者の好みに合わせ，室内空間もより大きくして商品性も引き上げるというコンセプトで開発された。旧モデルのエラントラよりボディサイズ（長さと幅）を大きくし，より広い空間，より洗練したスポーティというコンセプトにしたが，それは商品マーケター，デザインセンター，製品開発部門がチームを組んで市場調査から作り出したものである。この商品コセプトは現地のマーケターと本社の商品企画部が主導して作ったが，そのコンセプトを外観デザインとして具象化したのは本社のデザインセンターである。欧米の場合はデザインセンターがあるので，そこと協調して外観デザインを決めるが，中国にはそのデザインセンターがなかったので，本社のデザイナーを派遣し，現地のマーケターなどの話を聞いたりして外観デザインを本社デザインセンター主導で確定した。また，それを確定する前に中国現地の精華大学のデザイン専門教授や自動車ジャーナリスト，北京現代のディーラーなどを韓国に呼んでクレイモデルの実物を見せて品評会を開いてその意見を参照して外観デザインに反映した。このようにしてデザインが確定された後に，本社の技術研究所が本格的に車両設計を行うことになった。

　この悦動の開発において中国の技術研究所の役割は非常に限られており，悦動という中国市場向けの専用モデルは本社の販売本部（マーケティングと商品企画）とデザインセンター，技術研究所が主導して開発されたといえるものである。

　北京現代の技術研究所について簡略にその状況を述べると，その研究所は2007年に北京現代の第2工場の敷地内に設立された。技術研究所は中国政府の要請に応じて設立したが，現代自動車もその必要性は認めていた。ただ，悦動という中国市場向けモデルの開発の際には，設立したばかりで能力もあまりついていなかったので，その開発に関わって貢献した活動はほとんどなく，南洋技術研究所がすべて設計開発したものである。

　北京現代の技術センターは研究要員を一挙に採用し増やさず，教育訓練をしながら，徐々に増やしている。2010年200名程度が，2013年から2014年頃までには600名程度に拡大していく計画である。この研究所には南洋研究所から7名が派遣され，設計のやり方を教えている。また，開発設計，生産技術，品質などの分野のスタッフをここから南洋技術研究所に派遣して育成している。

いずれにしても，中国の技術研究所が中国型専用モデルの開発を行える能力を獲得するためには相当時間がかかると見られており，現代自動車も急いで中国の技術研究所に何かの大きな役割を担ってもらうことは今のところあまり考えていないように見える。

　最後に，悦動の開発期間について見ると，このモデルはデザイン固定から数えて13カ月で開発された[19]。1990年代末のトヨタの水準と同じで，この悦動の開発期間は他のモデルに比べて短い。その理由は2007年の中国市場での現代自動車の販売の急減という危機意識のもとで，全社をあげて推進したプロジェクトである点にある。

4.5　中国における現代自動車の価格競争力と開発戦略

　エラントラ悦動（排気量1600-1800cc）の価格は最安値が10万元である。この値段は競合車種のGMのエクセレよりも1万元低く設定している。旧モデルのエラントラはグローバル・モデルをほぼそのまま投入していたので，悦動よりも値段を高く設定して販売していた。そのため，競争メーカーが値引き競争をかけてきた時に値段を下げるのに限界があり，その結果，販売の減少となったが，悦動は中国市場の特性に合わせたデザイン性を高めるとともに値段も下げることができた。

　中国市場においては販売店が値引き販売をするので，メーカー希望小売価格（list price）より実小売価格が安いのが普通である。商品力がないと販売店での値引きでどんどん値段が下がるので，商品力を犠牲にした低価格の追求は長続きしない。そのため，現代自動車は悦動の商品力を高めるように中国顧客好みの外観デザインや広い室内空間などを反映した車両を開発して投入した。その商品力があったので，悦動は1年以上も市場で値崩れせずに小売価格を維持でき，販売量も順調に伸び，初年度で24万台の目標販売台数を達成するなどの成功を収めた。

　新興国市場向け車両の開発戦略における現代自動車の特記すべき点は新興国市場向け車両をグローバル・モデルとして展開することもある点である。ベルナとi10やi20の車両がその例である。ベルナ（排気量1,300-1,600cc）の

場合は，中国市場をベンチマークし，中国市場ニーズに特化したプラットフォームから開発したモデルである。そのため中国市場で最初に発売して，のちにグローバル戦略車として世界市場に展開した。軽自動車のセグメント（排気量1,000cc）のi10とその上のセグメント（排気量1,300cc）の車両であるi20はインド市場向けに開発されたモデルだが，それがまず欧州市場に投入され，次に韓国や米国市場に展開され，事実上のグローバル・モデルとなっている。

インドが軽自動車やサブコンパクトカー市場においてどの地域よりも大きいこと，欧州市場との親和性もある点などを考慮してi10やi20はインド市場を調査してプラットフォームから開発したと思われる。

現代自動車の価格競争力についての考え方は少数の戦略車種を大量生産することに端的に表れている。そのためグローバル・モデルと新興国市場専用のプラットフォームを別々に開発するのではなく，両市場におけるプラットフォームの共有化を図って，規模の経済性の追求でコストを下げ，価格競争力を高めるという戦略である。ただ，すでに述べた通り，グローバル・モデルを新興国市場にそのまま投入するのは過剰品質や高価格の問題が出てくるので，アッパーボディにおいては新興国市場向けのものを開発し，商品性を高めながら，価格も安くするという戦略をとっている。

現代自動車の強みとしてはそのほかに，大胆なモジュール化の追求と少数の1次メーカーへの大量発注，車両組立工場の徹底した自動化とそれによる急速な立ち上げと生産ライン当たり30万台の大量生産などの要因も挙げられよう。

5. 比較分析：新興国市場の車両開発

日産自動車は新興国市場にグローバル・モデルの改良車，すなわち，グローバル・モデルのプラットフォームを使って，そのアッパーボディは新興国市場の特性に合わせて部分的に改良して投入するとともに，ダットサンやヴェヌーシアのような新興国市場専用モデルをゼロから開発して販売している。前者は日産ブランドで販売するが，後者は日産ブランドを外し，独自のブランドで販売している。

その開発分担においては，中国の技術研究所の開発能力がまだ十分ではないので，グローバル・モデルのアッパーボディの開発は，今は日本のNTCがほとんど行っており，中国の開発拠点は補助的な役割にとどまっている。ヴェヌーシアの場合には中国の技術研究所がほぼ開発したとされるが，ダットサンのような新興国地域モデルは日本のNTCが開発している。将来は，中国開発拠点のみならず，タイやインドなどの開発拠点の能力を積極的に育成して，日本のNTCがやっている作業の多くを現地の開発組織が行うことを目指している。

現代自動車の場合は，グローバル・モデルを中国市場に合わせて改良したもので競争していくというシンプルな戦略をとっている。グローバル・プラットフォームを使って，アッパーボディだけ新興国市場特性に合わせて新規開発している。現代自動車が新興国専用モデルと呼んでいるのはこのような改良車種で，日本メーカーの専用モデルとは意味が違う。

現代自動車の考え方はできるだけプラットフォームは本社の技術研究所に集約し，外観デザインや内装などのアッパーボディは現地市場に合わせて開発するというものである。そのような考え方は他の新興国に現地モデルを投入するときにも同じである。例えば，ロシア市場にはソラリスという名の固有モデルを，ブラジル市場にはHB20という固有モデルを投入しているが，これはサブ・コンパクトのグローバル・モデルである「ベルナ」のプラットフォームを利用してアッパーボディのところを現地市場に合わせて改良したものである。

日産と現代自動車のもう一つの違いは開発作業の役割分担においても現れている。日産はグローバル・ブランドのプラットフォームは日本のNTCで開発するが，アッパーボディの開発はできるだけ現地の開発拠点で行うという方針を明確に持っている。それは開発設計だけではなく，試作と試験においても同じである。すなわち，デジタル試作を含めた開発試作は日本で行うが，量産試作はその車両を生産する量産工場に担当させるということである。無論，今のところ中国を含めた新興国の生産技術の能力が十分ではないので，日本のGPECで量産試作の前半は行い，量産の際の問題をかなり減らした状態で新興国に展開しているのが現実である。しかし，将来は量産試作も独力で行えるようにしたいという方針を持っているのは確かである。このような意味で日産自動車の開発研究戦略は「分散型」を志向しているといえよう。

日産の「分散型」に対して現代自動車は「集中型」と称することができる。新興国市場にもグローバル・モデルのプラットフォームを投入していることもそれを見せているが，開発作業の役割分担においてもこの考え方の違いは明確に現れている。

現代自動車はプラットフォームだけではなく，新興国市場に合わせたアッパーボディの開発も韓国の南洋技術研究所に集中して行っている。ロシアやブラジルの現地専用モデルだと言われる車両の開発と，中国市場向けの専用車両，悦動の開発も南洋技術研究所がほとんど行い，現地の技術研究所は現地生産部品の試験・評価などの補助的な役割に限られている。新興国，とりわけ中国の開発組織はかなり拡大されているが，中国政府の要請による側面が強く，その将来像は明確ではない。おそらく日産のような本格的な車両開発までは想定していないと思われる。

6. おわりに

本章では新興国市場向けにどのような車両を開発して投入しているのか，そしてそのモデルの開発における本国と現地の開発組織間の役割分担はどうなっているかについて，日産と現代自動車のケースを中心に考察した。そこで日産はグローバル・モデルと新興国市場専用のモデルという二足戦略を，現代自動車はグローバル・モデルのプラットフォームに集約して展開する一本戦略をとっていること，そして開発組織間の役割分担においては「分散型」の日産と「集中型」の現代自動車と，その違いを表すことができよう。

日本メーカーが新興国市場向けのプラットフォームを別途開発して投入することは新興国市場ニーズに最適化した車両を出していくという意味ではプラットフォーム集約主義の現代自動車より将来新興国市場のシェアを獲得する可能性が高いと思われる。ただ，短期においては現代の集中戦略がコスト優位性を獲得しやすいと判断される。

他方，開発の役割分担においては，日産のような「分散型」は現地の開発要員や生産技術要員の成長に大きく依存するので時間がかかるやり方である。そ

れに対して現代自動車の「集中型」は現地にはあまり負担をかけないやり方で、その分モデルの展開・投入は短期間で可能になる。そのためには本国の開発と生産技術部門は車両を海外に展開する前に高いレベルまで問題検証と解決をしないといけないので、その分本国の開発や生産技術に負担が大きくなるという問題点はある。

したがって日産式と現代式の中でどれがベストだと一概に決めつけるのは難しい。その企業の開発や生産、さらには経営に関する哲学の違いも関わる、難しい問題である。今後も両社の戦略は慎重に見守っていく必要があるだろう。

(呉在烜)

注
1 製品開発プロセスについては藤本隆宏・キム B. クラーク (2009)、藤本隆宏 (2001)、椙山泰生 (2009)、ジェームズ・M・モーガン/ジェフリー・K・ライカー (2007) などが詳しい。
2 この PM 制度についての詳細は藤本隆宏・キム B. クラーク (2009) を参照されたい。
3 藤本隆宏・キム B. クラーク (2009) によると 80 年台後半において日本メーカーは製品エンジニアリング段階から 30 カ月 (米 40 カ月、欧州 42 カ月)、コンセプト作りから 43 カ月 (米 62 カ月、欧州 63 カ月) かかっていた。
4 ここの段階区分は野中郁次郎・徳岡晃一郎 (2009) と日系企業の海外開発拠点のインタビュー調査などに基づいたものである。
5 ここの内容は 2011 年 1 月 28 日に日産テクニカルセンターで行ったインタビューによる。したがって研究要員数は、今は違う可能性が高い。
6 NIMS とはロボットや設備やジグなどのハード面での日産グローバル標準システムのことを指す。多車種をフレキシブルに生産できるように生産ラインを標準化してグローバルに展開し、新モデルの導入時、あまり時間の差なしに世界展開ができるようにするのがそのねらいである。
7 野中・徳岡 (2009) では米国の開発拠点の設立背景や役割等について詳しく述べている。
8 トヨタの IMV については野村俊郎 (2015) が詳しい。トヨタはタイに TMAP-EM (Toyota Motor Asia Pacific Engineering & Manufacturing) を 2007 年設立して製品開発、生産技術、購買、生産管理等を統括あるいはサポートしている。そこで IMV の製品開発が行われるが、TMAP-EM による IMV の設計比率はまだ少なく、日本の開発本部が行う比率が高い。TMAP-EM の開発要員の経験年数が最年長でも 10 年とまだ少なく、設計能力も十分ではないとトヨタの派遣駐在員は言う (2016 年 8 月訪問調査による)。
9 日産テクノ・ベトナムは、日産の NTC の CAD データを 3 次元ソリッドのデータにモデリングする作業などを担当している。従来は日本国内でやっていたが、かなりの人数がかかるので、ベトナムに移転し、ベトナムの理工系大学と連携して要員を育てながら日本の NTC をサポートする役割をしている (2015 年 8 月訪問調査による)。
10 東風日産乗用車公司の従業員は 2012 年時点で約 14,000 名、日本からの派遣日本人が約 100 名である。
11 ここの内容は 2012 年 8 月の東風日産の本社がある花都工場で行った訪問調査による。
12 ここでのヴェヌーシアの価格情報は日本経済新聞 2014 年 7 月 17 日付の記事から引用したもので

13 ここでの記述は日本経済新聞 2012 年 12 月付けの記事に基づいている。
14 ただ，米国と欧州のデザインセンターは，ボディのデザインを含めたコンセプト作りに活発に参加している。
15 ここからは 2017 年 11 月 17 日パイロット工場のインタビュー調査と □享済（2016）に基づいて記述している。
16 LP は Local Pilot のことで現地工場での量産試作を意味する。
17 現代自動車は大型パネル以外のほとんどの車体パネルはサプライヤーに外注している。
18 ここでの記述は 2010 年 8 月北京現代第 2 工場での訪問調査，2010 年 10 月現代自動車本社中国チーム，2011 年 3 月韓国現代自動車本社の海外マーケッティング室におけるインタビュー調査に基づいている。
19 少し詳しく述べると，市場調査からデザイン凍結までが 8 カ月かかっているので，悦動のトータル開発期間は 21 カ月となる。時期でいうと，2006 年 11 月から 2008 年 4 月までであり，それによって，第 2 工場の量産開始にかろうじて間に合わせることができた。

参考文献

石田真一（2013）『国際協働のマネジメント』千倉書房。
金熙珍（2015）『製品開発の現地化』有斐閣。
小池和男（2008）『海外日本企業の人材形成』東洋経済新報社。
近能善範・高井文子（2010）『イノベーション・マネジメント』新世社。
塩地洋・中田徹・富山栄子・徐寧教・李泰王・孫飛舟・赤羽淳・野呂義久・井上隆一郎（2012）『現代自動車の成長戦略』日刊自動車新聞社。
ジェームズ・M・モーガン，ジェフリー・K・ライカー（2007）『トヨタ製品開発システム』日経 BP 社。
椙山泰生（2009）『グローバル戦略の進化』有斐閣。
清日向一郎編（2011）『自動車産業における生産・開発の現地化』社会評論社。
日経 BP 社（2010）「トヨタとホンダ，インドで逆襲」『日経ビジネス』2010.12.13。
日経 BP 社（2013）「第 27 回　日産自動車の技術開発戦略」『Automotive Technology』2013.11。
藤本隆宏（2001）『生産マネジメント入門㊦』日本経済新聞社。
藤本隆宏・キム B. クラーク（2009）『(増補版) 製品開発力—自動車産業の「組織能力」と「競争力」の研究』ダイヤモンド社。
野中郁次郎・徳岡晃一郎（2009）『世界の知で創る：日産のグローバル共創戦略』東洋経済新報社。
野村俊郎（2015）『トヨタ新興国車 IMV —そのイノベーション戦略と組織—』文眞堂。
趙享済（2016）『現代自動車の機敏な生産方式』ハンウル・アカデミック（韓国語）

第4章

多国籍企業の統合と分散のダイナミックな分析
——韓国における日本企業の事例

1．はじめに

　近年，グローバル企業は，激変するグローバル環境で競争するために，世界中のあらゆる顧客に対する差別化された製品およびサービスの提供が競争優位の源泉になりつつある。また，非常に速いスピードで変化している環境変化に対応する長期戦略の策定や組織モデルの在り方も急速に変化しており，そういった環境変化に対応できる組織モデルの構築と組織能力の変革が求められている。とりわけ，多国籍企業組織はグローバルビジネスを展開するにあたって，組織能力を同一方向に集中するように内部の統合が必要な一方，現地市場に適応するビジネスを展開するため，海外現地にある子会社では地域特性を十分に理解した上，こうしたローカル市場の特殊なニーズに対応する即応性が必須不可欠である。統合と分散のどの側面に重点を置いたオペレーションを実施するかは産業，製品，地域，文化特性などに影響を受けるだけではなく，同一組織内であっても一律的に決めることができない要素を持っている（Prahalado & Doz, 1987；朴, 2011；朴・天野, 2011；朴他, 2015；Park & Shintaku, 2016；Park, 2017）。複数の次元を同時に持つ組織では統合と分散の二元性管理が必須であり，このような二元性管理は組織構造や制度のような要素だけではなく，同時に調整役割をする人材の役割というのも極めて重要になってくる。現地経営環境へ経営のやり方を修正・適応する現地化経営は，国内市場の成熟化とともに，海外市場へのアクセスを試みるグローバル企業として不可欠な要素となっている。そして，現地人材の育成・活用は，現地化経営推進のもっとも重要な方法の一つである（朴, 2009；朴・天野, 2011；朴他, 2015）。現地

人材は，当該国の市場や文化のことを最もよく理解している人材であり，また往々にして本国人材を利用するよりもコスト面で有利だからである。

　本章では，こうした視点から，日本企業のグローバル展開について，統合と分散のダイナミックな視点で分析を試みる。このために，韓国に進出している日本企業の事例にフォーカスを置く。無論，多国籍企業の中心は本国親会社であるが，本国親会社は海外子会社に技術，各種のノウハウ，ブランド，資金，情報，人材などの経営資源を移転する。海外子会社は本国親会社から提供される経営資源を活用して経営活動を実施するが，海外子会社が現地特殊的な技術やナレッジを生み出し，本国親会社にフィードバックないしはグローバル姉妹拠点に伝播する機能も果たす。さらに，海外子会社は本国親会社の経営環境と異なる環境でビジネスを行っており，様々なステークホルダーとやり取りしながら，独自のナレッジを構築することもある。そのため，初期の国際経営理論のように海外子会社が本国に一方的に頼る関係から，両者の関係がよりダイナミックに変化していくことも考えないといけない。実際に，本国親会社と海外子会社との関係の実態は，親会社から子会社への一方的な知識移転の流れのような単純な構造ではなく，複雑な関係が存在する場合が多い。本章では本国親会社と海外子会社との関係がダイナミックに進化する動態的視点を検討することに焦点を合わせる。特に，現地子会社の自律性を分析する際に，本社から派遣された出向者の権限の度合いと現地子会社の裁量権の軸に基づき，新たな分析フレームワークを提示し，韓国に進出した日本企業の子会社の役割がどのように変化してきたかに焦点を合わせて，ケース分析を試みる。

2．先行研究

2.1　本社と海外子会社の関係

　多国籍企業組織は，グローバルビジネスを展開する場合，組織能力を同一方向に集中するように内部の統合が必要である。他方，具体的にローカル地域においてビジネスを展開するためには，その地域特性に対して十分に気配りでき

る即応性が現地の子会社に不可欠である（Evans, 1999；Eisenhardt, 2000；Hillman and Wan, 2005；Graetz and Smith, 2008；朴, 2011; Elliot et al., 2013; Park & Shintaku, 2016；Park, 2017）。すなわち，複数の次元を同時に持つ意思決定が要請される組織では二元性が必要であり，その二元性は組織構造や制度のような組織設計だけで均衡を成すことは難しく，同時に人的資源管理という微妙な経営メカニズムの中で，均衡を成し遂げなければならない（白木, 2006）。

ここでは，これまでの国際経営理論の視点から本社中心と海外現地の子会社との関係を歴史的に俯瞰してみる。Hymer（1976）以来，国際経営研究において重要な視点が自社独自の組織能力を活用した優位性理論である。Hymer（1976）は，その優位性を海外で利用可能にするための組織の発展，すなわち本国から海外に分化されていく組織の統合能力を重視している。彼は，その組織の統合能力を頭脳と命名し，本社にそういったグローバル組織を統合する能力を集中させるべきだと考えたのである。このように初期の多国籍企業理論では本国の所有優位性が本国本社で発展して，海外子会社に技術等の優位性を移転していくのが多国籍企業の競争優位の源泉だと論じている。しかし，海外子会社の規模拡大と子会社独自の資源を獲得する機会が増加するにつれて，本国の本社が多国籍企業における唯一の競争優位の源泉にならない場合が増えている（Birkinshaw&Hood, 1998；Park & Shintaku, 2016；Park, 2017）。そのため，昨今の多国籍企業は，本社の優位性を活用するのみならず，全世界のすぐれた資源と多様な環境を活用しつつ，競争優位のレベルアップを図っていくという進化の視点が求められるようになった。すなわち，グローバル時代の競争力強化には，本社中心から漸次的に脱皮して，子会社の権限を拡大させることが望ましいという指摘もある。現地の専門人材の受け入れ，現地化戦略の強化などを通じて現地市場での力量が増加すれば，ネットワーク構築の経済性を進めることができるという考え方である。

とりわけ，90年代以後の多国籍企業に対する研究によると，独特の優位性を持つ企業が多国籍企業になるのではなく，海外の多様な市場に進出することで新しい優位を形成するという視点が増加している。言い換えれば，全世界の多くの拠点に同時に横断的に活動することでグローバル企業は規模と範囲の経

済を手に入れることができるようになったと言えよう。これを通じて,特定地域で蓄積した競争地位を他の国家での競争に活用することもできる。また,国外拠点を通じて,今まで国内では手に入れることができなかった資源や知識,情報にアクセスが可能になり,新しい技術的ブレークスルーが実現できる場合もある(朴他,2015;Park & Shintaku, 2016; Park, 2017)。

　また,かつてインテルやサムスン電子の半導体事業で見られるように,多様な環境の子会社で生み出されたイノベーションを本社およびグローバル拠点全体的に活用することができるというメリットもある。このような観点で,適用と適応のハイブリッド理論(安保他,1991;Itagaki, 1997),トランスナショナル企業理論(Bartlett & Ghoshal, 1989),メタナショナル経営理論(Doz et al., 2001;浅川,2003)等が現われたと言えよう。従来の多国籍企業理論では企業の出身国家と歴史的・文化的背景,業界の特性によって,グローバル,マルチナショナル,インターナショナルという伝統的な三つのタイプのどちらかへの依存度が高い傾向があった。しかし,Bartlett & Ghoshal (1989, 1990) は,トランスナショナル企業理論を展開することで必ず特定タイプに属しないパターンも存在することを指摘している。

　Bartlett & Ghoshal (1989) は,グローバル統合と現地適応への圧力を2次元で表したPrahalad & Doz (1987) のI-Rグリッドに基づき,本国親会社と海外子会社の関係として4つのパターンを提示しているが,ここではそれぞれのタイプの長短の特徴を比較し,理想型として提示されているトランスナショナル型の特徴とその課題について示す。彼らは4つのパターンを分類するために,分類の主軸として本国親会社指向と現地市場適応指向の2軸をベースにしている。まず,グローバルパターンは「本国中心パターン,すなわち中央集中型」である。海外子会社は本国親会社の強い経営コントロールのもとに置かれている。輸出中心の国際経営戦略を推進していた日本企業は,こうしたパターンが多かったと言われている(浅川,2003;中川他,2015)。第2に,マルチナショナルのパターンは,第2次世界大戦以前から海外企業進出を進めてきたヨーロッパの多国籍企業によく見られたパターンである。このようなマルチナショナルパターンの場合,海外子会社の独立性が強いのが特徴である。第3に,インターナショナルパターンは,いち早く国際化を進めてきた米国の多国籍企

業に多い特徴だと言われている。このようなインターナショナルパターンの場合，海外事業を「遠隔地の前線基地」と考えており，自社の既存の経営スタイルを現地でも維持し，本国側で生まれた知識を海外子会社に移転し展開することを重視している。第4に，トランスナショナルパターンは，理想型であり，本社による中央コントロールと現地市場適応の両方を目指す特徴を持っている。資源と経営は，効率と適応性を同時に実現するために国々に拡散されており，拡散された資源は，世界規模のネットワーク網を使って運用される。こうしたトランスナショナル企業の特徴をまとめてみると，①世界経済を通じる効率性，②各国の環境に対する適応，③イノベーションの促進と活用（学習能力）という昨今のグローバル競争によってもたらされる三つの戦略課題を同時に追い求めているとされる。しかし，トランスナショナルパターンは，両軸のバランスを追い求めているものの，現実的にはなかなか実現することが難しいとされているだけではなく，ダイナミックな視点でそのバランスがどのように変化していくのかについての議論が皆無である。先述したように，激変しているグローバル競争の要求から，本国を越して政治・経済・社会・文化的に多様な国々や地域で展開している多国籍企業の場合，本源的に組織内部への統合（Integration）とグローバルへの分散（Dispersion）という両面的な側面が作用していると言えるだろう。言い換えれば，多国籍企業の経営においては，現地化を推進しつつも，本国にある優位性を移転しながら，グローバルでの事業活動の統合を行い，合理的・効率的な経営体制を構築することも重要である（朴，2011；朴他，2015）。したがって，グローバル経営では，本国拠点の有する強みの一部分を海外で「適用」させながら，他方で現地事情に合わせて経営体制を「適応」するという，統合と分散の二元性（duality）をもつ「ハイブリッド型」が要求されることになる（安保他，1991；Itagaki, 1997；朴他，2015；Park & Shintaku, 2016）。Park & Shintaku（2016）では，こうしたハイブリッド型の事例の典型例として，ＬＧ電子の新興国戦略を挙げている。ＬＧ電子のインドの現地子会社の経営者によって現地化戦略の原点となる経営理念やノウハウが確立され，経営幹部の深い人的なつながりを介して，本社の意図的なサポートもあり，その経験がポーランドでもタイでも生かされ，徹底的に実践されている（朴他，2015）。一般的に多国籍企業のグローバル展開には，グロー

バル統合と海外子会社への分散の二元性のジレンマに置かれるとされているが，LG電子の場合，誰も期待しなかった，インド法人の経営者のリーダーシップによって成功的な現地化が推進され，その成功が逆に韓国本社に学習効果を誘発させたことは非常に興味深い点である。さらに，そこで終わらず，インド法人の経営者のもとで現地化を学習した中間管理者が，第3の地域である東欧のポーランド法人，タイ法人に着任して，インドの現地化モデルが他の地域に拡散する形態を示した事例は，統合と分散の課題に悩んでいる昨今の多国籍企業に一つのヒントを与えているとも言えよう。

これまでの先行研究をまとめると，多国籍企業組織はグローバルビジネスを展開するにあたって，組織能力を同一方向に集中するように内部の統合が必要な一方，現地市場に適応するビジネスを展開するため，海外現地にある子会社では地域特性を十分に理解した上，こうしたローカル市場の特殊なニーズに対応する対応能力（responsiveness）を同時に備える必要があることが理解できよう。複数の次元を同時に持つ意思決定が求められる組織では統合と分散のバランス能力，すなわちハイブリッド型の二元性管理が必須であり，このような二元性管理は組織構造や制度のような要素だけではなく，同時に調整役割をする人材の役割というのも極めて重要になってくる。本章では，こうした視点から，日本企業のグローバル展開の際に，統合と分散のダイナミックな視点で分析を試みる。

2.2 日本企業のグローバル戦略と現地化のパターン

日本企業は，1960年代初頭にアジアを中心とした投資を開始し，その後1970〜1980年代には北米中心の投資に重点を置くが，1990年代以後，円高の固定化や国内市場の成熟化を背景として北米中心から中国などの多様な地域へのグローバル展開を進めてきた。具体的に，人件費の削減のため，東南アジアのシンガポールとマレーシア，それと同時に韓国，台湾などの地域に生産工場を設立した。しかし，1990年代以後になれば，このような地域の人件費が増加することで日本企業は中国のようにより人件費が安い地域に移動していくパターンを描いた。近年，中国の人件費も急速に上昇することで，一部の生産拠

点を本国に戻すリショアリングや，中国一辺倒から東南アジアなどへの分散戦略を講じている。日本の多くのグローバル企業の海外売上高の割合は高くなっており，海外売上高の比重が日本本国を超える企業も非常に増加している。こうした状況のなかで本国と海外子会社の統合及び分散をどのように進めれば，全体の統合を達成できるのか，というのは極めて重要な課題であろう。したがって，従来から日本国内の本社がいかにして海外拠点をコントロールするかに関する議論はなされてきた。例えば，1997年日本在外企業協会によって実施された，日本の大企業で海外オペレーションの統合あるいはコントロールの方法を調査した研究が典型的である（白木，2006）。1997年105社（回収率27％）を対象に調査を実施した結果，回答企業の業種は製造業が65.7％，非製造業が33.3％，平均従業員数は1万604人で大企業に集中した調査であった。この調査によれば，日本の本社は日本から日本人経営管理職を派遣することで海外オペレーションをコントロールしようとしていたのである。具体的に，海外子会社のトップマネジメントを本社に召集する会議，子会社の権限や報告に関するガイドライン，規則の作成，トップ経営陣に対する人事／財務データの本社による一元管理などによってグローバル展開によって広がっている子会社を管理していた。また，人的資源管理の課題は，現地従業員の育成などが指摘された。一方，海外グループ会社に対する統合に有効な方法だと言われてきた海外子会社スタッフの日本本社への長期出向はまだ極めて一部の企業でしか導入されなかった。またグローバル社員の活用や日本本社と海外子会社との統一的な人事評価，すぐれた人材を特別採用するシステムなどはほとんど取り入れられていなかった。

　本章では日本企業の本社と海外子会社間の統合と分散の二元性管理に焦点を合わせている。先述したように，多国籍理論の初期では，本国本社が持つ優位性を移転して活用する観点での海外子会社の役割を分析する研究がなされてきた（Dunning, 1979; Hymer, 1976）。その後，海外子会社に対する本社のコントロール手段に関する研究では，本社から派遣した駐在員が本社で蓄積された知識を移転する役割（Gupta and Govindarajan, 2000, Fang et al., 2013）や企業全体の経営方針・規範を浸透させる役割（Doz and Prahalad, 1986），拠点間の調整と提携（Scullion, 1994），海外子会社の問題解決や能力構築（Anderson et al., 2010; 大木，2009；2014；朴他，2015；Park & Shintaku, 2016）等の役割を担うことを分析している。Prahalado & Doz（1987）やBartlett&Ghoshal（1989）以降，本社と海外子会社との関係を分析する研究はあったものの，ダイナミックな視点を入れている研究はさほど多くない。近年，そうした視点の研究が増加しているが，本章では日本の多国籍企業の海外子会社の自律性の変化をダイナミックに分析するのに焦点を合わせている。とりわけ，現地子会社の自律性を分析する際に，本社から派遣された出向者の権限の度合いの視点だけではなく，現地子会社の裁量権の視点もあると考えられる。このように出向者の権限の軸と現地子会社の裁量権の軸によって図4-1のように4つのタイプが分けられよう。すなわち，①タイプ1：出向者の権限が強く，現地子会社の裁量権が弱い，②タイプ2：出向者の権限が強く，現地子会社の裁量権も強い，③タイプ3：出向者の権限が弱く，現地子会社の裁量権が強い，④タイプ4：出向者の権限が弱く，現地子会社の裁量権も弱い，という4つのタイプに分類される。

　日本企業は，欧米企業に比べて，日本人出向者主導による現地化を進めており，日本人出向者を通して製品開発ないしは製造・生産・販売に関する機能的知識および規範的知識を海外子会社に移転・定着させている（板垣，2017）。日本人出向者はこうした現地化の面で重要な役割を果たしている。板垣（2017）は，日本人出向者主導の経営には二つの点で合理性があると指摘している。

図4-1　本稿のフレームワーク：日本人出向者の権限と現地子会社の裁量権

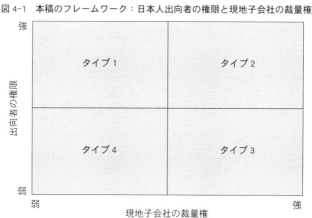

第1に，日本企業の強みである職務間・職場間の連携プレーという現場主義的な問題解決能力を海外で発揮させるために，こうした仕事の仕方と能力を身に付けた日本人出向者の存在が不可欠であるという点である。第2に，海外と本国とでは環境が異なるので海外においては本国で身につけた能力をフルに発揮するように，海外においても可能な限り本国に近い技能・技術水準を発揮しようとする日本企業の志向性が，日本人出向者主導の現地経営をもたらしたと指摘している。一方，こうした日本人出向者主導の経営にも問題点ないしは課題がある。すなわち，出向者に支払う人件費の高さ，現地の従業員の士気を高めるところか，かえってローカル人材のモチベーションを低下させ，組織全体の活性化に至っていない点，出向者の中に当該企業内部やその業界に特有の言葉や表現を多用する人が存在する点，経営者の現地化の遅れなどが取りあげられよう（板垣，2017）。こうしたデメリットにも関わらず，日本企業は日本人出向者を中心にグローバル戦略を展開しており，日本企業の現地化に多く見られるのはタイプ1だと思われる。一方，こうした課題を補うために，現地子会社の人材を育て，現地裁量権を高めることも求められる。理想的には，タイプ2のように，出向者の権限が強く，現地子会社の裁量権も強いマネジメントが実現できることである。本章では，図4-1のフレームワークに基づき，韓国に進出した日本企業の本社と海外子会社の関係を主に分析する。具体的に，ダイナミックな視点で出向者の権限の軸と現地子会社の裁量権の軸に基づき，韓国に進出した日本企業の子会社の役割がどのように変化してきたかに焦点を合わせて，ケース分析を試みる。

3．ケーススタディ

3.1　方法論

　本章では韓国に進出した日本企業の子会社の役割のダイナミックな変化を分析するために，現地企業を訪問し，インタビュー調査を行った。半構造的な質問項目を活用して，ケース分析のための探索調査を実施した（Yin, 1993）。

表4-1 インタビュー調査を行った企業

	F社	O社	U社
産業	複写機	自動車部品	製造装置
全社従業員数	13,797 (2012)	4,617 (2012)	6,981 (2014)
韓国子会社従業員数	341 (2013)	465 (2013)	368 (2013)
日本人出向者数	1 (2013)	1 (2013)	5 (2013)
インタビュー調査	2012.3.13 2013.3.13 (＋日本本社のインフォーマルインタビュー)	2012.3.12 (＋日本本社のインフォーマルインタビュー)	2009.11.30； 2013.3.14； 2014.3.14； 2016.6.15； 2017.3.22

インタビュー調査は，2009年から2017年の間に行われた。特に，U社の場合，数回にかけて追加調査を実施した。

3.2 ケース分析

(1) F社

① 本社依存型（前期）から現地顧客適合型（自律1）へ：1974～1998

　F社の韓国進出の歴史を見れば，1974年に韓国パートナーとの50：50合弁で韓国に進出し，直ちに1975年にはアナログ1号機のコピー機開発に成功する。引き続き，1988年に技術研究所を設立し，1993年には最初に現地韓国顧客専用の製品開発と販売を始める。しかし，1998年に合弁を解消して，日本本社の100％子会社に復帰するようになる。筆者はこの時期を本社依存型（前期）からまっすぐ現地顧客適合型へと移行したと考える。F社の従業員数は2013年現在175人であり，契約社員数は166名である（多い時は500名）。従業員の平均年齢は42歳であり，平均勤続年数は15年である。1998年以前には投資資本を韓国現地の合弁パートナーが50％持っており，独自開発が行われた。同時期には韓国子会社で開発したモデルが日本の本社およびグローバル拠点で採用されたことがある。具体的に，合弁期間中に，韓国子会社がアナログモデルの

1機種の全体プロセスを開発したとき，日本本社が良いと評価して，そのモデルを日本およびアメリカと東南アジアに展開したとされる。この期間は，大まかに，本章のフレームワークのタイプのうち，初期の「タイプ1」から「タイプ3」へ移行してきたと言える。最初は，本社の出向者により，製品開発と生産・製造技術の移転が進んだので，「タイプ1」に近いが，徐々に製品開発の面では，現地子会社の裁量権が強くなったので，「タイプ3」に移行したと思われる。

しかし，1998年から100％日本本社の傘下に入ったとき，その自由度はなくなった。合弁の時期には韓国顧客要求の変化に対応して新製品を企画開発したが，1998年以後は日本本社で定めた方針に従って開発を行っている。その結果，韓国顧客の要求が分からなくなった。

② **本社依存型（後期）：1998～現在**

先述したように，F社は1998年に韓国の合弁子会社を100％子会社に切り替えた。そして，2012年にすべての生産拠点を中国に統合したことで，韓国子会社は開発だけを担当する拠点に切り替わった。これをきっかけにして，1999年以後，アナログ機種中心の開発からデジタル機種の周辺器機開発に転換した。2000年代後半から，日本本社の方針が生産，物流全体のコストの観点でグローバル生産を中国工場に統合させる方向に切り替わったので，韓国子会社の役割は複写機のコア部品の開発生産に特化する方向に転換したのである。その結果，韓国拠点の役割が曖昧になり，2012年に生産を完全に中国に移管するようになったとされる。

一方，日本からの開発依頼を受けることが多くなっている。主な開発は周辺器機の開発と部品生産の単純な役割を担当するようになった。すなわち，開発業務は100％日本本社からの委託によるものである。F社の韓国子会社の開発チームのコミュニケーション能力は日本語コミュニケーション能力面では日本人と同等なレベルが全体の60％，会話が可能な比率が7％以上であった。90年代から，社内で日本語教育を実施したのが特徴である。初期開発を学ぶため，韓国から日本本社へ逆駐在員を派遣した。2012年現在約10人の実績がある。逆駐在員の背景には，最初のモデル開発が難しいこともあり，日本に駐在するように求められて，逆駐在の形で5人が2010年に本社に派遣された。また，

製品開発を日本本社と同期して対応しなければならないので，定期的に2～3人が日本本社に駐在しつつ，韓国とコミュニケーションを行っている。2012年現在，2～3人は常時逆駐在しているが，5人程度は特別なプロジェクトのため派遣されているとされる。逆駐在員の日本本社滞在期間は基本的に3年以下であるが，最近4年まで増加した。日本本社に行かせる人の勤務期間（勤続年数）をみると，設計経験が10年以上の人を送っている。最後に，韓国子会社の開発エンジニアの中で日本本社と協業経験を持っている人の割合を日本滞在期間の分布でみると，3年以上が38％，2～3年が17％，1～2年がおよそ45％になる。残りは1年未満である。この期間は，本章のフレームワークのタイプのうち，「タイプ4」に近いと言える。日本人出向者も徐々に減っており，2013年現在は，本社を兼務する社長を除き，日本人出向者はおらず，逆に本社の開発機能を分担している。そのため，逆駐在する韓国人エンジニアの数が増えてきたものの，開発に関する韓国現地の裁量権は低くなったのである。この時期のF社の場合，本社の戦略転換によって韓国現地の子会社の自律性を後退させてしまったともいえるだろう。

(2) O社：本社依存型（前期）から現地顧客適合型（自律1）へ：1991～現在

　O社の韓国子会社の歴史は1991年設立して，1994年に第1工場が稼働された。これと同時に開発と生産・販売を同時に実施している。1992年に韓国の主たる顧客であるH自動車と取り引きを始めた。H自動車の高級車モデルのための製品開発を実施した。O社の韓国子会社は初期に日本本社から技術を取り入れたが，最近は日本本社を上回る技術があるとされる。その理由は，顧客であるH自動車が過去には日本本社からアナログ係の技術やノウハウを取り入れて自動車開発を実施していたが，最近はECU技術などデジタル開発へ移行しており，H自動車独自の技術で自動車開発が実現できるようになった。その結果，ECU開発などは日本より韓国子会社が早く製品開発が可能になったとされる。また，顧客であるH自動車がグローバル販売をしているため，これに対する対応として設計変更が発生した場合，直ちに現地の開発部隊が変更要求に対応するように要求されている。そして，緊急にソフトウェア変更が必要な時，自動車製品が船便で移動している場合には人（エンジニア）が先に海

外に渡って，現場でソフトウェア変更や設計変更対応を実施する場合もあるとされる。例えば，顧客企業であるH自動車のヨーロッパのメンテナンス拠点とアジアのメンテナンス拠点，中国のメンテナンス拠点などすべてのメンテナンス拠点をサポートすることができるサービス体制を取り揃えて，O社の韓国子会社は顧客ニーズに対応している。

日本からの駐在員の現状をみると，初期には数人の駐在員が滞在したが，2012年現在は社長一人しかいない。次に，韓国子会社と日本本社との共同開発の場合，初期には日本技術を取り入れて技術開発したが，現在はほとんど韓国の顧客企業であるH自動車と共同開発している。しかし，日本本社と一部共同開発している製品もある。例えば，売上高の割合で区分すると，大部分の製品は韓国で設計しているが，標準化作業など日本側と共同作業を実施している製品もあるとされる。O社の場合，本章のフレームワークのタイプのうち，「タイプ1」から「タイプ3」へと移行してきたといえる。最初はO社の韓国子会社の開発能力が弱く，本社の製品開発，生産・製造技術の機能的知識を移転する出向者の権限が強く，現地子会社の裁量権は弱い状況であった。そのため，1992年の進出初期にはタイプ1の特徴を示していたが，徐々に韓国現地のグローバル顧客のH自動車の成長と伴い，日本本社からの技術移転の頻度が少なくなり，出向者の権限も弱くなってきた。同時に，現地顧客の高い技術能力に鍛えられた韓国現地子会社の裁量権がますます強まっており，現在の「タイプ3」へと移行してきたと言える。

(3) U社

① 本社依存型（前期）から現地顧客適合型（自律1）へ：1995～2011

U社の韓国子会社は，1995年設立されて，2000年に製造装置を生産する第1工場，2008年に材料（素材）生産を開始した。2011年に，独自開発のための現地研究所を設立した。U社の韓国子会社は，初めに日本の本社で開発生産した製品を販売する機能から出発した。しかし，漸進的に需要が多くなり，生産工場を2000年に稼動した。その後，生産拠点を徐々に増加させ，現在第5工場まで拡張させた。そして，その間に力強い韓国現地顧客であるサムスン電子とLG Display（旧LG Philips LCD）と一緒に生産技術開発を実施してきた。

このように，U社の韓国子会社の場合，現地の韓国に強力な顧客が存在しており，日本本社より全体の生産量が多くなってきた。

この製品は半導体／液晶の製造装置であり，生産のためのノウハウが必要だったので，初期は日本国内工場以外では生産しなかった。しかし，韓国顧客の購入の割合が高くなるにつれて，韓国子会社でも生産を始めるようになったのである。一方，生産工程は単純な組立工程ではなく，顧客工場で設備セッティングが必要であり，初期のU社の韓国子会社は全く経験のない韓国子会社の若い社員たちを日本に送り，教育を受けさせ，彼らの帰任後，生産を始めたとされる。初期にはすべての部品（例えば，ボルトから）を日本から輸入してノックダウン（Knockdown）方式で生産した。このような努力の結果，2000年に生産に成功した1号基から顧客企業のサムスンから合格判定を受けたのである。そして，U社の韓国子会社はサムスン電子と一緒に，日本本社の基本モデルをベースにした共同開発を始め，3号基から韓国で国産化に成功したのである。

また，U社の韓国子会社は日本本社と違い，仕事のプロセスの標準化を目指した。すなわち，入社1年目社員でも，3年目社員でも，5年目社員であっても，製品生産が可能になるように標準化させたのである。これを通じてスピード経営を加速化させたと知られている。この時期のU社は，本章のフレームワークのタイプのうち，「タイプ1」から「タイプ3」へと移行してきたといえる。最初はU社の韓国子会社の開発能力が弱く，本社の製品開発，生産・製造技術の機能的知識を移転する出向者の権限が強く，現地子会社の裁量権は弱い状態であった。しかし，徐々に韓国現地のグローバル顧客のサムスン電子とLG Display（旧LG Philips LCD）との共同開発を行うことによって，日本本社からの技術移転の頻度が少なくなり，出向者の知識移転および意思決定の権限も弱くなってきた。同時に，初期から本社の逆出向の教育を継続した結果，高い日本語能力を持つ韓国の現地人材の能力が高まり，「タイプ3」のように韓国現地子会社の裁量権が強くなったといえる。

② ハイブリッド型（自律2）：2011〜現在まで

先述したように，U社の韓国子会社は2011年に研究所を韓国子会社内に設

立した。特に，U社の韓国子会社の社長が2012年9月から日本本社の役員に就任して日本本社経営に直接参加している。2011年から始めた研究所では材料および装置のような基礎技術開発関連の新規開発はしない。顧客企業のサムスン電子とLG Displayとともに効率的な生産のための設備開発に集中している。2013年現在，韓国子会社の研究所の人員は22人で構成されており，2000年工場設立の時のように，最初から研究所の社員を日本本社に行かせて，2010年から準備させたとされる。U社の韓国子会社の社長（2016年より会長）は，2000年社長に就任した時から，すでにロードマップを描いていたとされる。独自で装置を開発生産するため，開発，設計，製造から日本本社から徹底的に学び，韓国内で独自的に生産・開発するように日本本社に人材を派遣して育成したのである。日本本社に派遣した人材はエンジニアのほうが多いが，管理部門の人材も派遣して人事管理などのノウハウを習得させている。U社の韓国子会社の社長は，人材教育が重要だと思っており，教育と訓練に重点を置いている。U社の韓国子会社では，下記のように4つの教育を実施している。①言語の教育の場合，社内の標準言語を日本語にした。2000年社長就任時から，すべての会議と書類を日本語で統一したのである。②技術教育のために日本本社だけでなく，韓国内の大学など外部に派遣教育を実施している。③リーダー教育，プレゼンテーション教育を実施しているし，2013年からU社の韓国子会社のグループ系列会社に韓国人経営者を任命した。④社内教育のために社内人材を講師にして教育させている。U社の韓国子会社の社長も教育を担当している。U社の韓国子会社の社員評価制度は，日本本社と違って能力のある人を勤務経験と関係なく昇進させる人事制度を構築した。例えば，U社の韓国子会社には40歳の役員もいるとされる。このような人事制度は年功序列を重視する日本の本社とは完全に異なるシステムである。日本本社は韓国子会社に比べて，年齢によって昇進が決まる傾向が強く，成長に対するインセンティブがあまりないが，U社の韓国子会社では誰もが能力によってリーダーになることができるように日本本社と異なる人事制度を取り入れたのである。

さらに，U社の韓国子会社の社長が2012年から本社経営に参加し，本社の研究開発を変えている最中である。本社の技術統括（CTO）となり，日本本社の体質を変えているとされる。U社の韓国子会社の社長はこのように言及し

ている。「IT電子産業は変化が速いので，このような変化に対応するためにはスピード経営が非常に重要です。しかし，このようなスピードは日本本社がよくできない領域であり，スピード経営にすぐれた韓国ではお客さんと量産関連の共同開発を強く推進し，日本本社ではBlack Box技術になるような基礎開発と開発設計に集中していく」と。

2000年代，U社の顧客は日本国内から，韓国と台湾中心に変わり，近年は完全に中国顧客が圧倒的に多くなっている。そのため，近年，U社の中国子会社の強化を図っている。そのため，U社の韓国子会社のマネジャーを中国に派遣し，U社の中国子会社の経営を任せたりしている。Bartlett&Ghoshal (1989) のトランスナショナルタイプの一部の特性のように，本社から子会社への支援から，子会社のナレッジが本社へ逆輸入されることも起きているし，子会社同士でのナレッジとリソースの交流が行われ始めているのが特徴である。従って，この時期のU社は，「タイプ3」の現地子会社の裁量権がより強まり，さらに本社への逆影響も強くなったと考えられる。

3.3 ケース企業の比較とインプリケーション

本章で取りあげた3社のケースは，すべて韓国に進出した日本企業の子会社であり，先述したように，主に子会社の役割変化を中心に分析してきた。上記で分析したケース企業の分析をまとめたのが表4-2である。すべてのケース企業は，韓国進出初期には，日本本社の単なる韓国現地の生産拠点からスタートした本社依存型（初期）タイプであった。しかし，韓国企業との合弁を通じて韓国市場を開拓するための目的と，韓国国内のグローバル企業を顧客にすることによって，積極的に現地パートナーや現地顧客と共同開発を進行する現地顧客適合型（自律1）へ移行したのである。

一方，逆に現地パートナーとの合弁を清算し，人件費上昇によって生産拠点としてのメリットはないが，開発歴史が深く，経験の深いエンジニアたちも多いことにより，日本本社の開発をサポートする本社依存型（後期）に入るケースも示された。

最後に，現地子会社の優れた経営リーダーシップおよび本社にその経営能力

表 4-2　ケースの分類

	本社依存型（相互補完型）（初期）	現地顧客適合型（自律1）	本社依存型（相互補完型）（後期）	ハイブリッド型（自律2）
事例	F社（初期）, O社（初期）, U社（初期）	F社（中期）O社（中期以降）U社（中期）	F社（1998年以降）	U社（2011年以降）
技術移転の依存関係	親会社は基礎技術・製品開発, 海外子会社は生産・販売	親会社は基礎技術開発, 海外子会社は製品開発と生産・販売	親会社は基礎技術・製品開発, 海外子会社は親会社から受注を受けて製品（周辺機器）開発	親会社と海外子会社間のリソース共有
ガバナンス	親会社の持分中心	- 現地企業と合弁 - 親会社の持分中心	- 合弁を解消し, 親会社持分中心に回帰	親会社の持分中心
経営権	親会社派遣	- 現地合弁パートナー - 親会社派遣	現地に駐在せず, 本社で兼務	親会社の経営に参加する海外子会社の経営者の存在
コミュニケーション	親会社言語（日本語）依存度（小）	親会社言語（日本語）依存度（中）	親会社言語（日本語）依存度（大）	親会社言語（日本語）依存度（100%）＜＊特殊＞
条件	人件費の優位性	現地に開発能力を持つ強力な顧客存在	- 人件費上昇によるグローバル生産統合による分業体制の変化 - 合弁の解消など	親会社の哲学を共有する現地経営者の存在
出向者（駐在員）	比重（大）	比重（中）	比重（小）	比重（無）
出向者と現地裁量権のタイプ	タイプ1	タイプ3	タイプ4	タイプ3

を評価され，子会社の経営者が本社の経営に参加し，子会社が本社や他国の子会社に影響力を与えるハイブリッドタイプも見受けられる。

　次に，現地子会社の自律性を分析するために，本章のフレームワークで提示した，本社から派遣された出向者の権限の度合いと現地子会社の裁量権の二つの軸によって分析してみると，図4-2のようにまとめることができる。F社の初期と中期（1974-1998）は，本社依存型（前期）から現地顧客適合型（自律1）へと移行しており，初期の「タイプ1」から「タイプ3」へ移行してきた。最初は，本社の出向者により，製品開発と生産・製造技術の移転が進んだので，「タイプ1」に近いが，徐々に製品開発の面では，現地子会社の裁量権が強くなっ

図 4-2 ケース分析の結果：日本人出向者の権限と現地子会社の裁量権

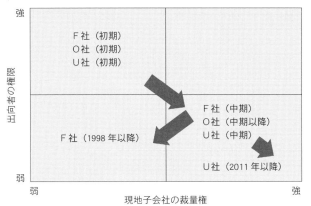

たので、「タイプ3」に移行した。しかし、合弁を解消した1998年以降、「タイプ4」に移行してしまったのである。この変化は、非常に特殊な変化である。

現地マーケットのための開発および生産・販売機能の役割が縮小されることにより、日本人出向者の必要性が弱まるのみならず、韓国現地人材に求められる能力も変わってきたのである。その結果、日本人出向者は存在せず、かえって本社の開発機能を分担するための逆駐在する韓国人エンジニアの数が増えてきたことが特徴である。そのため、現地マーケットのための現地開発に関する裁量権は弱まり、本社の戦略転換によって韓国現地の子会社の自律性を後退させてしまった結果をもたらしたのである。

また、O社も、合弁を組んで韓国現地市場のための開発・生産・販売を担った初期のF社のように「タイプ1」から「タイプ3」へと移行してきたといえる。最初はO社の韓国子会社の開発能力が弱く、本社の製品開発、生産・製造技術の機能的知識を移転する出向者の権限が強く、現地子会社の裁量権は弱い状況であった。そのため、1992年の初期ではタイプ1の特徴を示しているが、徐々に韓国現地のグローバル顧客のH自動車の成長と伴い、現地顧客の高い技術能力に鍛えられつつ韓国現地子会社の開発能力が高まるにつれて、現地子会社の裁量権がますます強まっている「タイプ3」へと移行してきたのである。

一方、U社の場合、韓国進出初期（1995-2011）の場合、本社依存型（前期）

から現地顧客適合型（自律1）へと移行しており，日本人出向者と現地裁量権の関係は，「タイプ1」から「タイプ3」へと移行してきた。この結果は，初期のF社とO社のパターンと同じである。しかし，2011年以降のハイブリッド型（自律2）の期間では，2社のケースと異なり，より一層「タイプ3」を強める方向に進んでいることが分かる。

　本社と子会社間の統合および分散，特に「日本人出向者の権限と現地子会社の裁量権」の視点でケースを分析すると，子会社が置かれた役割と環境および本社の戦略の変化によって子会社の役割がダイナミックに変わっていくことが示された。しかし，韓国における日本企業の現地子会社には，「タイプ2」のようなタイプが見られなかった。出向者の権限も強く，現地子会社の裁量権も強いタイプ2の場合，二律背反の命題のように均衡点を取るのは決して易しくない課題である。先述したように，日本企業は，欧米企業に比べて，日本人出向者主導による現地化を進めており，日本人出向者を通して製品開発ないしは製造・生産・販売に関する機能的知識および規範的知識を海外子会社に移転・定着させている傾向が強い。このように日本人出向者はこうした現地化の面で重要な役割を果たしている一方，日本人出向者主導の現地化の問題点ないしは課題としては，出向者に支払う人件費だけではなく，現地人の人材が育成できず，ローカル人材のモチベーションを低下させることも指摘されている。そのため，「タイプ2」のように日本人出向者の能力を発揮させるエリアではその権限を高め，その他のエリアでは，現地子会社の裁量権をフルに活用するように権限委譲が求められる。グローバル展開を行っている日系企業の中でも，こうしたバランスを試みる事例がいくばくか散見される。例えば，北米に進出している日本企業K社の現地子会社では，デュアルヘッド（Dual Head）制度を取っており，工場長（GM: General Manager）に日本人出向者と米国現地人の二人を付けている。日本人出向者は，本社とのやり取りおよび品質とコスト管理の権限を持っており，米国現地人は，工場の現場管理および米国の部品調整の権限を持っていた。このように仕事の特性と役割によって日本人出向者の権限と現地子会社の人材の権限を配分することによってバランスを取っている事例も見受けられる。日本人出向者主導による現地化に強みを持っている日本企業としては，今後タイプ2のように，日本人出向者主導による現地化とともに，

現地子会社のローカル人材，あるいは第3国の人材をバランスよく，育成することによって組織全体の活性化および現地子会社のパフォーマンス向上を図ることができると思われる。

4．結論

　多国籍企業組織はグローバルビジネスを展開するにあたって，組織能力を同一方向に集中するように内部の統合が必要な一方，現地市場に適応するビジネスを展開するため，海外現地にある子会社では地域特性を十分に理解した上，こうしたローカル市場の特殊なニーズに対応する即応性が不可欠である。複数の次元を同時に持つ意思決定が求められる組織では統合と分散の二元性管理，すなわち，ハイブリッド経営が極めて重要になってくる。本章では，こうした視点から，韓国に現地子会社を置く日本企業のケースを統合と分散のダイナミックな視点で分析を行った。

　ケース分析から日本本社と韓国子会社との関係を検討すると，本社依存度から自律性の方向性へ移動していることが一つの特徴だと言えよう。また，日本本社と韓国現地子会社の相互依存関係が深まっているのも特徴である。例えば，韓国の電子産業および自動車産業の場合，市場面で自律性を持っていると見られる。電子製品および自動車部品を開発生産する部品企業は元来日本及び海外市場のための輸出目的のため韓国での生産を開始したが，90年代以後には韓国内にサムスン電子，ＬＧ電子，現代自動車などの有力なグローバルメーカーが登場することで，かつてのグローバル市場への供給のための単なる生産拠点から脱皮して，現地顧客への供給能力が重視されるようになった。また，技術面でも韓国顧客のほうが上回ることによって，製品開発面での技術の自律性も増加していると言えよう。すなわち，本来生産工場の一環としてスタートしたが，韓国の顧客企業がグローバル企業に成長したことで，グローバル展開能力を持つ顧客の開発能力に合わせて進化しているのも一つの特徴である。製品の設計開発も，日本本社だけに頼った開発リソースの本社依存度から独自的に開発能力を強化する企業も増加している。このような市場独立性と技術独立性が

加速されることによって，結果的に経営の自律性も増加しているともいえよう。こうした環境変化が，韓国に進出した日本企業の本社と韓国子会社間の関係をよりダイナミックに変化させていると思われる。

　本章の事例分析から得られる示唆点は，第1に，韓国子会社の役割が内部・外部環境の変化によってダイナミックに変わってくることが言える。F社のように，最初の本社依存型（相互補完型）（初期）および現地顧客適合型から，合弁解消と人件費の高騰によって，本社依存型（相互補完型）（後期）へ移動する軌跡を描くタイプと，U社のように，本社依存型（相互補完型）（初期）→現地顧客適合型（自律1）→ハイブリッド型（自律2）へとよりダイナミックに進化するタイプが示されたのは興味深い。

　第2に，本章で提示した本社と海外子会社の統合と分散の枠組みから検討すると，2011年以降のU社の場合，日本の本社と韓国子会社の関係はリソースの交流および普及の視点で，Bartlett&Ghoshal（1989）のトランスナショナルタイプの一部の特性のように，本社から子会社への支援から，子会社のナレッジが本社へ逆輸入されたり，子会社同士でのナレッジとリソースの交流が行われたりしているのも従来の日本企業であまり見られないケースである。多国籍企業のグローバル展開には，グローバル統合と海外子会社への分散の二元性のジレンマに置かれているが，U社の場合，顧客市場の変化によって，市場の大半を占める海外顧客への適合が本社と海外子会社との関係をダイナミックに変化させたと言えよう。

　第3に，現地子会社の自律性を分析するために，本社から派遣された出向者の権限の度合いと現地子会社の裁量権の二つの軸によって分析すると，ケース企業の3社ともに，タイプ1からタイプ3へと自律性が高まったが，F社のように本社の戦略の転換によってタイプ4へと後退するパターンも見られた。しかし，韓国における日本企業の現地化では，タイプ2のように，日本人出向者主導による現地化とともに，現地子会社のローカル人材の裁量権を同時に達成するパターンは見られず，今後の日本企業のグローバル戦略の課題として残される。

　本章での分析は，こうした多国籍企業の本社と海外子会社とのダイナミックな関係を分析した探索的な研究に過ぎず，今後の研究ではより一層その全体構

図を明らかにするモデルを提示していきたいと思う。

(朴英元)

参考文献

Anderson, J., Markides, C. and Kupp, M. (2010), The Last Frontier: Market Creation in Conflict Zones, deep rural areas and Urban Slums, *California Management Review*, Vol. 52, No.4, pp.6-28.

Bartlett, C.A. and Ghoshal, S. (1989) . Managing Across Borders, Cambridge, MA: Harvard Business School Press.

Bartlett, C.A. and Ghoshal, S. (1990), Managing innovation in transnational corporations, in: C.A. Bartlett, Y. Doz, G.Hedlund (Eds.), Managing the Global Firm, Routledge, London, pp. 215?255.

Bartlett, C.A. and Ghoshal, S. (1993), Beyond the M-form: Toward a Managerial Theory of the Firm, *Strategic Management Journal*, Vol.1, Winter, pp.23-46.

Bartlett, C.A. and Ghoshal, S. (2000), Going Global: Lessons from Late Movers, *Harvard Business Review*, March-April, pp.132-142.

Birkinshaw, J. M. and Hood, N. (1998), Multinational subsidiary development: Capability evolution and charter change in foreign-owned subsidiary companies, *Academy of Management Review*, Vol. 23, No. 4, pp. 773-796.

Birkinshaw, J. M. and Morrison, A. J. (1995),. Configurations of strategy and structure in subsidiaries of multinational corporations, Journal of International Business Studies, Vol. 26, No. 4, pp.729-753.

Birkinshaw, J., Ghoshal, S., Markides, C., Stopford, J. and Yip, G. (editors) (2003), The future of the multinational cO 社 pany, Chistester (UK) : John Wiley.

Birkinshaw, J.M. (1997), Entrepreneurship in multinational corporations: The characteristics of subsidiary initiatives, *Strategic Management Journal*, Vol. 18, No. 2, pp.207-230.

Doz, Y., Santos, J. and Williamson, P. (2001), From Global to Metanational, Boston: Harvard Business School Press.

Dunning, J.H. (1979), "Explaining changing patterns of international production: In defense of the eclectic theory", Oxford Bulletin of Economics and Statistics, vol. 41, No. 4, pp.259-269.

Eisenhardt, K.M. (2000), 'Paradox, spirals, ambivalence: the new language of change and pluralism (introduction to special topic forum)', Academy of Management Review, Vol. 25, No. 4, pp.703?705.

Elliot, Esi Abbam., Nakata, Cheryl. (2013), Cross-Cultural Creativity: Conceptualization and Propositions for Global New Product Development. *Journal of Product Innovation Management*. 30 (1) : 110-125

Evans, P. (1999), 'HRM on the edge: a duality perspective', Organization, Vol. 6, No. 2, pp.325?338.

Evans, P. and Doz, Y. (1992), 'Dualities: a paradigm for HRM and organizational development in complex multinationals', in Pucik, V., Tichy, N. and Barnett, C. (Eds.) : Globalizing Management, pp.85-106, Wiley, New York.

Fang, Y., Wade, M., Delios, A., Beamish, P.W. (2013), An exploration of multinational enterprise knowledge resources and foreign subsidiary performance. *Journal of World Business*. 48 (1) : 30-38

Frost, T., Birkinshaw, J. and Ensign, P. (2002), Centers of excellence in multinational corporations,

Strategic Management Journal, Vol. 23, No. 11, pp.997-1018.

Ghoshal, S. and Bartlett, C.A. (1990), The Multinational corporation as an interorganizational network, *The Academy of Management Review*, Vol. 15, No.4, pp.603-625.

Graetz, F. and Smith, A.C.T. (2008), 'The role of dualities in arbitrating continuity and change in forms of organizing', International Journal of Management Reviews, Vol. 10, No. 3, pp.265?280.

Gupta, A.K. and Govindarajan, V. (2000). Knowledge flows within multinational corporations. Strategic Management Journal, Vol. 21, pp.473-496.

Hillman, A.J. and Wan, W.P. (2005), 'The determinants of MNE subsidiaries' political strategies: Evidence of institutional duality', *Journal of International Business Studies*, Vol. 36, No. 3, pp.322?340.

Hymer, S.H. (1976), The International Operation of National Firms: A Study of Direct Foreign Investment. MIT Press, Cambridge, MA, United States.

Itagaki, Hiroshi ed. (1997), The Japanese Production System: Hybrid Factories in East Asia, London: Macmillan Press

Kogut, B. (1985), 'Designing global strategies: profiting from operational flexibility', *Sloan Management Review*, Vol. 27, No. 1, pp.27?38.

Park, Y. W. and Shintaku, J. (2016), "The Replication Process of a Global Localization Strategy: A Case Study of Korean Firms," *International Journal of Business* Innovation and Research, Vol.10, No.1, pp.8-25.

Park, Y.W. (2017),. Building a Sustainable Global Strategy: A Framework of Core Competence, Product Architecture, Supply Chain Management and IT Strategy, NY: NOVA publishers.

Park, Y.W., Oh, J. and Fujimoto, T. (2012), 'Global expansion and supply chain integration: case study of Korean firms', *International Journal of Procurement Management*, Vol. 5, No. 4, pp.470-485.

Prahalad, C.K. and Doz, Y.L. (1987), The Multinational Mission: Balancing Local Demand and Global Vision, Free Press, New York, Collier Macmillan, London.

Scullion, H., (1994), 'Staffing policies and Strategic Control in British Multinationals.' International Studies of Management and Organisation,Vol.24, No.3, pp 86-104.

浅川和宏（2003）『グローバル経営入門』日本経済新聞社．

安保哲夫・板垣博・上山邦雄・河村哲二・公文溥（1991）『アメリカに生きる日本的生産システム——現地工場の「適用」と「適応」——』東洋経済新報社．

板垣博（2017）「東アジアにおける日系企業の企業内知識移転—日本人出向者の役割と連鎖的技術移転の視点からの考察—」『武蔵大学論集』65（1），1-35頁．

大木清弘（2009）「国際機能別分業下における海外子会社の能力構築—日系HDDメーカーの事例研究—」『国際ビジネス研究』1（1），19-34頁．

大木清弘（2014）『多国籍企業の量産知識：海外子会社の能力構築と本国量産活動のダイナミクス』有斐閣．

中川功一，林正，多田和美，大木清弘（2015）『はじめての国際経営』有斐閣．

白木三秀（2006）『国際人的資源管理の比較分析』有斐閣．

朴英元，新宅純二郎，天野倫文，金熙珍（2015）「現地人材活用による市場適応」『新興国市場戦略論：拡大する中間層市場へ・日本企業の新戦略』有斐閣（天野倫文，新宅純二郎，中川功一，大木清弘編）．

朴英元・天野倫文（2011）「インドにおける韓国企業の現地化戦略：日本企業との比較を踏まえて」『一橋ビジネス・レビュー』WIN，44-59頁．

朴英元（2009）「インド市場で活躍している韓国企業の現地化戦略：現地適応型マーケティングからプレミアム市場の開拓まで」『赤門マネジメント・レビュー』8（4）。

朴英元（2011）「LG電子のグローバル戦略：TV事業を中心に」『「日中韓」産業競争力構造の実証分析—自動車・電機産業における現状と連携の可能性—』創成社，177-207頁。

第5章

台湾におけるパナソニックと地場サプライヤーとの協力関係[1]
——レッツノートとタフブックの価値づくりの底力を探る

1．はじめに

　レッツノートとタフブックは発売後，20年となり，その間，連続15年間は，強固型PCの世界トップの座を占め続けている（VDC Research, 2016）。グローバル化にともなって，IBM，日立，三菱，富士通などの撤退が余儀なくされている中で，強固型というニッチ戦略，B2Bを中心とするソリューション指向，日本と台湾にしか製造拠点を持たない価値づくり戦略というユニークな事業発展と安定した利益獲得が内外から注目されている。これまでの研究ではアーキテクチャー視点から差別化戦略を論ずるものは見られるが（上野，2006；劉・魏，2008），生産システムにおけるサプライヤーとの協力関係の観点からその価値づくりを取り上げたものはいまだに見られていない。

　1990年前後，日本的サプライヤーシステムは生産システムの延長線として国際的に大いに注目された時期もあった。要するに，生産系列を経済的に合理的な制度として積極的に評価する立場であり，消費市場への応答のスピードが早く，技術進歩にも繋がるというメリットが取り上げられている。しかし，バブル崩壊以降，グローバルなアウトソーシングが主流となり，日本の生産系列の閉鎖性については競争力が失われる原因になると批判されている。確かに，産業，企業や地域において一義的には言えないという認識が広がっているように見られる。これまでの生産協力関係に関する通説に対して，価値づくりに貢献できる組立メーカーとサプライヤーとの協力関係はどのように異なるのであろうか。

　本章は，2000年半ば以降，台湾拠点によって支えられてきたパナソニックの

ノートパソコン事業の驚異的な成長に注目し，その主な部品生産を引き受けるに至った地場サプライヤーの事例分析を通じて，台湾におけるパナソニックと地場サプライヤーとの協力関係の特徴を解き明かす試みである。本章では，低コストの量産指向としてグローバルな産業内分業に組み込まれたはずの台湾地場サプライヤーが，高価値の多品種少量指向の強固型パソコンの誘いかけの内に現れている学習や創発の機会を巧みにとらえてこれを自らの能力形成へと結びつけ，B2Bの価値づくりに貢献し続けるまでに至った過程を描き出す。特にパナソニックとのインタラクションを通じて能力を構築した各々のサプライヤーの創意工夫を考察し，その類型と価値共創のあり方を明らかにしようとする。

こうした問題点と課題を念頭に置き，本章の構成は次の通りである。第2節は文献のレビューに基づいて，これまでの生産システムにおけるサプライヤーとの協力関係を三つの通説としてコンパクトにまとめ，第3節はパナソニックのパソコン事業の発展と台湾拠点の位置を整理する。第4節は台湾の地場サプライヤーについての事例研究を行う。最後の第5節では本章が明らかにしたサプライヤーシステムの特徴や理論的インプリケーションをまとめる。

2．生産協力関係に関する通説

生産協力関係とは生産システムにおけるサプライヤーとの協力関係であり，組立メーカーとそこへ部品などを納入するサプライヤーとの間の設計，試作，供給，問題解決などを含む取引関係である。

これまでのサプライヤーシステムに関する研究は三つの通説としてまとめることができる。つまり，第1に，日本の自動車産業由来の日本的生産システムにおけるサプライヤーとの協力関係は国際競争力の源泉であり，世界的に注目されていること（Wormack,et al., 1990;藤本，1997）。第2に，アーキテクチャー論から指摘されたように，自動車産業とパソコン産業とでは相対的なインテグラル的とモジュラー的であるため，生産システムにおけるサプライヤーとの協力関係も異なると考えられること（藤本等，2001;藤本・新宅，2005）。第3に，生産システムにおけるサプライヤーとの協力関係は国の制度や文化に依存する

ことが多く,適用というよりも適応されていくことが王道であること(安保等,1991; 板垣編, 1997; Spear & Bowen, 1999; Liker, 2004)。以下,その主な主張をコンパクトに整理する。

2.1 日本的サプライヤーシステム

　一般的に日本的サプライヤーシステムの特徴は三つに分けることができる。つまり,数少ない協力メーカー間の開発競争,長期関係に基づく取引関係および相互学習による問題解決や関係特殊資産・知識(Relation-specific assets and knowledge)の形成である。この三つの特徴の相互作用はサプライヤーシステムの競争機能に多く貢献している。ここではこの三つの軸に沿って概要的に確認していくことにしよう(Nishiguchi, 1994; Dyer, 1996; Dyer & Singh, 1998; Liu & Brookfield, 2006)。

　第1に,数少ない協力メーカーの間の開発競争であり,その多くは承認図という統括委託の形態を採る。特定自動車メーカーへは複数の部品メーカーが納入先として分散化されてはいるが,それらの売上高の比率は高く,特定の自動車メーカーに集中している。部品メーカーの評価について多くの場合は設計図面が固まる前の「開発コンペ」という競争を行う。「開発コンペ」というのは,価格のみならず,部品メーカーの開発能力,長期的な改善能力などのより多面的・動態的な評価に基づいて開発早期に部品発注先を選定することである。このような方式は「承認図方式」と呼ばれ,日本の自動車と部品メーカーとの間に統括委託という明らかな関係が見える。

　第2に,長期的な取引関係である。日本自動車メーカーと部品メーカーとの間では,特定図面部品の生産期間でほぼ継続的かつ長期的な取引関係が続いている場合が多いと言える。技術指導については,開発と生産との両面で部品メーカーに対してきめ細かい評価と技術指導を行うことがわかっている。日常のコミュニケーションに関しては,日本自動車メーカーは欧米企業よりも多くの時間を部品メーカーに割く傾向がある。生産システムの延長線として JIT と TQC にとどまらず,バリュー・アナリシス(VA)とバリュー・エンジニアリング(VE)などのコスト削減活動を通じて部品メーカーと持続的に緊密な関

係を保っている。

　第3に，相互学習による問題解決，関係特殊資産・知識（Relation-specific assets and knowledge）の形成である。こうした企業間で関係特殊資産への投資，知識の交換，資源の補完，効果的なガバナンス・メカニズムの構築を通じて，他社には追随されにくい利益が得られる（Dyer & Singh, 1998）。

2.2　アーキテクチャー論から見た生産協力関係

　アーキテクチャーとは，システムの構成要素間に相互作用がある場合，要素間の分け方と組み合わせ方に関する基本的なデザイン構想であり，製品・工程アーキテクチャー論として，二つの軸で形成されている。一つは産業の特性としてインテグラル型とモジュラー型に分けて考えられており，もう一つは業界規格の標準化の度合いを基準にしてクローズとオープンとに表される（藤本等，2001）。

　自動車産業とパソコン産業とはアーキテクチャー論の代表的な産業として位置付けされ，インテグラル的とモジュラー的であり，対照的な存在である。これまでの生産システムにおけるサプライヤーとの協力関係をまとめると，次の四点に集約できると考えられる。（浅沼，1997; 藤本等，2001; 藤本・新宅，2005; 新宅・天野，2009）

　第1に，自動車産業では開発と設計段階から始まる企業間の擦り合わせが求められるように，取引関係には長期指向がある。これに対して，モジュラー的な製品であり，取引の切り替えが容易であるパソコン産業では短期的な指向が示されている。

　第2に，こうした企業間のインタラクションの濃密さを反映する取引関係は取引相手の数にも影響を与える。モジュラー的な製品は変わり易いため，一定の期間中に付き合う企業の総数が多い可能性はあるが，グローバル的に集中しやすいため，結果として取引数が減っていくと見られる。

　第3に，製品のインタフェースでは自動車は閉鎖的（クローズ）であるのに対して，パソコンはオープンである。前節で触れた関係特殊資産・知識にも関わっているが，企業間のインタフェース関係にもクローズ対オープンという傾

向が見られる。

　第4に,組立メーカーとサプライヤーとの協働にも異なる指向性が見られる。パソコンは一定の品質の下での価格的競争を中心とするため,伝統的なQCD競争になる。これに対して,自動車では学習的協調が求められ,価値づくりの品質と納期が求められるQDCの競争になる。

2.3　東アジアにおける日本的サプライヤーシステムの適応

　生産システムにおけるサプライヤーとの協力関係は国の制度や文化に依存するため,現地に適応することはきわめて重要である（板垣編,1997；Liker,2004；新宅・天野,2009）。東アジア,特に,台湾と中国における日本的サプライヤーシステムの「適応」は以下のようにまとめられる。

　第1に,取引コストに関する時間的（長期的）バランスを重視すること。取引コストとは経済取引を行うときに発生するコストであり,取引相手の探索コスト,交渉コスト,監視コストなどを指している。したがって,経済的な高利益性を確保するためには時間的バランスが重視されなければならない。

　第2に,信頼関係の醸成。強い相互信頼に基づく取引関係は上記の取引コストを抑えるのみならず,共同で効果的な問題解決を可能にすることも指摘されている。この点については,特に中国と台湾における日台の合弁企業に顕著に表われている（劉・佐藤,2013）。

　第3に,日本的「管理力」による現地サプライヤーの品質意識改革。部品の現地化から部材の現地化まで進めていくため,現地社員の主体的な学習や意識改革を進めなければならない。その場合,TPSやTQCに示される日本的管理力が有効である。JITやQCツールの適用にとどまらず,その背後にある日本人出向者,長期雇用に基づく現場改善の能力,現地風にアレンジされた日本型人事管理体制などの適応がきわめて重要である（板垣編,1997;2010）。

3．パナソニックのパソコン事業と台湾拠点

3.1　パナソニックにおけるパソコン事業の発展と現状

　パナソニックのパソコン事業のように紆余曲折が多い発展プロセスを持つ事例はあまり多くはない。現在のレッツノートとタフブックを中心としている事業が軌道に乗るまでは，その源流と見られる電子計算機を含めて，実に三回の大きな事業改革を経ている。一回目は1959年に松下通信の電子計算機の研究開発によって始まり，60年に事業進出として本社で組織を整えたが，64年に撤退した。二回目は1973年以降，本社とグループによる周辺装置の技術を蓄積しながら，富士通との合弁でCPUとソフト技術を取得し，日本IBMなどの海外向けのOEM生産提携を通じて生産技術の学習を行うことであった。三回目は90年代に入り，日本IBMからの発注の大幅減という危機感により，自社プラントで活路を見出そうとしたり，本社によってパソコン事業の集約をしたりすることであった（陳韻如，2009；日経ビジネス，2004；劉・魏，2008）。
　1996年に発売された軽量で高性能のレッツノートは現在の主な製品のラインアップとなり，日本IBMとのOEMから由来したノートパソコン「CF-150」シリーズも同じ年にタフブックというブランドで商品化されて現在に至る。1996年から2001年までには撤退か，存続かの検討が繰り返された結果，「軽量，頑丈とバッテリーの駆動時間に開発の焦点を絞る」モバイル戦略で再参入し，2002年より復活してきている。
　パソコンは国際分業が進み，コモディティ化に陥り，IBM，日立，三菱，富士通などの撤退が余儀なくされている中，パナソニックのパソコン事業でのニッチ戦略へのフォーカスとB2Bを中心とするソリューション指向は正に異色の差別化戦略となっている。
　2015年現在，パソコンはITプロダクツ事業部に属する。このITプロダクツ事業部はパナソニックにおける4つのカンパニーの一つであるAVCNWの中の7つの事業部の一つである[2]。パソコンの製品企画は事業部内ですべて行っ

ているが，5年先にはAVCNWの技術本部，10年先は本社のイノベーションセンターへ移すと生産技術本部は方向付けている。パナソニックの売上高に占めるシェアは約5.5%の4,157億円しかないが，15%程度という安定した利益率が内外で注目されている。

劉・魏（2008）によれば，パナソニックは既存の部品モジュールメーカー，例えばCPU，カバー，液晶パネル，バッテリー，メインボードなどをベースにした企業間の擦り合わせによって差別化を作り出している。その中でもプラットフォーム・リーダーのインテルの協力による小型化したCPUには大きな意味が見られる。要するに，パナソニックのパソコン事業における顧客価値創造については，モバイルに特化するフォーカス戦略と製品開発は日本の守口工場で行い，100%グループ内製の戦略が大きな特徴である。神戸工場に加え，1990年に設立した台湾拠点はタフブックの専門拠点として，2005年から拡大し，2010年以降，急成長を果たしている。

3.2 台湾拠点の発展と位置

台灣松下電腦股份有限公司（パナソニックグループ内ではPAVCTWと称し，本章は「台湾拠点」と略称）は1990年に新設され，1962年に設立された台湾松下電器グループの敷地の一角を利用し，グループ内の最新現地法人となった。2015年現在，台湾拠点は900名の従業員を持っており，内，社員193名（日本人出向者6名を含む），派遣社員約700名を擁している。日本人社員は商品の企画や設計に沿って，ものづくりに対する繊細さを台湾拠点に伝承するという役割が大きく，自社開発，自社生産，自社サポートが他社にはない強みを維持する伝道師にもなっている。

台湾拠点への生産移転は最初の段階においては順調には行えず，2006年には大きな品質問題が起こることもあった。「品質元年」と掲げ，日本の技能を移転するのみならず，顧客を現場に頻繁に案内し，現場の人々に品質の要求と顧客価値との関連を肌で感じるようにしたそうである。2006年に神戸工場のKISSを導入したが，総経理（当時，以下同）によれば，次の二点については神戸工場以上のことを行った。

「一つはSMTの実装に関して、各々のプロセス、部品品質などをすべて洗い出して、その製造条件を検討した。例えば、実装の加熱と冷却、如何にすればN2酸化しないかを研究してきた。温度などのデータを徹底的に記録し、その原因を探ってきた。もう一つは部品メーカーにも同じように要求したことである。当時のメーカーには、実装の材料層の中で問題があっても最後まで作らないと確認できない。それは我々にとって大きな問題であり、製造プロセスで確認できるようにしてもらわないといけないと粘り強く説得した結果、すべて対応してくれるようになった」。

こうした品質についての事例にも示されるように、台湾拠点は次の三つの側面によりタフブックのグローバル拠点として底上げされている。

（１）生産技術の強化

台湾拠点は守口工場の製品開発と上手く連携できるようにするため、50名程度の技術者が育成されている。日本人社員は他社にはない強みを維持する伝道師として働く。有能な技術者を定着させるため、台湾の一流企業並みの人事システムを作っている。TSMCやホンハイのような代表的な台湾企業ほどの格別なボーナスを与えはしないが、教育・研修の機会はそれら以上に与えたという。15名の社員には日本に3カ月から1年間の留学や研修をさせ、一人当たりの教育費はパナソニックグループのトップだそうである。

また、優秀な現地のスタッフを育成していくため、台湾の一流企業並みの人事的インセンティブシステムを採っているのみならず、派遣社員にも10段階までのインセンティブを付けている。派遣社員には幹部役まで任せている。こうした一種の「準社員」の扱いは非常にユニークだと言える。「日本人の慎重さと違って、現地の従業員はアンビシャスで挑戦的であり、彼らに責任を与えたり、それなりのインセンティブを与えたりしている」と総経理は言う。

その結果、台湾拠点と日本本社との間には高い信頼関係が醸成されている。例えば、顧客のソフトとハードに関する最終の調整であるコンフィギュレーション（Configuration）部署があり、神戸工場と同じように顧客に信頼されている。それは顧客専用ソフトなどの最終調整であり、顧客へ届けると直ぐに使えるというサービスである。8時間から24時間にもなるソフトウェアのイン

ストール作業には高い信頼関係が要求され，これにより顧客をバンドリングしているとも言える

（2）台湾のクラスターにおけるサプライヤーの育成

　台湾における IT クラスターは委託生産で世界的に有名であるが，量産指向になったり，パソコン組立拠点の中国移転にともなって崩壊しかけている。本格的に赴任してから 10 年間を務めていた総経理は頻繁に台湾の協力メーカーを訪問し，社内と同じような考え方を綿密に伝え，協力企業群として約 120 社を編成している。その内には神戸工場のレッツノートとタフブックの開発と試作を頼んでいる企業も少なくない。神戸工場の試作と調達センターの機能も兼ねており，価値づくりの底力になっている。こうした地場サプライヤーをフルにいかし，2015 年現在，パナソニックパソコンの 6 割以上の部材は台湾と中国といわゆる中華圏から調達している。

（3）三つの共創

　台湾拠点は過去約 20 年間のフォーカス戦略を継承する一方で，ものづくりからみれば革新的なやり方も多く見られる。最近，タフブックからタブレット型のタフパッドなどフルラインアップへ発展している。「最も大きな違いは無線，WIFI，隙間なし，などの新しい要求により設計も複雑になってきているが，設計者，金型制作者，プロジェクトリーダー間との擦り合わせによって順調に発展している」（総経理）。

　特に協働の形態から見れば少なくとも次のような特徴が見られる。要するに，顧客との共創，企業内における部署間や拠点間の共創に加えて，外部の地場サプライヤーとの共創という三つの共創が見られる。こうした台湾における強さの裏付けるものとして台湾拠点の成長推移とパナソニック内でのシェアは図 5-1 の通りである。

　本章は特に地場サプライヤーとの協力関係に焦点を当てる。要するに，これまで低コストの量産指向としてグローバルな産業内分業の中に組み込まれていた台湾地場サプライヤーが，高価値の多品種少量指向のパナソニックの強固型パソコンにどのように対応して行くのか，パナソニックとのインタラクション

図 5-1 台湾拠点の生産台数とグループ内でのシェア

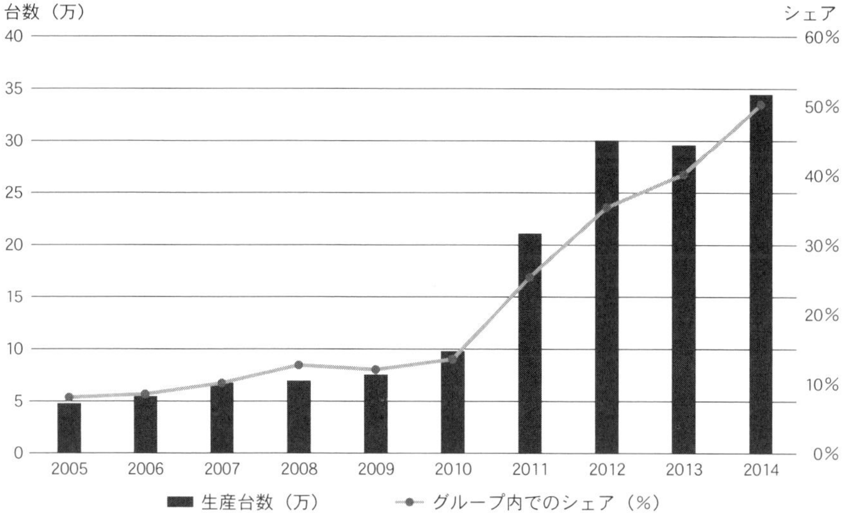

資料：台湾パナソニック，筆者作成

によって何がもたらされ，どのように価値獲得を行うのか。次節では台湾の地場サプライヤーの事例研究を行い，その協力関係や価値づくりを探って行く。

4．台湾の地場サプライヤーの事例研究

4.1　事例研究の目的，対象企業と方法

　本節ではレッツノートとタフブックを支えてきた台湾における生産協力関係の事例研究対象として，台湾における代表的な地場サプライヤーとパナソニックのパソコン事業とのインタラクションを取り上げ，その特徴を分析していくことにする。

　対象サプライヤーの選定では，総経理と技術トップの全面的な協力を得た。まずはレッツノートとタフブックを支えてきた要素部品を確認する。そして，1) 価値づくりへの技術力や貢献，2) 多品種少量という特徴への適応力や柔軟

性,という二つの指標を考えながら,マグネカバー,LCMタッチパネル,絶縁テープとシート,プラスチック部品,プリント基板(ハード)およびプリント基板(ソフト)の6つの部品を決めた。最後に,それぞれの中で最も代表的な1社を選定し,現場見学とインタビューを行った。詳しいインタビューの日時と対応者の肩書きは表5-1の通りである。

インタビューでは,会社の概要,パナソニックとの取り引きの契機,技術特質,新製品開発から試作と量産までのインタラクション,顧客開拓に関する協力や取り組み,当該製品市場の特性や変化に対する貢献と学習を中心に聞き取った。事例研究の対象とした6社の設立年,従業員数,パナソニックとの取引年数や該当部品に占める比率と他の供給社数,会社所在などについて表5-2でまとめている。

基本的には,マグネカバーやLCMタッチパネルという比較新しい部品以外

表5-1 インタビューの日時と対応者の肩書き

企業名	C社	L社	T社	P社	PH社	PS社
インタビュー対応者	協理	處長,經理,專案經理,資深管理師	總經理,営業担当	協理	總經理,副總經理	總經理特助,專員
日時	2016.7.14 13:30-16:00	2016.9.20 13:30-16:00	2016.6.30 9:30-12:00	2016.6.30 13:30-15:00	2016.7.18 13:30-16:00	2016.8.16 13:30-16:00

資料:著者のまとめ。

表5-2 事例研究の対象企業

企業名	C社	L社	T社	P社	PH社	PS社
提供部品	マグネカバー	LCMタッチパネル	絶縁テープ	プラスチック部品	プリントハード基板	プリントソフト基板
設立(年)	2003	1992	1988	1993	1989	1980
従業員数(人)	350	3,400	35	60	150	38
取引年数	13	3	26	23	22	25
パナソニックに占める比率(他供給社数)	60% (2社)	70% (2社)	90% (1社)	40% (3社)	80% (2社)	80% (4社)
会社所在	台南市	苗栗竹南	新北八里	新北土城	新北樹林	新北新店

資料:本研究の聞き取り調査,2016年現在。

は松下の家電から継承して継続的な取引をしてきている企業がほとんどである。会社の所在もこの2社以外は同じく新北市のITクラスターにあることが大きな特徴である。会社の規模は数十人，数百人から数千人まで，非常に多様になっている。

また，パナソニックの台湾拠点の調達に占める比率はプラスチック部品のP社を除いて，過半数を占めている。中でも3社は8割以上を占めている。他からの供給は1社から4社までがあるものの，2社が最も多い。他の取引相手との割合は小さく，1社に集中していることが明らかである。

4.2　6社のサプライヤーの事例分析

本項ではサプライヤーの各社へのインタビューの結果に基づいて事例の分析を行う。紙面上の制約もあり，以下のように5つの順にコンパクトにまとめる。(1) 会社の概要と特徴，(2) パナソニックとの相互間の取引データ，(3) 取引の歴史の中での主な出来事，(4) そうしたインタラクションからの技術水準や相互学習などの特徴，(5) 自社から見たパナソニックとの取引の特徴である。

(1) C社：世界一のマグネカバーを共創

C社は2003年にある材料会社のマグネ事業部から独立し，専門OEMメーカーとしてPCカバーに取り組んでいる。上場しているAグループが2007年にC社を買収，2008年には中国のマグネ拠点も設立している。C社は350人であるのに対し，Aグループ全体は4万人となっている。

C社のマグネカバーは質が高く価格も高いため，価格的競争に生き残れないのではと思われ，Aグループ内で閉鎖の検討が重ねられた。こうした情報を受け，危機感を持つ台湾パナソニックの総経理はAグループのトップに会うため，2010年の反日運動の最中，中国の南京へ行った。ユニークな製品には欠かせず，是非とも継続して下さいと説得したそうである。強い共鳴を相互に感じ，両トップ間には強い絆が生まれ，グローバル的に最高級のマグネカバーを共創することによって顧客を創っていく決心を固めた。それのみならず，今でも時々会う友人となっていると言う。

その後，6年間パナソニック製品の防滴技術要望に応じ，切磋琢磨して強固型PCのカバーを継続し，現在パナソニックPCの6割のカバーを提供している。歩留率はマグネカバーの決め手であり，これについてもC社は正にグローバル的に最高水準である。開発段階から相互に交流し合ったり，学習したりしている。欠くことのできない存在でもあり，納期をしっかり守らせる以外は，C社の生産計画に関するルールを尊重し，これに応ずることも少なくない。パナソニックへの供給はグループ売上高の2%弱に当たるのみだが，2016年現在，Aグループ内での最高利益率の拠点となっている。

（2） L社：LCMタッチパネルを共創

L社は1992年に設立，従業員は台湾で3,400名，グローバル2万人，バックライトモジュールの製造会社である。L社は以前からパナソニックの神戸工場や液晶子会社へバックライトモジュールを供与し，素材は日本のグンゼから調達している。

2012－13年頃，台湾拠点を中心としてLCMタッチパネル（LCMt）を開発し，試作している。LCMタッチパネルはLCDタッチパネルとバックライトモジュールを結合したものであり，総コストに占める割合の高いLCDのメーカーがセットで提供することが多い。パナソニックが敢えてL社を選んだのは過去の取引関係とも関連し，多品種で総量が少ないため，LCDメーカーには相手にしてもらえないこともある。その結果，2013年からは顧客に応えられるものを共創し，現在パナソニックの総購買量の7割を供給している。これはL社グループの売上の2%未満だが，利益では10%以上も貢献していると推測される。

我々の訪問時には3名の日本語が上手に話せる営業幹部と出会ったが，台湾ハイテク業界では非常に珍しい。営業担当の處長（専務に相当）は「我々の日本に対する売上高からすると確かに比率は小さいが，今回のパナソニックとの共創はニュービジネスモデルとして社内に大いに期待される象徴でもある」と言っている。

（3）T社：絶縁テープとシートの王者

　T社は新北市八里区にある，従業員35名の町工場である。1988年に設立してから間もなくパナソニックの冷蔵庫向けの素材（スポンジ）を供与していた。台湾産業の変化に伴なって，2016年現在はパナソニックPCの絶縁テープとシートの9割を提供しており，売上の3分の1はパナソニック向けである。

　工場内は切断，加工，組立などの部署を持ち，優雅な音楽を流しており，従業員の多くには笑顔が見られる。4人の部署責任者はいずれも親戚であり，オーナー系と地元従業員とから構成されている。ファミリー企業の雰囲気も残ってはいるが，5Sなど近代管理のあり方にも取り込んでいるように見られる。その成果の一つとして挙げられるのは，独自で開発した出荷ストアである。それは1日当たり200－800種類の製品を出荷し，またその出荷に伴ない後補充という生産方式を取っており，柔軟にパナソニックの注文に対応していると言う。

　「品揃えは我々の生命であり，同じ製品の注文が終わる際には，パナソニックが買取ってくれるので，非常に安心できるパートナーだ」「最盛期には60名の従業員がいたが，量産ものは見掛けは良い割には滞ったり，仕掛かったりすることが多いため，利益が生まれない」と営業トップが言っている。「1枚数十円のテープやシートだが，品揃えができていないと組み立てられないので，我々にとってきわめて貴重な存在だ」と総経理は言っている。

（4）P社：プラスチック部品の台湾での生産と供給を維持

　P社は1993年に設立し，従業員60名を有し，PC類向けは約2割を占めている。他の顧客には自動車と楽器が多い。創社当初から現在も継続的に取引しているPC関連メーカーはパナソニックのみではあるが，価値づくり面での意味は大きい。

　プラスチック部品はプラスチック射出機によって造るものであり，PC製造の中国移転に伴なって台湾工場は減っていく一方である。差別化が相対的に難しく，利益率も高くないからである。しかし，プラスチック部品の生産コストが同じであるとしても，顧客価値からすれば全く異なる話になる。例えば差込む容器に関しては防滴技術が極めて重要であるため，開発，試作から量産までの擦り合せは不可欠である。台湾で行わないと安心できない場合が少なくない。

その結果，パナソニックのプラスチック部品の4割はP社が供給しており，これはP社の総売上の約2割に当たる。顧客の価値づくりのためには当面は中国からの調達を避けなければならないものが存在しており，ぎりぎり相互依存しているものと見られる。

（5）PH社：プリントハード基板の台湾での高水準な生産と供給を維持

PH社は1989年に設立し，従業員150名を有する中国拠点を持たない数少ないプリント基板企業である。パナソニックとは20年以上取引をし，小型基板の最も重要なサプライヤーであり，その8割を提供している。大型のプリントハード基板は日本メーカーから調達しているが，柔軟性が求められる小型のプリントハード基板は台湾からの調達の方が有利であるため，相互の思惑が一致している。

PH社は生産工程のすべてを社内で持ち，最高水準の設備と品質管理を行っており，一流のグローバル企業にプリントハード基板を提供している。2016年現在での最大顧客はドイツ企業である。ドイツ企業に比べて，パナソニックのPH社に対する取引量は決して多くない。2016年現在，自社の売上高に占める割合は5％にすぎないが，非常に重視している理由として三つが挙げられる。つまり，知名度が高い，注文が安定している，そして新技術が学習できることである。例えば，PH社のOSP（Organic Solderability Preservatives）はパナソニックの要求で学習し，技術向上によるコスト削減の効果が得られた。

「今後も世界一流の企業と切磋琢磨して顧客に対する提案力を高めて行き，台湾で最高水準のプリントハード基板の生産と供給を維持していくことが生き残るためにはきわめて大事だ」と営業担当の副総経理が強調している。

（6）PS社：プリントソフト基板を中国調達できめ細かく適応

PS社は1980年に設立し，台湾本社は38名，中国の3工場は2,300名の従業員を持っている。台湾で製造拠点を持たない唯一の研究対象企業ではあるが，パナソニックのプリントソフト基板に関しては台湾の8割，日本の25％を提供している。PS社は台湾でパナソニック向けの製品の開発，試作と中国拠点からの調達を行っている。

ソフト基板はハード基板より価格が高く，これを使うにはそれなりの理由がある。一般的に動き，立体と薄さという設計機能を顧客から求められることが特徴だと考えられている。したがって，開発，試作と量産までには煩いやリスクを厭わず，柔軟に対応していくことが重要である。それが PS 社の強さだと強調され，技術力よりも柔軟に対応することが遥かに大事だと言う。例えば，ソフト基板を使っているノートパソコンの開閉回数は，一般の NB の 2.5 万回に対してパナソニックは 10 万回の信頼性が要求される。その信頼性を保障するため，部品，材料，仕様，各工程要求，テスト記録，などに関して 80 ページにも渡る承認書が要求される。PH 社は 20 年前からそれを経験し，その重要さを十分に認識していると言う。現在も開発と試作をしながら承認書の作成を素早くスムーズに行っていると自慢している。

2010 年にパナソニックの推薦で LCP（Liquid Crystal Polymer）という素材を使い始め，その後 UL 認証申請の資金まで補助してくれた。LCP を使ってからの長期に渡る効果を考えると，非常に重要な出来事だと言い，今もその利益を享受しているという。このようにパナソニックの先見性による学習の事例が非常に多く，一緒に進化していると言える。

（7）協力メーカー会議と継続的取引

パナソニックは年に一度の協力メーカー会議を通じて最新の方向性を協力メーカーに伝える。我々の訪問した 6 社の企業の社長室や応接間には例外なく台湾パナソニックからの表彰状が飾られている。

注文数量が少ないから相手にならないことも確かにあるが，パソコン生産の最盛期が過ぎ，知名度，利益率と安定した注文のあるパナソニックは台湾で再評価される動きが見られている。協豊会という日本自動車メーカーの協力企業組織に比べて，緩やかな組織ではあるが，影響力が広がっているように見られる。例えば次の事例も協力メーカー間に知れ渡り，今後の結束の向上にも繋がるかもしれない。

F 社はトップクラスのグローバル企業であり，2010 年前後，パナソニック台湾拠点の総経理が中国工場を見学してマグネカバーの生産をお願いしたそうである。その後，注文数が少なく品質が厳しいため，F 社に断わられ，取引は

継続しなかった。しかし最近F社から連絡があり，是非とも取引を回復したいと申し出された。F社も数よりも利益率と安定した注文のほうが大事だと認識しつつあると言い，パナソニックのビジネスモデルこそ製造業の将来だと言っているそうである。これまでC社と他2社との継続的な取引を考えると，購買の担当者はF社とのカバーに関する取引の再開は当面はないと言い切った。

4.3 まとめとディスカッション

(1) まとめ

　以上，6社のケースをコンパクトにまとめた。ここでは，まずは全体図をまとめ，次に価値づくりの原点を探り，サプライヤーの類型化を行う。

　基本的には，6社は価値づくりについて創意工夫することによって台湾で生き残れることがこの分析で明らかにされた。要するに，台湾のPC産業の中国拠点移転と共に，サプライヤーの拠点移転も余儀なくされていた。台湾で生き残る道は他の産業へのシフトか，或いはより付加価値の高い強固型ノートパソコンにレベルアップして行くかということである。

　パナソニックへ供給しているトップシェアのサプライヤーとは言え，供給した総数対自社の売上高の比率がきわめて低いケースは少なくない。特に中国へ展開している企業グループでは2－3%にとどまることが印象的であろう。数の世界から質の世界へ移って行く厳しさが強く感じられている。その一方，知名度，注文の安定性，技術の学習やニュービジネスモデルとして社内で高く評価されていることに言及した企業がほとんどであり，厳しい経営環境の中での希望にもなっている。

　PS社以外は台湾で生産している。信頼性，コミュニケーション，価値づくり上の必要性からすれば，台湾で生産する意味は非常に大きい。

　全体図として次の5つの特徴が見出される（表5-3）。
　(1) 継続的に取引している企業がほとんどである。
　(2) 最高水準の技術を持っている企業もあり，そうでもない企業もある。
　(3) 柔軟性が要求されており，技術と同じく重要視される傾向がある。
　(4) 価格的競争が薄く，学習的協調が強く示されている。

第5章　台湾におけるパナソニックと地場サプライヤーとの協力関係　143

表 5-3　事例研究結果の整理

企業名	C社	L社	T社	P社	PH社	PS社
共創の事実	最高レベルのマグネカバーを実現	最高のLCMtの現地化を実現	きめ細かい適応で高利益率を実践	台湾での生産と供給を維持	台湾で高水準の生産と供給を維持	中国調達できめ細かく適応
自社売上に占める比率	2%弱（グループ）	2%弱（グループ）	33%	20%	5%	3%（グループ）
生産工場所在	台湾	台湾	台湾	台湾	台湾	中国
1. 継続取引	○	○	○	○	○	○
2. 技術水準	◎	◎	△	△	○	○
3. 柔軟性	△	△	◎	△	△	○
4. 相互学習	○	○	×	△	○	○
5. 納期優先	○	○	○	○	○	○

注：◎ 分野の最高水準 ○ 良好 △ ままあり × 見られない
資料：本研究の聞き取り調査，2016年現在。

（5）コストよりも納期が遥かに優先されている。

（2）価値共創からみたサプライヤーの類型

個別の企業からすれば，それぞれは台湾という地場でこれまでできないものをできるように共創して行くプロセスでもある。したがって，ここでの共創とは，顧客とのインタラクションの結果として価値の獲得できる製品やプロセス等を認識し，学習や創発によって創出して行くことである。6つの事例からすれば，こうした価値共創は技術力，柔軟性，あるいはこの両者の組み合わせに

図 5-2　サプライヤーの類型と価値共創

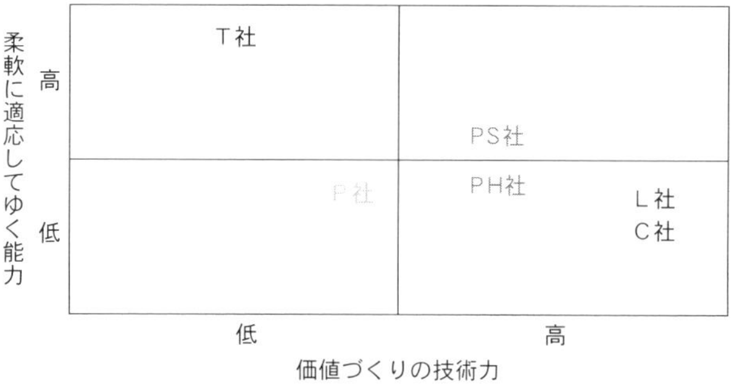

	低（価値づくりの技術力）	高
高（柔軟に適応してゆく能力）	T社	PS社
低	P社	PH社 ／ L社 C社

注：本研究，色の濃さには利益率の良さが示される。

よって実行される。こうした価値づくりの技術力と柔軟に対応してゆく能力という二つの視点から見ると，4つの類型に分けることができ，図5-2のように各社を位置付けることができる。

①技術的共創

　C社とL社は技術革新とともに新しい部品として参入したが，輝くようになるまでには苦労の道を経て，辿り着いた。強固型パソコンが台湾に定着するまでは台湾のPC業界が価格的競争に陥って，技術力があるが故にかえって生き残れない状況であった。コストパフォーマンス的な発想では，技術力が高価格として現れ，価格を高く売ることがあまり期待できないため，これがマイナス要因になる可能性が十分にある。しかし，顧客価値として認められるように防滴技術などの補完的技術を加えたり，相互学習したりして協調的学習による価値づくりができるようになった。まさに技術力による価値の共創である。

　ノートパソコンの委託生産の最大基地ではITクラスターを形成しており，組立メーカーの拠点移転によりサプライヤーは移転を余儀なくされていく中で凋落して行かない理由はどこにあるのだろうか。価値づくりからすれば，北台湾の周辺はIT産業の組立メーカーと部品メーカーの本社が揃っており，「足りないことは頑丈，防滴などの機能だけで，吸収と学習の能力は抜群だ」と総経理は言っている。要するに，パナソニックの技術移転でこれらの機能を十分に満たし，内部で設計した部品を台湾の部品メーカーとの擦り合わせと調整が十分に可能になることでモジュラー的顧客価値を最大限に創出している。「特に高輝度性で反射しない技術開発を極めたL社は新製品に大いに貢献している」（総経理）。

②柔軟性による共創

　C社とL社の技術力に対して，T社は細かい対応でパナソニックと共に事業を広げている。絶縁のテープやシートは単価が安く，種類が多いため，多品種少量になる以上に複雑になっている。抜群な柔軟性で組立メーカーの痛みとリスクを大幅に緩和し，解決している。ソリューションビジネスでは顧客の困りごとを上手く見つけて対処するには技術力よりも柔軟性が遥かに重要だと強く

感じさせる事例である。この事例を見ると、零細企業やファミリー企業の強さが見られている。これまでのアウトソーシングに関する仕入先のコンピタンスなどを考えると、技術や専門性ということが強調されているが、今後は柔軟性の重要さが注目されるのではないかと思う。

③技術力と柔軟性とのバランスによる共創

　プリント基板は日本、台湾と中国とを跨ぐ産業であり、新興国に移行しつつある産業でもある。台湾での生産を死守するPH社と中国に生産を集中するPS社にはハードとソフトとが大きく違っているが、技術力と柔軟性とのバランスで顧客価値を獲得して行くことについては極めて一致しているように見える。特に、中国しか拠点を持たないPS社はきめ細かいサービスを行い、顧客の信頼を得ているのが非常に印象的である。

　一方、プラスチック部品のメーカーは仕事の環境が良くなく、労働集約的産業であり、中国からの調達が一般的になっている。信頼性が高く要求される部品については台湾の地場サプライヤーP社との継続的取引に対する難しい意思決定が求められている。利益獲得の難しさも、差別化しにくい技術力と柔軟性による価値づくりのレベルとは対照的であり、フレームワークの有効性が説明される事例でもある。

④信頼による共創

　信頼関係は今回の研究のキーワードであり、全部の事例に当てはまる。取引関係の解消や新たな取引関係の構築には企業間の信頼が鍵となるのみならず、取引関係の解消によって信頼が失われれば、単なる取引停止ではなく、二度と良好な関係を結べなくなる可能性もある。「売って終わり」の関係とはせず、「売ってから関係の始まり」という顧客との関係性を重視することは、台湾拠点のコンフィギュレーション部署で示されるように、高い信頼関係によって顧客をバンドリングすることができる。パナソニックと地場サプライヤーとの関係もそれに当たる。信頼関係からすれば、台湾でも日本と同じ程度のことを行なうことが可能なようである。

⑤共創に邁進してゆく

　以上の分析の中で，台湾という場所の優位性による共創が明らかである。総経理によれば「台湾と日本とが結ぶと，とにかく非常に強い。お互いに裏表が無いから，目標に専念して進むことができる」。また，部材メーカーの本社と開発と試作を行なうことができるのみならず，部材の調達も台湾と中国にある台湾系企業がほとんどである。こうした物心両面にわたる台湾拠点の優位性をいかし，2018年パナソニックの100周年の記念事業として，また，国際調達センターとして台湾拠点を再構築し，日本本社へ貢献するという戦略目標を掲げて邁進しているそうである。今後も差別化のできるビジネスシステムの構築に日台ビジネスアライアンスで十分に応え得ると総経理は見ている。

　顧客価値パラダイムはこれまでのコストパフォーマンスパラダイムに代わっていくことが明確である（加護野，2014；劉・陳，2014）。特定の顧客にフォーカスし，バンドリング戦略によって顧客価値を継続的に創出し，そのために少数の新加入者を含めて，既存の部品や技術を提供する協力メーカーと顧客とを価値創造のプロセスに引き込み，そして企業間のインタラクションと見られる非常に多い共創型の協働が行われるようになっている。台湾の拠点とサプライヤーとの間に見られる生産的協力関係は台湾型ものづくり革新を支えていることが明らかにされた。

5．結論とインプリケーション

5.1　結論

　本章はパナソニックのノートパソコン事業とそれを支えてきた台湾拠点および台湾サプライヤーを取り上げた。特に相互間のインタラクションと協力関係に焦点を当て，企業間の協力ネットワークによる価値づくりや共創をまとめた。生産システムにおけるサプライヤーとの協力関係からすれば，少なくとも次の5つの特徴が見い出された。

　第1に，顧客価値パラダイムが顕著であり，B2Bを中心とするソリューショ

ン指向で，サプライヤーの利益率を維持することが可能である。これまでのコストパフォーマンスというパラダイムに対して，顧客価値パラダイムにフォーカスした価値づくりを中心としたため，協調的学習で相互利益を保つことが可能である。顧客価値から出発した仕組みこそ価値づくりの原点であり，コモディティ化を本格的に回避することができる。

第2に，長期的で緊密な関係による信頼を構築している。家電事業時代から信頼関係を培ってきた協力メーカーが非常に多く，時代と共に信頼を積み重ねて新事業に挑戦しようとしている。それだけではなく，マグネカバーやLCMタッチパネルのように，新しい協力メーカーも取り込み，事業の革新を絶えず行っている。このように新規参入者にもいろいろな困難を乗り越え，既存のサプライヤーには負けない信頼関係があったことは言うまでもない。

第3に，コストよりも納期を重視というQDCを指向する。コスト削減指向は価格的競争を加速したり優良企業にペナルティを課すなどして，コモディティ化の原因であり，結果でもある。それに対してソリューション指向の大きな特徴は数で勝負するのではなく，多品種少量で顧客の要望にしっかり対応して行くことである。QDCで示されるように，納期は価値を生むのみならず，品揃えによってムダを減らすことも意味する。

第4に，技術や資源のみならず，柔軟性を重視する傾向が見られる。サプライヤーの類型化でみられるように，価値を高め持続的競争優位を保つためには希少性の技術や資源が重要であると同じように，柔軟性の重視が見られている。本当に模倣されにくいのは技術よりも柔軟性であるのかもしれない。柔軟性自身は大きなコンピタンスであり，技術力を補うものでもあり，価値づくりを支える不可欠の要素であることがこの研究で明らかにされた。

第5に，価値を共創していく意識が持たれている。共創とは組織間のインタラクションを通じて新製品・新プロセス・新市場を作り出すことであり，顧客の問題解決を通じて高い顧客価値を実現することである。6社のサプライヤーとパナソニックとの協力関係を見ると，パナソニックと顧客企業とのそれと同じように，ソリューション指向が強く示されている。それによって安定な注文，1ランク上の利益率を得るのみならず，ニュービジネスモデルとして持続的競争優位を保つことができると信じられ，協調的学習という仕組みが形成される

ことになる。

5.2 理論的インプリケーション

　この研究から見られた，生産システムにおけるサプライヤー協力関係の特徴には日本的サプライヤーシステムの三つの特徴が強く現れていると言える。これまでの生産協力関係研究に対するインプリケーションでは，以下の三つの新しい特質を見いだしている。

　第1に，強固型ノートパソコンの生産協力関係はPC産業よりも自動車産業に近いことが明らかである。開発段階からの参加，長期的な取引関係，協調的学習，などの特徴が非常に明確である。要するに，生産系列に分類される日本自動車産業の取引関係が国際競争力の確保を支援している。家電産業の競争力の解体に際して日本型ビジネスシステムに疑問が広く持たれている中，日本の良さをもう一度見直すことに大きな意味があるのかもしれない。その意味からすると，アーキテクチャー論に対しても意味が深い。要するに，アーキテクチャーが固定的ではなく，協働を通じた外部資源の利用によってアーキテクチャーが相互に影響しながら，動態的に発展して行くことが分かる。さらに，これまで特定産業レベルのイノベーションの分析（Rothaermel & Deeds, 2004; Lavie & Rosenkopf, 2006）に対して，個別組織間における顧客と協働で価値創造する共創能力（Co-innovation/creation competence）は新しい協働の形態として注目されるべきである。

　第2に，オープンを前提にしてはいるが，少数指向で1社に多く集中する傾向が見られる。これまでの研究は日本的系列については閉鎖志向や少数の企業間のインタラクションの濃密さを論じていた。台湾におけるパナソニックと地場サプライヤーとの協力関係には，クローズドよりもオープンを前提とした傾向が明らかである。要するに，オープンという前提で顧客からの厳しい要求に一緒に対応して行く中，継続する取引関係は少数の取引相手しか残らない結果になっている。これまでの量産指向の取引相手の選定とは違って，最初から相性の良い適切な相手を想定したわけである。例えば，LCMタッチパネルの共創相手の選択は信頼関係や真面目さなどを考慮した上での思い切った意思決定

である。最初から自己利益を考える選択よりも一緒に共創していくパートナーを誘う感じである。選ばれる相手がパートナーとして一緒に頑張って行く意欲が極めて大事だと考えられる。こうした共創して行くプロセスは厳しい試練でもあり，結果として少数の取引相手しか残らないのである。

第3に，従来のQCD指向に対し，納期重視というQDC指向，柔軟性重視が非常に顕著である。B2Bはある意味で顧客の価値づくりの戦力を高めるものであり，むしろスピードが重視されている。これは部品を提供するサプライヤーにとってもよく似ており，品揃えの納期こそがコスト以上の存在である。品質と納期に対応するための柔軟性は欠くことができない。本章では納期自身が技術を補う存在として，顧客価値を高めるための重要性が増している。これまでのコアコンピタンス研究や競争戦略研究に示唆的であろう。柔軟性を測る指標や育成方法などについては今後の重要な課題になりそうである。

5.3　台湾型ものづくり革新への寄与

クラスターによるサプライヤーシステムは台湾産業競争力の源泉の一つであ

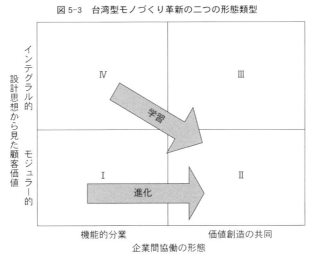

図5-3　台湾型モノづくり革新の二つの形態類型

資料：劉ほか (2016)

る。本章では，このようなサプライヤーシステムに支えられてきた台湾型ものづくりの中に次の二つの特徴が見出される。一つは組立企業と部品企業との緊密なコミュニケーションとモジュールの設計・生産によって新製品開発を行い，高い顧客価値を実現する共創である。もう一つは日本におけるインテグラル的ものづくり思想の学習・吸収とモジュラー的ものづくりの進化による顧客価値創造に基づく共創型ものづくり革新である（図5-3）。

要するに，台湾企業は以前から独立組織が専門機能を持ち，外部の企業と機能的分業を行なって成長してきた。それはOEMとODMを中心とする生産に特化し，モジュラー的ものづくりに適していた。しかし，こうしたOEM・ODMは人件費の高騰と中国企業の成長に伴い，すでに限界に直面し，顧客の価値に基づく高機能の製品開発の必要に迫られるようになった。こうした背景の下で長い間持続した日本企業との提携を通じて，インテグラル的生産思想や生産革新方法を吸収，学習し，相互間の協働による革新を実現する共創型のものづくりへの転換が図られるようになったと考えられる。

（劉仁傑）

注
1 この研究は2012年神戸工場，2013年と15年に台湾拠点，そして2016年に6つのサプライヤーへの訪問とインタビューを中心としたものである。2016年4月まで在任された前総経理に多大な協力を頂いた。2016年夏，MIT2018推進室長兼製造力強化センター生産革新推進部長として帰任され，パナソニック本社生産技術本部という新職場へ会いに行った際，この研究に関してさらに実り豊かな聞き取りを得ることができた。また，2017年3月に私を含む板垣グループが台湾拠点を訪問した際，後任の現総経理にも手厚く対応して頂いた。バトンタッチされたお二人に敬意を表し，お礼を申し上げる。本章は，台湾拠点は2015年，サプライヤーについては2016年現在の資料やインタビューした内容をベースにするものである。
2 パナソニックは2015年現在，7兆7,150億円の売上高，3,810億円の営業利益となり，アプライアンス（AP），エコソリューションズ（ES），AVCネットワークス（AVCNW），オートモーティブ＆インダストリアルシステムズ（AIS）という4つのカンパニー，合計37事業部を持っている。2014年に比べると，売上高は0.3％減と減らしたものの，営業利益は25.2％と大幅に増収した（株式会社アイアールシー,2016）。「B2C」から「B2B」への戦略転換を中心としている事業構造改革の成果であると見られる。

参考文献
安保哲夫，上山邦雄，公文溥，板垣博，河村哲二（1991）『アメリカに生きる日本的生産システム—現地工場の「適用」と「適応」』東洋経済新報社。
浅沼萬里（1997）『日本企業の組織革新的適応メカニズム：長期取引関係の構造と機能』東洋経済新報社。

陳韻如（2009）「新技術の形成における新旧技術・組織の調整―パナソニックの「レッツノート」のケーススタディ」九州国際大学『社会文化研究所紀要』第 64 期，57-79 頁．
Dyer, J. H.（1996）,Does governance matter? Keiretsu alliances and asset specificity as sources of Japanese competitive advantage. *Organization science*, 7（6）, pp.649-666.
Dyer, J.H. /Singh, H.（1998）, The relational view: Cooperative strategy and sources of interorganizational competitive advantage. *Academy of Management Review*, 23（4）, pp.660-679.
藤本隆宏（1997）『生産システムの進化論：トヨタ自動車にみる組織能力と創発プロセス』有斐閣．
藤本隆宏，青島矢一，武石彰（2001）『ビジネス・アーキテクチャー』有斐閣．
藤本隆宏，新宅純二郎（2005）『中国製造業のアーキテクチャ分析』東洋経済新報社．
板垣博編（1997）『日本的経営・生産システムと東アジア：台湾・韓国・中国におけるハイブリット工場』ミネルヴァ書房．
板垣博編（2010）『中国における日・韓・台企業の経営比較』ミネルヴァ書房．
株式会社アイアールシー（2016）『パナソニックグループの実態 2016 年版』株式会社アイアールシー発行．
加護野忠男（2014）「顧客価値を高める三つの戦略」『一橋ビジネスレビュー』SPR., 6-15 頁．
Lavie, D./ Rosenkopf, L.（2006）, Balancing exploration and exploitation in alliance formation. *Academy of Management Journal*, 49（4）, pp.797-818.
Liker, J. K.（2004）, The 14 principles of the Toyota way: an executive summary of the culture behind TPS. *The Toyota Way*, 14, pp.35-41.
Liu R. J./ Brookfield J.（2006）, "Japanese Firms and Subcontracting in Mainland China: A Study of the Toyota Group and Shanghai Koito," *Supply Chain Management: An International Journal*, 22（4）, pp.99-103.
劉仁傑，魏聰哲（2008）「日本型經營結構的集中策略―Panasonic 的筆記型電腦事業案例解析」『產業與管理論壇』第 10 卷第 4 期，24-41 頁．
劉仁傑，佐藤幸人（2013）「日台ビジネスアライアンスにおけるハブ企業の生成：工作機械メーカーのケーススタディ」『アジ研ワールドトレンド』217 号，33-40 頁．
劉仁傑，陳國民（2014）『世界工廠大移轉』台北：大寫出版．
劉仁傑，王履梅，呉銀澤（2016）「台湾におけるモノづくり革新――分業型協働から共創型協働へ」『工業経営研究』第 29 巻第 1 期，1-10 頁．
日経ビジネス（2004）「松下電器産業（パソコン事業）：「軽さ・長持ち」法人に受ける」2004 年 11 月 15 日号，56-58 頁．
Nishiguchi, T.（1994）, *Strategic Industrial Sourcing: The Japanese Advantage*, Oxford University Press.
延岡健太郎（2011）『価値づくり経営の論理：日本製造業の生きる道』日本経済新聞社．
Rothaermel, F. T./ Deeds, D. L.（2004）, Exploration and exploitation alliances in biotechnology: a system of new product development. Strategic management journal, 25（3）, pp.201-221.
新宅純二郎・天野倫文編（2009）『ものづくりの国際経営戦略：アジアの産業地理学』有斐閣．
Spear, S./ Bowen, H. K.（1999）, Decoding the DNA of the Toyota production system. Harvard business review, 77, pp.96-108.
上野正樹（2006）「モジュラー型製品の二面性――PC 産業における製品差異化の戦略」，一橋ビジネスレビュー，2006 年 SPR, 52-65 頁．
Wormack, J. P./ Jones, D. J./ Roos, D.（1990）, *The Machine That Changed the World*, NY：Rawson. （沢博訳（1990）『リーン生産方式が世界の自動車産業をこう変える』経済界）．

第6章

企業間・企業内における国際分業と多拠点間連携
――日台企業間提携を中心に

1．問題の提起

　技術革新の加速や需要の変化と多様化に伴ってグローバル競争が激化する中で，資源の補完による分業利益の獲得が重要になっている。多くの企業はあらゆる活動を自社で行うのではなく，外部資源の活用や他社との協力連携や協調を模索する動きを強めてきた。特に近年，韓国，台湾，中国など新興国・地域の企業が台頭するにつれ，高品質かつ低コストで部品を調達できるようになり，新興国市場から生まれる技術革新の活用も可能となるため，東アジア諸国間における部品や中間財の貿易が急拡大している。では，どのようなパートナーを選ぶのか，どのような分業体制を構築し，協力的な分業関係をどのように維持しマネジメントすればいいのか。サプライチェーンや価値連鎖の中で，自社で行う部分と外部企業へ委託する部分の選別，いわゆる内外製の意思決定と並行して，外部企業と行う企業間国際分業における協力的な関係構築も重要な課題として浮上している。

　他方，企業活動が国境を越えて拡充する中，どの部分を本国拠点で行い，どの部分を海外拠点で行うか，企業全体の競争力と効率性を考えた上で企業内拠点間の機能や役割の分化を行いながら国際化を推進しなければならない。複数の海外拠点を展開する企業が増えている中，世界規模で分散している拠点間の役割分化，そして拠点間連携や経営資源の共有によるシナジー効果の創出などといった海外事業の戦略構築とマネジメントが重要な課題であることは言うまでもない。これまで，生産拠点の海外シフトおよびそれに伴う本国本社から海外拠点への知識移転などといった企業内縦型国際分業およびそのマネジメント

に焦点を当てる研究が蓄積されてきたが，地理的に分散している拠点間の連携，とりわけ海外姉妹拠点間の横断的な連携や経営資源の共有を促進するメカニズムもしくは仕組みについての議論はあまり行われてこなかった。

　このように，多くの企業にとって，企業間・企業内における国際分業体制の構築は重要な課題であるにもかかわらず，国際提携における第三国市場の開拓や，パートナー間の企業間国際分業についての具体的な研究成果は少ない（高，2011）。企業間・企業内における拠点間の機能や役割の分化，そして拠点間の連携，またそのための企業間関係の構築とマネジメントはどのように行われるのか，依然として明らかにされていない。本章では，台湾工作機械業界のトップ企業であるA社と，日本中堅工作機械メーカーであるB社の2社の事例を取り上げ，各企業により行われている，中国市場における事業展開に付随して行われている企業内拠点間の国際分業と，戦略的提携をベースにした企業間の国際分業体制の構築とその分業体制における多拠点間連携について整理したうえで，企業間・企業内における国際分業体制の構築および拠点間連携を可能にした要因を検討する。

　建機の代理店として創業したA社は，数々の企業買収を活用して工作機械メーカーへと変貌を遂げ，世界規模で生産拠点を展開し，2015年にDMG森精機，ヤマザキマザックに次ぐ世界3位へと躍進した[1]。中国市場参入に後れを取ったB社であったが，A社との中国合弁事業が3年目から利益が出るようになり，在中外資系工作機械企業の中でトップ10に入った。さらにその後，この日台2社は複数の企業を巻き込みながら6つの戦略的提携を展開し，広い範囲における分業体制を構築している。企業内・企業間国際分業体制の構築およびその進化メカニズムを考察するには好例になると考えられる。

　提携双方の本社および中国を中心とする海外拠点におけるフィールド調査は2010年2月から2017年10月にかけて行われた[2]。これらの調査によって得られた資料に基づき，以下の4点を検討する。一つ目は，海外進出の際，企業の強みを発揮し，競争力と収益力を高めるために必要な事業拠点の配置と各拠点間の国際分業体制，二つ目は，競争が激しい現地での経営活動をいち早く軌道に乗せるために必要なパートナー選択の基準，三つ目は，パートナー間で機能分化を行う方法や協力的な企業間関係の構築への取り組み，四つ目は，企業内・

企業間国際分業体制の中での縦型・横型多拠点間の連携についてである。

　この日台2社は，提携双方の企業が互いの強みを活用しながら合弁事業を確実なものとしただけではなく，この合弁事業を契機にそれぞれ企業内拠点間の最適化を図ることができた。それとともに，サプライヤーやOEM先を巻き込みながら複数の合弁事業を形成することによって製品間や工程間の分業を行う企業間分業体制を構築することができた。このことにも注目し，提携をベースにして国際分業を展開するメリットとその理論的含意を考察する。

2．台湾企業A社

2.1　企業概要および工作機械事業の展開

　A社は主力製品である立式マシニングセンターが世界トップシェアを占める工作機械メーカーである。同社は1979年，ある日本企業の建設機械の台湾販売代理権を取得し，代理店として創立された。その翌年，工作機械の部品工場を買収し，工作機械を販売しながら補修部品の製造を開始した。利益の蓄積による自己資金で，1982年に旋盤，1984年に研削盤を製造する小さい工場を買収し，1985年に自ら工作機械の製造に着手し，メーカーへと変化を遂げた。同社は成長するために，M&A（企業の合併・買収）を積極的に活用し，新規事業の参入やダイナミックな事業拡大を実現させる有効な手段として利用し続けてきた。図6-1で示したように，創業初期は，いくつかの小さな買収を繰り返し，買収の経験と自己資金を蓄積し，2000年に入ってから中国事業の急速な成長に伴い，M&Aを加速し，さらに2010年以降はドイツやイタリアなどの欧米を中心に大型M&Aを行ってきた。2017年2月現在，四つの事業分野，すなわち工作機械事業（54生産拠点），産業設備および部品事業部（24生産拠点），PCB（2生産拠点），グリーンエネルギー事業（5生産拠点）から構成され，台湾，中国，日本，欧米などで計85生産拠点（合弁会社12社を含む），51ブランドを持つ企業グループにまで事業を発展させてきた。紙面の制約もあり，本章では，同社の主力製品の工作機械事業およびその中国での市場参入を中心

第6章　企業間・企業内における国際分業と多拠点間連携　155

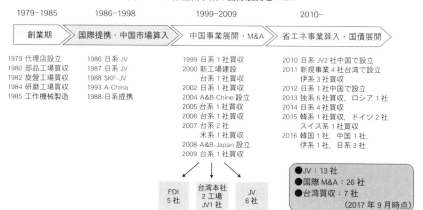

図6-1　工作機械事業の国際展開とM&A

資料：社内資料に基づき，筆者作成。

に議論を展開する。

1991年日系商社を通じて工作機械を中国に販売した同社は，これを機に中国に進出する意思決定を行い，1993年に中国で最初の生産拠点となるA-Chinaを設立した。生産稼働するまでの数年間に，同社は工場建設と並行して，1993年に北京，1997年に上海など中国での販売チャネルの整備に着手した。後述するように，この中国進出と販売チャネルの整備はその後，同社が急速な事業展開を実現することに大きく寄与するものとなった。

当時，中国では，急速な工業発展に伴い，工作機械の需要は増加し続け，とりわけ主要ユーザーである自動車産業の急速な成長に伴って，2002年，中国は工作機械の最大消費国と最大生産国となった[3]。この急速に需要が拡大していることを受けて，中国での販売を順調に伸ばしている同社は，台湾と中国の生産拠点の生産能力を拡張するとともに，複数のM&Aを活用することで市場ニーズの急増と多様化に迅速な対応をした。1999年，電子部品加工や精密金型向けの機種を生産する日本企業を買収した。台湾域内で，2000年自社工場の新設と並行して，精密金型と自動車産業やIT産業向けの機種を持つ大手LWを買収した。この1989年に台湾工作機械業界トップを占めたこともあるLWを買収したことで，業界トップ10位にも入っていなかった同社は生産能

力が拡大したことで、同年台湾5位に浮上してきた。さらに2007年には台湾2社とアメリカ企業1社、2009年にはフォックスグループや航空業界向けの精密機種を生産する台湾1社を買収し、中国市場の需要に対応して機種のナインナップの拡充や領域強化を進め、事業規模を拡大してきた。

他方、中国で輸入機種の販売が着実に拡大するに伴い、同社の中国での現地生産も順調に軌道に乗りつつあった。中国拠点 A-China は、工場建設に伴って段階的に組立を行った。当初、すべての部品を台湾から調達しながら加工品や部品の供給に関わる協力企業の対中進出をサポートし、現地でのサプライヤー基盤の構築も行った。その結果、同社は2001年に本格的な量産を開始した。中国事業統括責任者へのインタビューによると、2005年には現地生産と輸入を合わせて年間販売台数が1000台を突破し、ここ数年は年間4000台を達成している。これは同社が国内外において数々のM&Aを行う主な資金源となっている。2016年5月現在、台湾を除く拠点の売上高は90%を占め、そのうちの90%は中国市場における販売である。

この中国先発拠点が好調に滑り出したため、A社は2004年に新たに176,000平方メートルの土地を取得し、台湾で買収した企業の中国現地生産を促した。2017年現在、この敷地に工作機械3社、フォークリフト1社、部品加工1社が入居している。さらに、同社は2006年にA-Chinaを香港で上場し、2007年には中国で設立した合弁会社の生産拠点として666,000平方メートルの土地を取得した。2017年現在、工作機械とその関連部品・加工4社を含む6社が集積している。こうして台湾と中国の生産拠点が増えつつある中、同社は海外生産推進によるコスト競争力強化や短納期対応を図りながら、研究開発機能と中位機種の生産を台湾に集約する一方、数量が見込まれる低位機種を中国拠点に集約するなど、拠点間の分業体制を構築してきた。

2.2　中国先発拠点による成長牽引

2000年以降、中国を含むアジアは、世界中の工作機械向け需要の拡大を牽引し、とりわけ中国は、工作機械への依存度の高い自動車生産、タブレットPC、スマートフォンの普及による需要拡大を背景に、2002年からは工作機械

の最大消費国と最大生産国となっている。1993年に初めて中国拠点A-Chinaを設立したA社は，この好機を逃さず，サプライヤー基盤や販売網を構築しながら，この拠点の生産能力を拡張するとともに，生産拠点を増やしてきた。現在，グループ内において，A-Chinaは，生産台数が台湾本社を超えるほどの主力拠点に成長し，中国での事業展開を牽引してきた。量産機能の他，本社拠点を含む多拠点に影響を与え，その果たす役割が拡大している。ここでは，同社の成長に大きく貢献した中国先発拠点が果たした役割を見ることにしよう。

第1には，対中投資の意思決定の促進である。台湾工作機械産業は，1990年代末から技術力向上を背景に台湾の工作機械需要を賄うだけでなく，中国大陸を最大の輸出先としながら，輸出も年々増加させている。A社は，2001年時点で，台湾同業界において5位であったにもかかわらず，輸出でトップとなり，その後も輸出量では，その地位を維持し続けてきた。その大きな要因の一つは，中国に拠点を持つことで，現地ユーザーに直接アプローチする接点を確保するとともに，ユーザー基盤の構築に取り組んだことにある。また，現地の拡大する需要をいち早く把握したことも要因であり，それは，生産能力を急拡大させるために多数のM&Aを行った戦略的意思決定に顕れている。

第2には，対中投資の資本蓄積に大きな役割を果たしている。同拠点は絶えず販売チャネルの整備と拡大に取り組み，中国全土で営業・アフターサービス事務所を増やしてきた。これらの事務所は，すべての既存ユーザー所在地から所要時間がいずれも2時間圏内というエリアに設置され，専門技術者によるシステムメンテナンスと迅速な修理管理サービスを提供している。こうした高レベルのアフターサービス体制に後押しされ，販売は着実に拡大を続け，M&Aに必要な資本蓄積に貢献した。M&Aによる機種ラインナップの拡充により多様なニーズへの対応力が高まることで，新規販売先・顧客の開拓やさらなる販売チャネルの拡大につながり，その結果，さらなる収益の拡大に結び付くという好循環が生まれたのである。また，先発拠点が構築した販売チャネルを後発拠点と共有することで，経済的波及効果の増大を可能にするとともに，その成長に刺激され，後発拠点も自らの販売チャネルを整備し始めた。これらの生産拠点が競争意識を持ちながら相互に連携・協働して販路開拓を進めた結果，中国

全土で，2011 年に 67，2013 年に 90，2015 年に 100 の営業・アフターサービス事務所が設置された。中国での販売拡大は，対中投資を促進しただけではなく，その後の欧米と日本の企業買収やインドへの市場参入など，広範囲にわたる海外市場参入にも寄与している。

第 3 には，中国事業および現地生産体制の整備に重要な役割を担ってきた。1997 年後半からアジア通貨危機の影響もあり，当時は中国ユーザーの低価格志向が強まり，中低価格機市場が急拡大しつつあった。それを受けて，現地生産を推進し価格競争力と為替変動への対応力を高めることが必要となった。先述のように，同社は台湾で買収した企業の中国現地生産を促した。2000 年買収した LW が，2004 年から現地生産を着手してから，現在 5 拠点の生産体制となっており，各拠点が，それぞれ現地ユーザー向けエントリーモデルとなる低価格機を中心とした量産効果を追求することで，急速に拡大する需要に対応してきた。こうした現地生産体制の拡張が円滑に行えたのは，サプライヤー基盤や販売チャネルが先発拠点によって整備されたことにある。台湾からサプライヤーを呼び込むことで，台湾と同じ品質を維持しながら機種の量産を可能にした。先発拠点として，サプライヤー基盤の共有だけではなく，稼働初期に必要な販路やアフターサービスの支援，現地経営のノウハウの提供など後発拠点への支援も行ってきた。

第 4 には，加工工程の内製と知識移転などの拠点間連携と組織学習を促す役割である。後述する合弁事業 A&B-China と敷地を共有しているため，合弁事業の立ち上げ時から，人的支援や事業経験とサプライヤー基盤の共有，販売チャネルの連携など，二つの拠点間で緊密な連携を行ってきた。また，後述するように，この先発拠点は合弁事業からの要請により，重要な加工工程の内製を担うことになった。合弁パートナーである日本企業から内製に必要な製造技術や生産管理のノウハウを学習し，生産効率を向上させるトヨタ生産方式（TPS）を取り入れた。同拠点は，こうした高精密な加工工程の製造技術などを得るとともに，学習成果を台湾本社拠点や中国の姉妹拠点へ横展開しながら拠点間組織学習を促し，企業全体の技術蓄積と品質向上に貢献した。このように，同拠点は企業間・企業内における国際分業体制の構築ならびに拠点間連携で中核的な役割を果たした。

3．日本企業 B 社

3.1　企業概要および中国市場参入

　日本工作機械産業では，DMG 森精機，ヤマザキマザック，オークマの総合大手 3 社が幅広い機種を製造するのに対して，多数を占める中小企業は，加工する種類ならびに機械の機能と用途を絞った専門メーカーである。B 社は鉄工所として 1948 年に創業し，1960 年に工作機械の製造を開始し，小型精密旋盤を専門とする中堅メーカーである。同社は耐久性が高く壊れない小型 CNC 旋盤で広く知られており，顧客の 7 割は自動車部品加工メーカーであり，リピートオーダは 90％を超えている。コレットチャックなどコア部品を内製するほか，自動化ニーズに対応した周辺機器（ロボット・搬送装置）も一貫生産している。近年，自動車メーカーは続々と海外へ進出し，特に新興国の中国などで生産拠点を設立するのに伴い，工作機械の主なユーザーの自動車部品メーカーも中国に続々と進出している。また，中国の自動車部品メーカーやその他の産業分野でも，工作機械に対する需要が高まっている。B 社は，国内市場を維持しながら中国での事業展開を図っていた。

　2003 年 10 月に，A 社の総裁はイタリアの展示会で B 社の常務取締役と出会い，B 社製品の OEM 生産について打診した。B 社は当時，中国に進出している多数の顧客メーカーからの要望に応えるため，中国での現地生産やメンテナンス体制の構築などを検討している時期でもあった。成長する中国市場への進出でやや後れを取っている B 社は迅速かつ着実に生産拠点を設立し，市場シェアを拡大していく必要があった。すでに中国市場で部品調達のネットワークと販売チャネルの構築など事業基盤や経営ノウハウを持つ台湾企業は魅力な提携パートナーである。また，懸念される産業の空洞化を避けるとともに，ハイエンド市場での競争力を維持するためには，本国拠点の事業強化も図る必要があった。つまり拠点間での機能分化による国際分業という課題にも直視しなければならなかった。B 社は 2004 年に最初の A-China 訪問を果たし，2 回目の

訪問で互いに合弁する決意を固めた。

　当時，台湾の業界トップ5にいたA社は，工作機械を生産する技術と基礎をすでに有していた。またトップの考えが非常に柔軟であった。その中国拠点のA-Chinaは，中国での事業歴が長く，B社が求める最低限の生産設備機械があり，周辺に部品を供給する協力企業の集積も形成していた。いち早く中国で事業を展開するため，提携パートナーとしてすでに現地で製造基盤と販売が軌道に乗っている企業を探しているB社にとっては，A社は狙い通りの条件を備えていた。検討した結果，2004年12月にA-Chinaの敷地の一部を借り，折半出資でA&B-Chinaを設立した。翌2005年4月には，日本の製造技術と台湾企業の事業蓄積を組み合わせて小型CNC旋盤の製造販売を開始した。

　B社は，台湾パートナーが有する事業経験，インフラ，販売チャネルを最大限活用することで，中国拠点の設置コストと時間を節約することが可能となり，事業を順調に軌道に乗せることができた。合弁事業設立2年目で損益が均衡し，3年目の2007年からは利益が出るようになり，在中外資系の工作機械企業の中でトップ10入りを果たした。生産・販売が軌道に乗り出した合弁事業は2回にわたって増資し，事業拡大を行った。まず，2006年には，生産規模を拡張することにした。当時トヨタの広州工場の生産開始など，日系自動車メーカーが中国現地生産を強化することに伴って，部品メーカーの現地生産も加速していた。その拡大するニーズに対応するためであった。受注から据付までに顧客ニーズを踏まえたカスタマイズへの追求を図るため，中国現地生産の製品を含むB社のすべて製品を代理販売しているT社に，20%追加出資の形で出資を誘った。T社は，自動車産業向けの工作機械に精通している商社である。T社の資本参加によって販売へのコミットメントが強化されるとともに，顧客に密着したニーズの把握とそれに対応した製品やサービスのカスタマイズ提供への取り組みを進めた。2009年には中国市場ニーズの継続した拡大と多様化に対応するため，本社拠点の生産能力を超える新工場を建設し，高精密機種に必要な環境条件を備えた作業環境を整備した。2013年6月，新工場は稼働した。

　また，合弁会社の製品品質が日本本社と同じく高いため，B社は中国でも高い知名度を有するようになり，日本本社の製品まで中国で売れるようになった。同社は2007年7月に合弁会社の中で，日本からの輸入機種を販売する中国駐

在所を設立した。2010年11月には販売の好調や今後の伸びが期待できることから、駐在所を合弁事業から独立させ、中国における本社製品の販売およびサービス・メンテナンスを行う現地法人 B-Trading を設立した。本社採用の中国人1名を含む6名のエンジニアと営業マンを派遣し、日系企業だけではなく、ローカル企業への販売とアフターサービスにも力を入れ始めた。こうして同社は、後発企業でありながら中国での市場参入と事業拡大を実現した。利益が順調に拡大しており、この中国事業では、日本本社を含む国内外の拠点の新設や成長に多く寄与している。

3.2　企業内国際分業による拠点間最適化

B社は、中国事業が着実に拡大するにつれ、他の海外拠点への再投資が可能になり、欧州や東南アジアでの生産・販売にも力を入れた。海外拠点の設置数が増えるとともに、同社は本国拠点と海外拠点で行う活動や役割を明確に機能分化することによって企業内の国際分業化を進めて、各拠点の立地最適化を図った。

まず、日本と中国の各量産拠点の棲み分けを行った。中国生産拠点では中国市場向けの製品を製造し、シンプルな機能の機種から高精密機種まで幅広い製品を取り扱う。最近、中国拠点は生産機能だけにとどまらず、現地調達の部品を厳選して日本本社やタイ拠点に提供し、グローバル調達機能を持つ拠点になりつつある。それに対して、日本本社拠点では中国の高位市場向け製品と、日本や欧州など高度な生産技術と品質管理が要求される市場向けの高付加価値機種ならびにコア部品と重要な加工工程の内製に特化した。とりわけ、中国高位機種市場の販路拡大に応じて、日本国内生産基盤の強化や事業の拡大も行った。2006年と2013年の2回に渡って本社工場を増設・増築するとともに、2008年金属板金加工の工場を買収し、自社内で精密板金加工の工程を内製化し、品質の確保と多様化するニーズの対応を図っている。

他方、同社は中国以外の海外市場での販路開拓・拡大にも取り組み始めた。同社は国内市場が頭打ちとなる中、すでに1996年のアメリカ進出を皮切りに、ドイツ、タイ、インドネシアに営業所を設立し、海外市場の開拓に乗り出した。

2003年8月には、タイで現地法人を設置し、すべての部品を日本から輸入し、現地で組立・販売する形で事業を試みたが、その後、大きな展開はなかった。中国での合弁事業が成長の軌道に乗るにつれ、同社は、タイとインドネシアでの生産・販売拠点を着々と整備し始めた。2006年6月にはタイの組立工場を完成させ、現地市場ニーズに合った機種を把握しながら日本のみならず中国や台湾からも部品を調達し、本格的な市場開拓に動き出した。その後、2013年3月にはインドネシアで販売とCNC精密旋盤機械のサービスを提供する現地法人を設置し、2015年2月にはタイで自動車部品の加工を行う合弁会社（出資率74.9%）を設立し、東南アジア市場での事業展開を強化した。

　アジア諸国での事業展開と並行して、同社は欧州への輸出も強化した。これまで工作機械需要を牽引してきた先進国市場は頭打ちの状況にあったため、欧州市場においての販路拡大への取り組みが緩慢なものにとどまっていたが、2009年にはドイツで現地法人を設立し、事業にCNC精密旋盤機械の修理やメンテナンスなどサービス機能を加え、欧州市場拡大に力を入れ始めた。こうした海外事業展開に伴って、企業内拠点間の製品と工程の国際分業を図った結果、同社は2008年の金融危機の影響を一時的に受けたものの、早期にそれを乗り越え、2016年度は過去最高の利益を上げた（図6-2）。

図6-2　B社売上高の推移

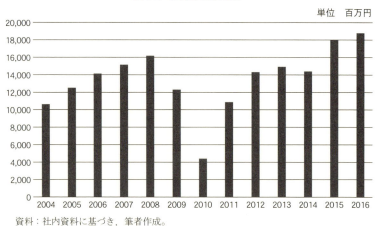

資料：社内資料に基づき、筆者作成。

4．企業間分業および多拠点間連携

 中国における A 社と B 社の合弁事業は，B 社の拠点間分業や他拠点の事業展開に寄与しただけではなく，A 社の中国拠点との連携を介して他拠点にも影響を与え，さらに 2 社間における複数の合弁事業の展開や多拠点間の連携関係の構築を促した。ここでは，合弁事業における 2 社間の役割分担をはじめ，他拠点にもたらした影響，多拠点間連携の促進を見ることにしよう。

4.1　役割分担および拠点間連携と相互作用

 2 社は連携や役割分担を通じて，それぞれの強みを活かし，弱みを補完し合いながら合弁事業の成長を図った。合弁事業の運営において，生産や品質管理など企業内部活動のマネジメントは主に日本側が責任を持つ。それに対して，地方行政を相手にした交渉や法律上の対応など企業の対外的な関係のマネジメントは中国文化を熟知し長年の事業経験を有する台湾側が責任を持つ。合弁事業には，台湾側から常駐の管理者を派遣せず，A 社の中国での総括責任者が必要に応じて随時対応している。

 A 社の先発拠点 A-China からの支援も合弁事業の順調な事業展開を可能にした一因であることは否定できない。当初，A&B-China は A-China から 10 名の優秀な現場従業員を移籍してもらい，日本本社へ送り込み，3 カ月間の研修を受けさせた。彼らは日本の現場と同じ教育訓練を受け，製品知識を身につけた後，A&B-China へ戻り，教わった知識を新採用の従業員に教えていた。この 10 人は，工場長など合弁現場のコア管理者になった。また合弁事業は，当初から部品の現地調達率が 60％を超えていた。日本しか提供できないコア部品を日本から調達する以外，A-China が数年かけて開拓と育成をした中国ローカル部品メーカーやユニット部品に優位性を持つ台湾系部品メーカーから調達している。こうした部品共通化を進めることによって，コスト削減に加えて安定した調達が可能になった。そして，中低位機種を持つ A 社の中国拠点

と中高位機種を持つ合弁事業は,製品の棲み分けが一定程度なされているため,顧客の相互紹介などといった販売やアフターサービスの協力も日常的に行っている。その結果,合弁会社は当初予定していた日系企業のみならず,中国ローカル企業にまで販売が着実に拡大したのである。

合弁事業が成長するにつれ,2社はさらに協力関係を深めることにした。それは加工工程の内製化に取り組むことによって,この2社の中国拠点は製品の水平的な分業に加えて,工程間の分業関係を形成した。A社は2004年当時,多くの台湾メーカーと同じ組立メーカーであり,機種の設計を除き,部品加工を全面的に協力企業に依存していた[4]。中国での現地生産も,台湾系部品メーカーを中心としたサプライチェーン体制を整備し,同じビジネスモデルを展開してきた。しかし,合弁会社の顧客は主に現地に立地する日系企業であり,多様なニーズに対応しながら高品質を維持する必要があった。品質と価格競争力を両立できる体制を整備するため,B社は鋳物など重要な加工品の品質向上を目指し,その加工工程をA-Chinaで内製することを要請し,加工レイアウトの設計から製造技術の指導,技術者の育成などの関連支援を行った。こうして2社は,提携パートナーでありながら垂直的な取引関係も構築することになった。

こうしてA-Chinaは合弁事業に様々な支援と連携を行うことで,合弁から様々なことを学ぶことができた。B社は,TPSを工作機械産業に応用することで知名度が高く,トヨタに出向した経験のある駐在員によって合弁事業にTPSを導入している。同じ敷地内で生産の前工程も担うA-Chinaにも製造技術や生産管理の指導を行うことに加え,TPSの導入と浸透も指導した。こうした合弁を通じた学習と内製化は,A-Chinaの品質向上や生産性の改善につながった。A-Chinaの成長に刺激を受け,台湾・中国の他拠点も学習意欲が高まり,拠点間の知識移転と連携が促進された。その組織学習の成果を,台湾本社拠点を含む多拠点間で共有し,企業全体の製造技術や生産管理のレベルアップや生産性の向上を促進した。

こうして合弁事業を中心にした2社間の役割分担と拠点間の連携は合弁事業の収益を高めただけではなく,B社の中国進出および企業全体の収益性の向上,ならびにA社全体の組織能力の向上への波及効果もあった。合弁事業での成功体験は,2社間の提携関係を発展させた。2社は2008年,A社製品の日本

での販売会社A&B-Japanを立ち上げた。B社は小型旋盤の生産に特化していたため、A社の主力製品であるマシニングセンターや10インチ以上の大型NC旋盤など、自社にない製品を日本で販売する。B社は、日本で顧客ニーズの把握や販売とアフターサービスを担当するのに対して、A社は、B社から設計・生産に必要とされる技術指導を得ながら、台湾で部品調達と組立を担当する。A社の本社拠点は、生産効率性と製品品質を高めるため、2009年にTPSを導入し、主要なサプライヤーにも関連する指導を行い、日系企業をはじめとする要求水準が高いユーザーへの対応を担った。こうして2社は、相互の資源や強みを組み合わせることで経済利益とシナジー効果を享受できるよう協力関係を強化した。

これまでの提携関係によって築き上げたパートナー間の相互信頼をベースに、2社はさらに複数企業を巻き込みながら複数の合弁事業を展開し、広範囲における分業体制の構築を図った。次に、複数の提携による生産拠点の拡大とカスタマイズ対応力の強化を見ることにする。

4.2 提携関係の強化および内製化の推進

近年、中国では産業政策の下で、機能部品やCNC制御システムの国産化が進められ、高性能かつ高速CNC（コンピュータによる数値制御）機械の開発と機械製造産業の活性化促進が図られてきた[5]。中国ローカル企業が台頭し、技術力と開発力を蓄積した海外企業との技術提携やM&Aによって、難度が高いといわれている門形5軸マシニングセンターの開発に成功した企業も現れている。市場競争が激化する中、在中日系企業が設備投資負担の軽減を図るため、量産によりコストパフォーマンスに優れる中国や台湾メーカー製工作機械の導入を拡大する動きが徐々に広がりを見せている。

取り巻く環境変化に対応するため、2社はパートナーシップを強化し、差別化を図るための内製化を進めてきた。カスタマイズした機種を投入することで差別化を実現するため、B社の日本での協力会社の中国進出を促し、三つの合弁事業を設立した。これらの日本企業は規模が小さいため、A社はそれぞれ45%、50%、60%出資している（図6-3）。

図6-3 日台2社間の提携関係および出資比率と分業体制

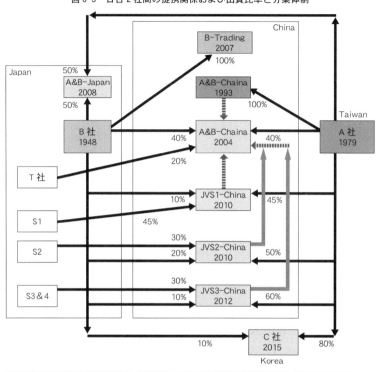

企業名	設立年	主力製品	対象市場
A&B-China	2004	小型CNC旋盤	中国
A&B-Japan	2008	大型マシニングセンター	日本
JVS1-China	2010	電子制御盤	中国
JVS2-China	2010	FA装置	中国
JVS3-China	2012	金属加工	中国
C-Korea	2015	工作機械全般	中国

注：実線は出資比率，点線は部品や加工品の流れを指す。
資料：社内資料に基づき，著者作成。

　まず，2010年工作機械を正常に作動させるための電子制御盤および工作機械の駆動部をコントロールするFA装置，いわば工作機械の頭脳を担う機器を製造するサプライヤー2社（S1とS2）はそれぞれ合弁会社JVS1-ChinaとJVS2-chinaを設立した。この二つの合弁事業は，工作機械の加工効率・精度，

経済性を高める上で重要である部分を内製することで，製品の性能を向上させるとともに，カスタマイズ可能な制御ソフトウェアによる制御機能の差別化を実現することを通じて，他社と差別化を図った。また，2012 年に金属加工専業 2 社（S3 と S4）合同出資で JVS3-China を設立し，現地生産に乗り出した。2 社とも，40 年以上の経験から，CNC 旋盤やマシニングセンターによる複合加工やフライス加工に長けており，あらゆる金属加工に対応できるため，少量多品種生産にも対応できた。A&B-China は，こうしたコアとなる部品やプロセスの内製化を行うことによって，カスタマイズした製品やサービスの提供で差別化を追求し，主要な顧客である日系ユーザーの囲い込みを図っている。こうした内製化は，合弁事業のみならず，部品や加工工程の共通化・共有化および知識やノウハウの拠点間移転によって他の生産拠点にも正の波及効果をもたらしている。

　また，2 社は多様化する市場のニーズに対応するため，2015 年に韓国 C 社を買収した。C 社は，韓国で最も歴史が長い工作機械メーカーであり，韓国や日本の有名な企業を含む複数企業から OEM を請け負ってきた。好調な中国での販売に生産が追い付かない B 社も，2009 年から C 社に委託生産をしてきた。多様な機種を生産できる C 社を傘下に入れることで，単なる生産能力の拡大だけではなく，変種変量生産への対応も期待された。

　こうして日台 2 社は，中国市場の拡大およびニーズの変化に迅速に対応しながら，幅広い協力的な分業体制を構築し，合弁事業の売上を伸ばしてきた。それとともに，それぞれの企業内拠点間分業体制と拠点間連携もダイナミックに行い，2 社ともに，企業全体での持続的成長を可能にした。次に，この事例から得られる示唆を見ることにする。

5．考察：提携関係に基づく企業内・企業間国際分業の構築

　本章では，日台 2 社が企業間・企業内における国際分業を構築するプロセスを整理した。2 社とも当初の合弁事業から意図せぬ複数の提携事業および広範囲にわたる補完的協力関係の展開を可能にした。それは，2 社間の国際分業お

よびそれぞれ企業内拠点間の国際分業を展開することによって，国際分業からもたらされる経済効果を享受でき，そして台湾・中国・日本に分散された複数の拠点間連携を促進することによって，シナジー効果を創出できたことが明らかになった。それでは何故，2社は一つの提携から複数の協力的な国際分業を展開し，多拠点間連携を促進することが可能になったのか。ここでは，事例から得られる示唆を整理しながら，戦略的提携およびその提携を基盤とした企業間・企業内分業体制の構築との相関関係が持つ理論的，実務的なインプリケーションを考察したい。

5.1 日台企業提携のメリット

企業は，立地比較優位を考慮しながらバリューチェーンをグローバルに展開し，その上で国際分業を構築し調整することによって国際競争力や優位性を獲得する（Kogut, 1985; Porter, 1986）。しかし，海外に量産工程を移管しながら国内拠点の高付加価値分野の集約や高度化を進め，事業の存続や競争力の向上を模索する一方，異なる社会的慣習や規範，政策や法律の解釈と対応，業務上の取引文化などに戸惑う日本企業は少なくない。リスク回避には，現地企業との国際提携が有効な方法の一つであるが，提携相手の選択やパートナーシップの構築など課題も少なくない。

事例対象のB社は，中国事情を熟知する台湾企業を活用し，中国への市場参入や事業展開をスピーディに実現できた。異なる社会的慣習や規範・業務上の取引文化を持つ企業同士が提携する場合，その文化的な距離は相互信頼の構築に負の影響を与え，その後の長期的協調を妨害する。利害関係や意思疎通がかみ合わず，また提携目的の衝突などによって安定的な協力関係が期待できず，提携関係が破綻しまうことも珍しくない。さらに中国では，組織間の関係構築よりも個人を中心にした社会的人間関係（Guanxi）を構築することが重要視されており，その人間関係は基本的に属人的かつ非公式である（Luo, 1997; Parnell, 2005）。また，構築された関係は，人に伴って移動することになるため，企業間取引が中断されやすい（高，2007）。外資系企業は，こうした中国文化や社会環境を理解し，それに応じた関係構築が必要とされる。こうした中国文

化を理解している台湾企業と提携して中国市場に参入すれば，これらの問題に対応しやすくなる。それは，彼らが「言語・文化・技術・ノウハウ」の通訳者として現地の市場・情報・生産要素のアクセスを容易にし，第三国企業間合弁で生じやすい問題を緩和する役割を果たすからである（Ito, 2009）。

勿論，進出する際に直面する，地方行政を相手にした交渉や法律上の対応などの課題は，中国ローカル企業との提携により解決可能となる。しかし，技術基盤の形成と蓄積がある台湾企業は，本事例のような加工工程の内製化やTPSの導入と浸透，日本市場向けの製品開発など，合弁事業と企業間分業体制の構築に必要な技術を理解し吸収する能力を備えている。また，日台間の長期にわたる経済交流と協力による相互理解・信頼の基礎が醸成されており，親日的であるがゆえに日本的経営の考え方や管理思想を受け入れやすい。そういう意味で，中国進出に後れを取った日本企業が，スピーディな事業展開とパートナー間の協力的な分業関係を構築するには，A社のような日本的経営の考え方を理解しているだけではなく，一定の技術基盤も有する企業を提携のパートナーとして選択することが理に適っていると言えよう。

また，本事例のように同業界でありながら異なった機能を有する製品を生産している企業を提携相手にすることで，真正面の競争とならず，技術，ノウハウ，部品などで共有可能な部分が多い。そのため，提携そのものが順調に運ぶとともに，分業関係の構築も展開しやすいと考えられる。

5.2　提携による補完的企業間分業の構築

新宅・天野（2009）が言うように，ものづくりの組織能力の特性は国ごとに異なる。同じアジア地域の中でも，日本を代表するインテグラル型に長けた国もあれば，韓国や台湾，中国のようなモジュール型に長けた国や地域もある。特有の経営資源や競争能力を持つ企業間または企業内拠点間において，それぞれの立地優位性に基づく機能分化を行えば，それによってもたらされる国際分業の便益と効率が得られる。事実，近年，韓国，台湾，中国など新興国や地域の企業が台頭する中，東アジア諸国間における部品や中間財の貿易が急速に拡大している（若杉，2007）。中間財やサービスのアウトソーシングが活発になる

今日，あらゆる経済活動を企業内で行う必要はなく，製品や生産工程における企業間国際分業によって競争優位を獲得できる。しかし，国際分業が進められる中で，いかにして海外企業と協力的な関係を構築していくのかが，多くの日本企業にとって喫緊の課題となっている。とりわけ競合相手となりうる海外企業と提携する場合，協力的な企業間関係と企業間分業を構築するには，難題がさらに増える。

　本事例では，戦略的提携は企業間・企業内における国際分業を構築する有効な手段の一つであることを示唆する。日台2社は最初，合弁事業の運営において，それぞれの強みを生かす役割分担を行っていたが，次第に広範囲にわたる継続的な協力関係を強化し，サプライヤー基盤の共有や販売チャネルの連携，拠点間の知識移転などといった経営資源の共有を促進させ，双方が抱える数多くの拠点を巻き込みながら相互補完的分業体制を築き上げた。例えば，A-China は工場の敷地を共有している合弁事業から工場管理ノウハウならびに TPS の指導を受けることで，生産効率と生産技術が向上し，その結果，合弁事業の加工工程を担うことになった。そのため，合弁事業から内製化を伴う加工技術や知識について指導を受けることとなり，それが内製部品の品質だけではなく，生産技術全般の向上につなげることができた。A-China はこうした学習成果を台湾拠点や他の姉妹拠点，サプライヤーにまで波及させることで，グループ全体の製品品質や生産効率の向上につなげていく。それがまた A 社の製品の日本市場への進出につながり，2社間の協力的な分業関係が促進される。コスト競争力がある台湾製品の日本での販売において，B 社は自社にはない製品を顧客に紹介する際に，そのアフターサービスを担当することで日本の顧客に安心をもたらす。2社は製造とアフターサービスの補完的な分業関係を形成するとともに，顧客の囲い込みが可能になった。

　情けは人の為ならず，2社ともこうして国際提携から築き上げたパートナーシップに基づき，複数の拠点と企業を巻き込みながら幅広い協力的な分業関係および多拠点間の連携からもたらされたシナジー効果を享受できた。そういう意味で，国境を越えた企業間分業が進む中，戦略的提携は，補完的な企業間国際分業関係を構築するための有効なアプローチであることが示唆される。

5.3 企業間分業による持続的な提携関係の強化

　異なる競争力をもつパートナーと提携することで，自社だけでは実現できない範囲の経済の実現や市場支配力の獲得を可能にする（Hill and Hellriegel, 1994; Pucik, 1988）。技術革新が加速し，グローバル競争が激化する中で，提携を通じた外部の経営資源活用はなおさら重要になっている。しかし，企業間文化的差異などから生じる摩擦や対立，パートナーの機会主義的な裏切り行動や技術の流出などによって失敗と損出を負う恐れを拭い去ることはできない。また，パートナー間で戦略的提携への思惑が一致しないことや学習能力・吸収能力の不均衡がある場合には，長期継続的な協力関係はなかなか構築できず，多くの提携が短命に終わってしまう。それは，これまでの戦略的提携は，新しい事業分野，とりわけ海外市場に参入する際に，パートナーから知識やスキルを学習し，自社に内部化することで自社能力を構築する有効な手段として機能をするが故に，パートナー間で学習成果の内部化競争が生じる結果，提携関係の存続が不安定になるのである。

　本事例では，関係の維持が難しいと言われる国際提携は，協力的な分業体制の構築によって，提携関係の維持と強化が促進されることを示唆している。先述したように，2社間の相互補完的な役割分担は合弁事業の運営にとどまらず，2社の複数の拠点にまで進展し，多方面の協力体制を構築した。異なる強みを持つ企業同士が補完的な分業体制を構築することによって，提携双方は相互に学習競争の関係になるのではなく，むしろ相互の知識やスキルを効率的・効果的に組み合わせる相互依存の関係になる。こうした協力的な分業体制の中で，相互に信頼し合える関係が形成され，長期かつ安定した企業関係が築き上げられることが示された。

　提携双方は継続的な協働を通じて，お互いの経営能力や潜在的な競争優位となる強みをじっくり見極めることができる。同時に，経営に対する考え方や提携に対する基本姿勢，相手との相性など提携関係の維持に必要となる諸要素が協働を通じて確認されていく。それは2社間の安定した提携関係，さらにその後の複数提携関係の展開に寄与している。企業は利益を考えれば，損得勘定を

持つのは避けられない。単一の提携では，業績への貢献度が比較的計りやすいため，企業は短期的，目の前の利益にとらわれて，機会主義的な行動に走ってしまいがちである。2社間で複数の提携関係を持つことになると，弱い分野で提携業績への貢献度が低くても，強い分野における高い貢献度で補うことができる。つまり，提携を契機に展開した企業間分業は，多方面の協力関係の構築で，パートナー間協働の成果についての損得勘定にとらわれることなく，お互いの知識を出し合ってさらに協働の価値を高めていくように双方がさらに協力関係を強めていく。そして，提携双方は協働の成果が上がるにつれ，さらなる利益を目指すために分業体制を深化させ，その結果として提携関係が維持強化されると考えられる。

5.4 拠点間連携の仕組み

企業は製品や加工工程の技術特性とコスト構造を考えた上で，最適な立地配置を行うことで，立地優位性を組み合わせる国際分業体制の構築から便益を得られる。多くの企業は企業全体の最適化を図るために，地理的に分散している拠点の立地優位性に基づいて，拠点間分業と機能配置を進めている。本事例から，同一国・地域または異なる国・地域に立地する姉妹拠点間の横型連携と相互作用からシナジー効果や利益創出効果が生まれることが示唆される。こうした拠点間連携と相互作用を可能にした要因とは何か。

1990年代，多くの台湾企業が輸出を強化することで中国工作機械需要の急拡大に対応していた。当時，中小企業に過ぎなかったA社は，中国拠点を設置し，台湾と中国の立地特性や拠点の成長と能力の変化に応じて，生産拠点間の相互補完関係を強化する製品間の水平的国際分業や機能間の垂直的国際分業をダイナミックに行った。こうした企業内拠点間分業の中で，A社の先発拠点は合弁事業と敷地を共有しているため，二つの拠点間で頻繁な連携を行ってきた。また，この先発拠点は拠点間連携から学習した成果を台湾本社や姉妹拠点へ縦横に展開し，企業全体の技術蓄積と品質向上を促進した。それがまた，企業間分業体制の深化に寄与した。この集中立地によるメリットを認識したA社は，その後，中国拠点を二つの生産基地に集中させ，先発拠点が数年か

けて構築したサプライヤー基盤や販売網，事業経験などの経営資源を後発拠点と共有することで，後発拠点の順調な中国事業展開，拠点間連携と相互作用の強化によるさらなるシナジー効果の創出を図ってきた。つまり，拠点間連携は，二つの拠点間から企業内多拠点間へ連携が広がり，また，双方の親会社間協力パートナーシップの深化に寄与し，企業間多拠点へ連携の広がりを促進し，全面的に充実した多拠点間の連携と相互作用の仕組みが形成されたのである。

　近年，日本企業の多くは工程ごとの技術特性とコスト構造を踏まえて細かく分解し，それに適した立地条件の場所に最適な立地配置を進めてきた。国内で立地適性を失った機能の海外への移転に伴って資源再配分を行い，余剰となった経営資源を新規分野や成長分野に転用することにより，事業構造を高付加価値への転換を推進し，国内事業の拡大を実現できた日本企業は少なくない（天野，2005）。こうして製品間や工程間の国際分業体制を形成し，日本拠点と海外拠点間の機能分担による効率化を促進する動きが加速する。

　一方，本事例でみられる本国本社から海外拠点との間の縦型拠点間連携のみならず，海外姉妹拠点間における横断的な知識移転や経営資源の共有など，横型拠点間連携はそれほど活発ではない。また，多くの日本企業では本社による海外拠点の経済活動をサポートしながら拠点間の連携を促進する機能は十分とはいえない（高，2013a; 2013b）。2009年から行われてきた日本企業の国際分業に関する調査からみれば，集中購買や部品の共通化を推進する企業が現れたものの，分業体制の形成に伴って，拠点間連携を促進しながら経営資源を共有できる体系的な仕組みを構築する企業はあまり見られない。複数の海外拠点に赴任経験のある駐在員は，個人的なつながりで拠点間の交流や情報交換を行ったり，中国拠点の経験をベトナム拠点に適応するような拠点間の知識移転を行ったりするケースが見られるようになったが，その多くは駐在員個人レベルにとどまっている[6]。もちろん，先発拠点が後発拠点に管理者を派遣し，拠点の立ち上げや運営を支援するなど姉妹拠点間連携を行っている企業もあるが[7]，総体的に見れば，グループ全体で，とりわけ制度化された横型拠点間連携と調整はまた少ない。

　ここ数年，多くの企業は地域ごとに統括する地域統括機能を強化する傾向が見られる。デンソーはASEANの地域統括機能を，シンガポールに置いた東

南アジアの統括会社から主力生産拠点があるタイに移管し，部品の調達と共通化，生産，販売などで拠点間の連携と調整を促進し，地域全体における拠点の効率化を図っている[8]。こうした様々な工夫によって，地域ごとから段階的に拠点間の戦略的連携を活性化させる企業が増えつつある。

言うまでもなく，地理的に分散された生産拠点の急速な拡張を調整するのは至難の業である。先行研究では，複数の合弁事業に駐在員を派遣して，親会社の各拠点に帰任させる仕組みを作り上げ，合弁事業を通じた組織学習成果を自社各拠点に知識移転と拠点間連携を行うことによって，世界最大手企業が林立する中，業界トップを上りつめた中国企業もある（高，2012）。日本企業の中でも，駐在員人材の不足や海外勤務に対する意欲の低下の課題に対応するため，駐在者を育成する若手派遣制度を整備することによって，駐在員と帰任者を介した本国と海外の拠点間のコミュニケーションや情報の共有，問題解決など拠点間連携の仕組みを作り上げたところもある（高，2015）。そういう意味で，拠点間の接点を持つ駐在員や帰任者を活用する仕組みを作り上げることは，拠点間連携と調整を促進させる突破口になるかもしれない。

6．まとめ

戦略的提携は，組織学習による競争優位の獲得や外部資源の活用を可能にする有効な方法の一つである。しかし，提携関係は時間の経過と共に変化していく。組織学習能力のギャップ，企業規模の拡大と成長によるパワーバランスの変化などによって，提携関係は解消される可能性がある。実際，提携の一方もしくは双方が当初の目的を達成したことで，提携関係を解消するケースは少なくない。本章では，一つの提携そのものの成果にとらわれず，時間が経つとともに，当初の提携目的を超えて相互の資源や強みを補完する分業体制を構築することで，より緊密な企業間関係の形成・強化を促進し，協働成果を高めることを明らかにした。そういう意味で，資源の補完による分業利益の獲得が重要になっている今日，戦略的提携は学習のツールであるが，協力的な企業間国際分業関係や競争優位の補完体制を構築するための有効なアプローチであること

を示唆している。

　また逆に，戦略的提携に基づく広範囲にわたる企業間・企業内における分業体制の構築はパートナーシップや信頼関係の形成，パートナーの組織能力や進化する双方が競争優位を持つ資源の理解，パートナーとの相性の見極めなど，長期的な提携関係で必要とされる重要なファクターを確認する重要なステップとなる。相互理解と相互信頼が深まるにつれ，その後のより広い範囲における分業体制の展開が可能になり，2社間の協力的な分業体制の構築にとどまらず，サプライヤーやOEM先を巻き込みながら，製品間分業による水平的合弁事業と，部品や工程間分業による垂直的合弁事業が両方存在する複数の戦略的提携の形成が可能になる。こうして国際提携に基づく企業間国際分業が提携関係の維持・強化につながり，複数の提携関係が展開することでさらなる分業関係を展開するといった好循環が生まれる。つまり，企業間国際分業は，持続的な提携関係を維持し・強化するステップとして重要な役割を果たすことが理論的に示唆される。

　また提携に基づく企業間・企業内における国際分業体制を構築する中，複数の拠点間連携を促進することによって，知識や情報や部品を拠点間で移転・共有・統合することを通じたシナジー効果の創出・享受を図ることができる。この企業間・企業内における多拠点間連携を促進するためには，資源の共有や知識・経営ノウハウの横展開など，拠点間で連携しやすい環境や仕組みを整備することが重要となる。各拠点の立地優位性に応じた最適な経済活動およびそのための経営資源の配置などといった事業展開のための基本戦略や事業の在り方を決める本国本社は重要な役割を果たすことを明らかにした。

　ここ数年，部品の共通化や知識の横展開，人材の移動など拠点間連携に動き出している日本企業も現われているものの，その多くは本社と海外拠点の連携にとどまっており，同一または異なる地域・国に立地する姉妹拠点への知識や経営ノウハウの横展開はまだ少ない。新興国の台頭により競争が激化する中，日本企業は拠点間連携と調整を促進しながら経営資源を共有できる体系的な仕組みの構築を加速させなければならない。多くの日本企業にとって，企業全体最適な事業活動を統括・調整する本社は，動態的事業構想を描きながら拠点間連携の仕組みづくりや最適な資源配分を戦略的に行い，海外拠点の設置や拠点

間の役割分担・再配置,拠点間の連携と統合などの最適化を図る機能強化が必要と考えられる。

(高瑞紅)

注

1 metalworkingsinsider.info, produktion.de, company web sites による。同レポートによると,2015 年度の工作機械（Metal Cutting）売上高ランキング（単位：Mio.US＄）では,トップの DMG Mori（3210.80),2 位の Yamazaki Mazak（2604.00),3 位の A 社（1800.00),4 位の Jtekt（1546.90) の順になっている。

2 企業訪問と聞き取り調査は,2010 年 2 月 2 と 2011 年 8 月 9 日（日本),2011 年 9 月 6 日（台湾),2012 年 5 月 31 日（杭州),2013 年 10 月 21 日（日本),2013 年 11 月 11-12 日（杭州),2014 年 3 月 5-7 日（台湾),2014 年 3 月 17 日（イタリア),2015 年 8 月 7 日（上海と杭州),2015 年 8 月 17 日（杭州),2015 年 11 月 10-14 日（杭州),2017 年 10 月 24‐25 日（杭州）を訪問し,8 年間延べ 17 回のインタビューを実施した。本章の議論は,序章に記した平成 22 年度〜 28 年度の二つの研究プロジェクトに加え,以下の三つの研究プロジェクトによる企業訪問から得られた情報に基づいて行っている。㈲平成 22 年度〜 24 年度文部科学省科学研究費・若手研究（B）：研究代表者：高瑞紅,テーマ「国際分業における取引関係の構築およびそのマネジメント」,研究課題番号：22730302。㈴平成 25 年度〜 27 年度文部科学省科学研究費・基盤研究（C）：研究代表者：高瑞紅,テーマ「中国における多国籍企業のグローバル調達」,研究課題番号：25380514。㈫平成 28 年度〜 30 年度文部科学省科学研究費・基盤研究（C）：研究代表者：高瑞紅,テーマ「グローバル調達における多国籍企業本社の役割」研究課題番号：16K03864。

3 「World Machine-Tool Output and Consumption Survey」Gardner Business Media 社,2016 年レポートによる。

4 台湾では,工作機械産業の集積が形成されており,数多くの部品やユニットの専業メーカーが存在し,企業間分業と連携でモジュール化を追求することによって比較的多様な顧客ニーズに対応できる体制を整えている。A 社は M&A を活用して中高位機種市場にも参入したため,世界規模のサプライチェーンを利用した部品やユニットの購入も行われている。

5 2005 年 9 月に発表された「機械製造産業の活性化促進に関する指示」,2006 年 2 月に発表された「科学技術発展に向けた中長期国家計画」（計画期間 06 〜 20 年）による。

6 2012 年 8 月 20-31 日に実施した調査でホンダの広州拠点,2015 年 8 月 17-28 日行った調査でオムロンのベトナム拠点へのインタビューによる。

7 2014 年 3 月 5-14 日台湾で実施した調査で,三菱商事の台湾拠点でのインタビューによる。

8 2016 年 8 月 21 日－ 9 月 2 日に行った調査で,企業インタビューによる。

参考文献

Hill, R. C. and Hellriegel, D. (1994), "Critical contingencies in joint venture management: Some lessons from managers," Organization Science, Vol.5, pp.594-607.

Ito, S. (2009), "Japanese Taiwanese Joint Ventures in China：The Puzzle of the High Survival Rate," China Information, Vol.23, No.1, Sage.

Kogut, B., (1988), "Joint ventures: Theoretical and empirical and interorganizational learning," Strategic Management Journal, Vol.9, No.4, pp.319-332.

高瑞紅（2007)「ビジネス関係の帰属についての日中比較」『国民経済雑誌』第 196 巻第 5 号,神戸

大学経済経営学会，95-110頁。
高瑞紅（2011）「国際化戦略と国際分業：国際企業間関係の構築への視点」『経営と情報』，23（2），85-104頁。
高瑞紅（2012）『中国企業の組織学習』，中央経済社。
高瑞紅（2013a）「提携による国際分業体制の構築：駐在員および本社のあり方を中心として」『国際ビジネス研究』5（2），31-45頁。
高瑞紅（2013b）「国際分業における企業間関係の構築：本社の役割についての国際比較」『アジア経営研究』19，167-178頁。
高瑞紅（2015）「海外駐在員派遣の仕組みと帰任者の役割：中国進出企業の事例を中心として」『アジア経営研究』21，43-58頁．
Luo, Y.（1997）, "Guanxi: Principles, Philosophies, and Implications," Human Systems Management, Vol.16, No.1, pp.43-51.
Martin, K and Florida, Richard,（2003）, Locating Global Advantage: Industry Dynamics in the International Economy, Stanford Business Books.
Parnell, M. F.（2005）, "Chinese Business Guanxi: An Organization or Non-Organization," Journal of Organizational Transformation and Social Changes, Vol.2, No.1, pp.29-47.
Porter, M.E. (ed.)（1986）, Competition in Global Industries, Harvard Business School Press, Boston.
Pucik,V.,（1988）, "Strategic Alliances, Organizational Learning, and Competitive Advantage: The HRM Agenda," Human Resources Management, Vo.27,No.1, pp.77-930.
新宅純二郎・天野倫文（2009）『ものづくりの国際経営戦略：アジアの産業地理学』有斐閣。
若杉隆平（2007）『現代の国際貿易 ミクロデータ分析』，岩波書店。

第7章

新興国市場のモザイク構造と日本企業の創発的適応能力

1. はじめに

　本章では多国籍企業が新興国市場に展開する際に遭遇する「市場戦略のジレンマ」を克服するために，必要とされる経営資源の「新規性」とは何か，そして，その創出過程において有効なアプローチとは何か，といった2点を検討する。

　市場の非連続性が新興国市場戦略の議論でしばしば言及される。その正体が，内部要因としての企業資源の非連続性と環境要因としての市場のモザイク構造によるものとして，別々に析出できる。前者の企業資源の非連続性について，資源ベースに基づき，従来よく議論されてきたが，その際に，市場は均質であることを前提にしていることが多いように思われる。だが，現実では，とりわけ発展途中の新興国では，産業発展と市場結成のダイナミズムにおいて，市場の均質性は理想形でしか存在できず，むしろ購買力と多様な嗜好性が組み合わさったモザイク構造がより現実に近い存在となっている。後者に関する議論は，これまでの議論の流れではほとんど看過されてきた点である。

　そこで，本章では，この問題意識を念頭に置きながら，先進国市場と新興国市場の間，価値基準の異なる部分，つまり，資源・戦略，そして嗜好構造の両面において存在する「市場の非連続性」を克服するための創発的適応アプローチの析出を試みる。その際，必要に応じて，新興国市場における取組活動のもつ日系ものづくり企業の成功事例を援用しながら，能動的探索および組織学習のもつ具体的な有効性を解説する。

2．「非連続性」の正体とは何か

　多国籍企業が，新興国市場へ参入し，展開を図る際に，脆弱なファンダメンタルズ，長期安定性の欠如，予測の困難さなどの共通課題に直面する。それに加え，日系ものづくり企業を対象に論じる際，いわゆる「新興国市場戦略のジレンマ」の存在がとりわけ突出している（新宅，2009；新宅・天野，2009；天野，2010）。なぜなら，先進国市場に馴染み，これまでの国際化の成功経験にとらわれるほど，企業が新興国市場へ参入する際に，経営資源と市場戦略において従来と異なる局面と対峙する可能性が高いからである。

2.1　問題の所在

　必要な資源と能力を現地で調達すれば良いという視点も安易に連想できるが，新規資源開発に不確実性が存在する場合があるため，思うほどうまくいかない点も看過できない。その理由について，臼井・内田（2012）が「両立のジレンマ」と「移転・統合のジレンマ」の存在を指摘した。前者は本国資源が活用できず，新しい資源の束の開発に容易に踏み出せないときに発生するが，後者は本国資源をコアとする再構成においても，移転と統合コストが禁止的に高い場合には，深刻なオペレーション上の問題が生じる際に起こる。いずれの場合でも，新規資源の開発戦略は新興国市場戦略の勝敗のカギを握る。しかし，本国資源に基づく競争優位が新興国市場において，発揮できないとき，一から新規の資源開発が必要とされる論理は理解できるが，その「新規」とは一体何が何に対する新しさかという問題が依然残る。移転・統合のコストが高い場合，一定のヒントがえられるが，単にこれまで何か持ち得ていないなんらかの不確実な資源なら，臼井・内田（2012）では「技術に積極的に投資はできないし，場合によっては発見すらできない」と指摘する[1]。

　経路依存的な成功を多数経験してきた企業にとって，成長経路の延長線上にない何らかの新規資源を獲得して仮に能力補填ができたにしても，それが市場

で真に求められている競争優位から乖離する場合もありうる。「市場戦略」としても,「企業の内部資源の活用」にしても,新興国を相手とする場合,先進国を中心にした従来通りの企業内部要因を出発点とする議論にとらわれず,市場環境要因も取り入れる包括的視点が必要となってくる。

さらに,これまでの一連の先進国多国籍企業新興国市場戦略の経営資源配分に関する検討では,新興国市場の特性について,ピラミッド型階層構造が暗黙の前提となっている。例えば,池上（2011）が新興国の市場構造について,日本企業を例に,高利益率のハイエンド・アッパーミドル部分,低利益率のミドルエンド（ボリュームゾーン）と日本企業が単独では利益創出困難のローエンド部分からなるピラミッド構造との解析がその一例である。

しかし,現実では,民族や宗教など構成要因の多様性に,地域的に異なる消費市場が存在していること（川端,2010）,必ずしも贅沢することを良しとしない従前の価値観を大切にするような文化要素の存在（岩垂,2011）,移行経済諸国に見られる計画経済と市場経済といった異なる経済制度の併存（田島,1998；塩地,2002）などの要因を考えると,新興国市場の構造は所得要因によって区別された各レイヤー（層）からなるピラミッド状より,複数の特性を持ち

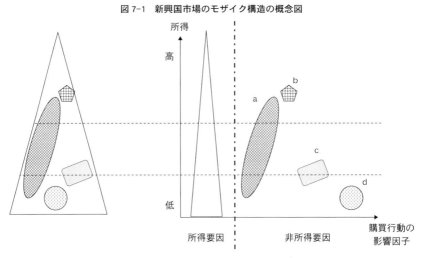

図7-1　新興国市場のモザイク構造の概念図

出典：筆者作成。

合わせる各々の小片からなる立体的なモザイク構造のほうが実態に相応しいのである（図7-1）。とりわけ，産業部門間の一人当たり労働生産性の格差が大きく，再分配政策が不完全で高所得層の資産形成が有利となる，低開発状態（遠藤，2010）の場合，所得格差以外の影響因子が多ければ多いほど，新規資源を開発するときの「不確実性」が高まる。

2.2　本章の狙い

　明らかに異なる市場要件を有し，先進国市場から見れば非連続的な市場としてしか位置づけることができない昨今の新興国市場への参入戦略を議論する際，そもそも先進国同士，もしくは先進国と中進国との間の多角化による事業展開を対象に議論を重ねてきた伝統的な多国籍企業論のフレームワークは，それほど有効ではないのである。さらに言えば，こうした議論では，移転される経営資源の中身（コンテンツ）に関してはもちろんのこと，その中身をいかに取捨選択して移転するかという方法（プロセス）に関する議論も同時に伴わないと，有益な結論を得られない。主な議論が前者に集中している現状に対して，後者に対する検討が不足しており，そこに問題克服の解が隠されている。価格，スペック，品質などの組み合わせ（手段）をどうすればよいのかなどの供給側のアプローチに対する検討に，モザイク状の市場特性に沿った複眼的な思考力による新たな拠点間連携をいかに構築すべきか（目的）は，新興国市場戦略の勝敗のカギを握る。その際，臼井・内田（2012）が論じているように，先進国での実績がある企業の場合は，自社のバリューネットワークにおける価値基準に基づいて技術の方向性がロックインされがちであるが，それでも「機能・性能の適正化」や「製品構造の適正化」などの従来から指摘されてきた取り組みは行える。つまり，既存の価値基準の変化は必要とされるであろうが，その変化が一定の範囲に収まっている限り，ルーチン的な対応で処理できるのである。こうした対応が，新興国市場戦略において重要な側面を持つこと自体は否定できない。しかし，価値基準が大きく異なる市場への参入に際しては，その有効性に限界がある。

　例えば，気温の高いASEAN市場では，Eco-Stopという技術がなかなか普

及しない。なぜなら，エンジンが止まるとエアコンも止まるため，Eco-Stopというアイデアは最初から排除されていたからである。しかし，市場調査を通じて，停止時間が1分以内ならエアコンが機能しなくても気付かれず，1分40秒なら問題となるという結果が判明し，サプライヤーがそれを現地日系自動車メーカーに提案して採用された，というケースがある。結果，拡販ができた。このケースは，ASEAN市場における成功事例だが，従来の議論の延長線上の存在にすぎなく，「新規性」に乏しい

したがって，本章では，事例研究を通じて，上記「新規性」を獲得するのに，参考になる取組みを紹介し，日系ものづくり企業の新興国市場展開時に遭遇する非連続性にとっての意義を探る。

3．事例研究

3.1 発端

日系自動車部品会社のX社は世界中に200弱の拠点をもち，12万人超の従業員が働いているメカサプライヤーの一つである。これまで日米欧市場を中心に製品を開発してきた。新興国市場向けの製品は先進国向け開発したものを標準品にして，VEやVAなどの修正で対応してきた。新興国市場への進出時期は早かったものの，日系自動車メーカーの地域展開に伴う形が中心だった。例えば，中国へは1980年代後半にすでに進出したのだが，2000年代に入り，日系自動車メーカーの急速な規模拡大についていくのが精一杯であった。2009年時点では日系自動車メーカーへの納品が全取引金額の9割前後を占める。残りも欧米などの先進国自動車メーカーとの取引である。しかし，リーマンショック時，これまで中国において順調に伸ばしてきた日系自動車メーカーのシェアが急減したため（図7-2），X社の売り上げも対前年比7割に落ち込み，初めて赤字転落を経験したのである。状況の打開を図るべく，存在感の高まりつつある中国自主ブランド自動車メーカーへの拡販を考え始めたのである。

図 7-2 中国基本型乗用車（SDN・HB）市場国別シェア推移

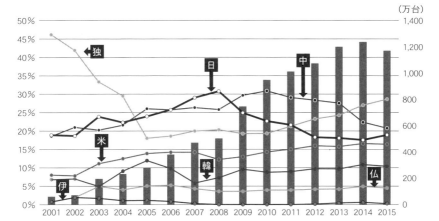

注：中国乗用車統計には，基本型乗用車のほか，SUV，MPV と乗貨両用車（Crossover Passenger Vehicle）もある。
出典：CATARC 統計データ，筆者作成。

3.2 状況把握：市場の非連続性への接近

プロジェクトの発足以前から，中国市場において，欧米系サプライヤーはすでに中国自主ブランド自動車メーカーに対して納品しているのである。そのため，潜在相手の特徴について，すなわち市場受容可能な原価，品質・性能最低要件（ボトムライン）が総合的に見極められるために，欧米系の競合製品および取引モデルに対するベンチマークおよび市場調査が実施されたのである[2]。

(1) 中国自主ブランド自動車メーカーの特徴
① 経験値の格差に起因する事業リスクの存在

多くの中国自主ブランド自動車メーカーは 2000 年代以降，当時の産業政策の厳しい制限をかいくぐって，参入してきた（李，2007）。その際に，新車開発にリバースエンジニアリング的手法が多く採用された。その理由は，参入初期では内部資源の制約から，一からの開発を支えうる資源を十分有しておらず，ベンチマークするフォーカルモデル車両の構成部位の設計思想に対する逆探知

をやめ，急速に拡大する市場をキャッチするために，ひとまず各構成部位をブラックボックスとして流用して，新車を開発し，市場へ投入する手法を採用したからだ。そのため，基本設計の一部がスキップでき，短期間で新車投入できた。コンセプト作成から数えれば，新車の開発リードタイムは，日系自動車の場合，36カ月を要するのに対して，中国自主ブランド自動車メーカーの場合はその半分程度である。こうした自動車構成の各部品に関する認識不足問題に対して，X社からしてみれば，その開発プロセスに入り込んで関与しないと製品として完成度に問題が生じる危険性がある。

② 経験値の格差に起因する価値観の相違

自主ブランド車には，安価なローカル部品が大量に積まれているが，短期間に壊れてしまい，顧客の不満が高まる。よって，部品の品質問題はすでに中国自主ブランド自動車メーカーの成長ボトルネックになっている。他方，ユーザーも安価志向で，修理時に，安いコピー部品を使用して，すぐに壊れるだけではなく，車全体もよりいっそう悪くなった事例も続出した。X社は，中国ではもっと良い品質が求めるようになるとの確信がもてたものの，いざ，接触してみると，自主ブランドメーカーから品質要求がこないという新しい難題にぶつかる。

本来，自動車業界では，部品の購買時に技術評価を行うだけではなく，事前に品質要求を出すのが常識である。日本では，時には，サプライヤーが現行設備では対応できない要求（例えば，厳しい錆対策）が出され，そのためには新規の設備を確保する必要があったとしても，努力を惜しまずに対応することがしばしばある。一方，中国自主ブランド自動車メーカーからはそのような要求は全く出てこない。それに加え，客先は5年先の見通しについても言及しない。これも，これまでX社が経験した取引の在り方とは全く異なるものである。

(2) 競合他社の現地商法

中国自主ブランド自動車企業に対しては，欧米系サプライヤーの間でも異なる戦略を取っている。部品によってグローバルレベルに維持している会社もあれば，中国では割り切って低く下げている会社もある。

また，設計の標準化による現地専用品戦略を大胆に進めるサプライヤーもあ

る。これは、中国自主ブランド自動車メーカー各社からの受注を積み上げて、一定のボリュームになると、各社の要求から、最大公約数的な部分を抽出し、中国ローカル製品として標準化してしまうやり方である。この共通部分で各社の要求のかなりの部分を対応できるため、規模の経済性が大きく働く。残りのわずかな部分を顧客対応部分として、必要に応じて変えていく。だが、中国自主ブランド自動車メーカーから見れば、欧米サプライヤーの標準品の共通部分はブラックボックスと同然で、使い勝手が良くても、差別化を図るためのカスタマイズ要求にこたえられない欠点もある。ここにX社にとっての潜在空間が残されている。

(3) X社自身の抱えている戦略と資源の非連続性

　実は、X社の日本拠点数は世界拠点数の1/4ほどでしかないが、従業員数は半分以上占めている。機能の日本一極集中が特徴である。例えば、研究開発活動では、基本開発はひとまず日本拠点が担い、応用設計は後に進出国の状況に応じて現地で行う分業体制が採用されている。そのため、品質基準について、まずグローバルレベルを決め、日本でよいものを使い、開発設計を行ってから海外に展開する体制が一貫して維持されたのである。

　とりわけ、主要取引先の日系自動車メーカーが日本で全部の設計開発を行う事情から、日本に開発機能を集中させれば、取引の大半が確保できるメリットがある。しかし、日本では設計の自由度が高いが故に、「良いもの」と称される部材には特殊品（材）も数少なくない。これは、海外へ展開を図る際、現地で調達できなかったり、日本から引っ張ると高くなって使えなかったりして、支障を来す。とりわけ、非日系自動車メーカーへの拡販になればなるほどこうしたジレンマがよりいっそう鮮明になってくる。

　これに、日系サプライヤーではカスタマイズの部分が大きく、顧客と一緒に開発していく点が強みであるが、それぞれの製品に規模の経済性が発揮しにくい難点も存在する。日本では長期取引慣行で、その欠点を補えるのだが、その慣行になじまない中国企業を相手にする際に、経済性の担保も課題となってくる。

　さらに、長期取引慣行がないどころか、それより環境の急変のほうがより致

命的である。政策は1カ月で急速に変わることもあれば，急速な経済発展で，市場調査してもすぐに結果が変わることもある。前述したとおり，客先から明白な仕様要求もなければ，長期計画もない。市場変動に対する解析はX社の社内予測に頼らざるを得ないため，大きな能力のギャップが存在する。

3.3　非連続性への克服策：「低コスト化技術体系」の確立

（1）従来の開発アプローチの限界

　従来のX社の開発設計アプローチにおいては「機能・性能の適正化」や「製品構造の適正化」などに訴えれば，コスト削減は15％～20％程度で対応きるとしてきた。実際にも，中国でもこうしたニーズの存在が確認されている。

　例えば，燃料をシリンダーに噴射するインジェクターは日本では車検のときに洗浄するが，中国では1年毎の定期点検のときに洗浄する。中国では燃料の不純物が多いので，定期点検のときにインジェクターを洗浄することが点検項目に入っているからである。年1回洗浄することを前提にしてインジェクターを設計すれば，とても安く作れるのである。他方，中国の特殊地域環境要因として，黄砂や柳のワタの対応策などの従来以上に強化すべきポイントもある。

　しかし，こうしたニーズは中国企業の潜在需要において，むしろごくまれなケースに過ぎず，仮に対応できたとしても，新たな技術体系の確立にはつながらない。

　他方では，競合する欧米メーカーが，関連商品群（モーターなど）を丸ごと中国へ移管したり，コア部品の製造地に近いところに開発設計拠点を移したりして，製品の特性にそって中国市場にとって最適開発地域戦略を模索している。X社はこうした動きに危機感を覚えている。そのため，既存のグローバル基準をベースに新興国へ展開するというやり方を変え，新興国からグローバルへという逆発想を実現するための新たな能力結成＝「低コスト化技術体系」への模索を始めた。

　また，前述した中国的スピードへ対応するために，従来の意識決定プロセスの短縮と開発の現地化を進める必要性が生じている。それも，「低コスト化技術体系」プロジェクトの促進要因の一つになっている。

（2）創発的アプローチへの模索

「低コスト化技術体系」を新たに確立させるために，プロジェクトではあえてコスト削減目標を従来のグローバル向け製品の半分にした。従来の開発設計アプローチでは，設計構造から着手し，そこから部品・作り方検討などへティアダウンしていくプロセスが採用され，厳格な要求条件からスタートしたため，「引き算」のような低機能化だけでは，半分という設定目標には到底達成できない。そこで，方向転換として，新しいアプローチでは，ボトムラインに立脚して，現地の資源制約性とのすりあわせに基づき，守ることと譲ることを峻別しながら，「足し算」でコストを積み上げていく発想が採用された。具体的には，現地制約性からスタートし，既存の諸適正化措置と同時に，内外製体制を見直し，現地部材を使い切るための「構え」を構築しながら，性能・品質目標が見直された新しい開発設計プロセスを作っていくことにした。この場合，守ることと譲ることをいかに峻別し，再定義するかが重要な初動条件となってくるため，その判断基準となるボトムラインに対する把握が実現の第一歩となった。

プロジェクト発足時，標準設計は依然日本に完結しているが，各担当者を現地に派遣し，アンテナとして現地で横連携およびネットワーク化に努める。さらに，現地研究開発拠点の人員増強によって，システムなどの設計業務の現地化，専門人材の現地化を推進して，新興国向けの商品企画を含めて現地への全体移管を進める。こうしたアプローチが採用された。

さらに，X社本社では，開発設計部門を中心に，事業部門，機能部門と営業部門の推進スタッフが集結して，全社リソースを活用できる社長直轄プロジェクトを発足させた。専任10数名のほか，営業軸と製品軸において各新興国市場で製品が担当できる人材を集め，合計30名以上である。

この全社横断型の推進組織を新設する最大の理由は，既述した従来開発アプローチによる拡販ではなく，低コスト製品を持続的に開発できるアプローチを新たに確立させる点が目標となっているからだ。こうした「低コスト化技術体系」の確立にこだわるのは，日本への明白な波及効果があらかじめ織り込まれている点が実に意味深い。

こうして，新体制のもとで，市場調査を通じて，走る・止まる・曲がる・安全性能などの基本性能は従来のグローバル品質基準と同様に設定する一方（守

るもの），機能・性能，感性品質，耐久品質（譲れるもの）などについて，メリハリをつけるための最低市場受容可能なボトムラインをまとめた。

　また，ベンチマーク実験による現状把握のほか，客先の潜在ニーズ，市場のトレンド，長期計画などをみて，これまで性能要求の右上がりとなる社内ロードマップと別に，もう一本の新興国メーカー等身大のロードマップを新たに作り上げた。二本目は「低コスト化技術体系」に基づきながらも，一本目の先進国市場向けロードマップにも波及できる共通性を持たせている。すなわち，従来の「御用聞き」営業手法に，「親心」をも取り入れた，両者間認知力のギャップを能動的に埋めていく，育てるための創発的適応である。それさえできれば，二本目のロードマップを動態的に更新しながら，高い不確実性の中でも，低コスト化能力の再現可能性が醸成できる。

4．おわりに

　本章では，これまでの新興国市場戦略関連の諸先行研究の到達点を踏まえて，市場の非連続性をいかに克服するかを中心に，日系自動車部品会社のX社の取組みを事例に試論してきた。「低コスト化技術体系」を確立させるための個々の取組みの詳細について，紙幅の関係で，最低限の記述にとどまっているが，現実に戦略的采配がいかに行われてきたかという部分を分析の中心に据え，強調したのである。

　なぜならば，これまでの一連の先行研究の中では，品質の適正化，不足資源の現地確保，もしくは開発の現地化など枚挙に暇がないほど具体的な方策が提案されてきたのだが，市場参入・浸透がいかに行われるべきかを主眼とするサプライ側に留まる論議が多く，新興国市場のモザイク性がもたらす影響に対する配慮は十分ではなかった。本章では，所得格差を念頭に議論されてきた先行研究の到達点を踏まえて，購買行動の影響因子（価値基準）という分析軸を新たに設けることにより，市場の不連続性に新しい接近アプローチの提示を試みた。

　先進国市場との同質的部分による拡販成功の効果に比べ，創発的適応（本章

での事例分析に見られる「親心」）によって，異質的な部分への能動的探索は，先行研究で重視される「拡販効果」のほか，多国籍企業の本社の組織能力に新たな競争優位を寄与できる効果を，X社の事例をもって明らかになっている。一見して安価な製品しか求めていないような中国企業だが，先進国企業との経験値の格差によって，真の要求を出せず，潜在な成長機会を逃している。そのため，低コスト化技術体系の確立は，こうした企業との接点を作り出す最初の道具として高い有効性を有している。また，既述の通り，X社の成功には決して安価が主要な原因となっておらず，むしろ，足し算的な新しいアプローチによって，客先と間に存在する経験値のギャップを能動的に埋め，事業リスクと流動的な市場環境へのキャッチアップがうまくできた点に求めるべきであろう。

　周知のとおり，リーマンショックの影響による売り上げ減少をきっかけに新興国市場戦略へ関心を寄せ始めた企業は少なくない。そのため，「市場参入」「売上」に目が行きがちのも当然だが，新興国市場に対する意気込は次第に突撃から持久戦へ化しつつある昨今では，拡販より新能力，コンテンツの移転より，成長性設計に必要されるプロセス構築へと視点を移して，新興国市場戦略の意義を求めるという転換点に達しているのではなかろうか。その関連動向について，今後見守ってゆきたい。

（李澤建）

注
1　新規資源開発戦略の有効性について，不確実と事後性のゆえに，課題が残っている。臼井・内田（2012）でも，非連続性の克服の事例に，中国市場におけるYKKの取り組みを挙げるが，「『いいものを安く』ではなく『わるいものを安くつくる』ことは，企業ブランドイメージを毀損する恐れがあることから，たとえ商品ブランド名を変更しても，YKKによる実現は困難である。そこでこの困難さを乗り越えるための実験が，2011年より中国蘇州において開始されている。中国市場に適応する徹底した低価格製品の実現のために，本社の技術部門とは切り離した別組織を中国人技術者のみによって編成し，全く新しい生産技術の開発に一から取り組み始めている」と記述したが，実験段階の取り組みをもって，非連続性という課題の存在を示すことに留まり，その有効性に関する検討に課題を残している。
2　X社が実施した市場調査では，経済発展レベルに合わせて，中国を4つ地域に分け，それぞれの地域から複数の都市を選び，述べ5000サンプルに対して，自社新興国専門家が交えて遂行した。

参考文献

天野倫文(2009)「新興国市場戦略論の分析視角:経営資源を中心とする関係理論の考察」『JBIC 国際調査室報』第3号,69-87頁。

天野倫文(2010)「新興国市場戦略の諸観点と国際経営論:非連続な市場への適応と創造」『国際ビジネス研究』2(2),1-21頁。

池上重輔(2011)「新興国市場の『ボリュームゾーン』攻略とブルー・オーシャン戦略」『国際ビジネス研究』3(1),1-18頁。

岩垂好彦(2011)「モザイク模様のインド消費価値観:変わるインド,変わらないインド」『一橋ビジネスレビュー』59(3),8-22頁。

臼井哲也・内田康郎(2012)「新興国市場戦略における資源の連続性と非連続性の問題」『国際ビジネス研究』4(2),115-132頁。

遠藤元(2010)『新興国の流通革命—タイのモザイク状消費市場と多様化する流通』日本評論社。

川端基夫(2010)「拡大するアジアの消費市場の特性と日本企業の参入課題」『経済地理学年報』56(4),234-250頁。

塩地洋(2002)「なぜ多種多段階?-- 中国自動車流通経路の形成と存続の論理」『産業学会研究年報』18,1-16頁。

新宅純二郎(2009)「新興国市場開拓に向けた日本企業の課題と戦略」『JBIC 国際調査室報』第2号,53-66頁。

新宅純二郎・天野倫文(2009)「新興国市場戦略論—市場・資源戦略の転換」『経済学論集』第75巻3号,40-62頁。

田島俊雄(1998)「移行経済期の自動車販売流通システム」『中国研究月報』52(6),1-30頁。

李澤建(2007)「中国自動車製品管理制度および奇端・吉利の参入」『アジア経営研究』13号,207-220頁。

第8章

中国における日系企業のビジネス展開の成功要因
——コマツを事例として

1. はじめに

　中国における日系企業のビジネス展開の成功可否が，盛んに議論が展開されている。その背景には，中国でのビジネス展開や企業経営の難しさが存在している。過去の先行研究では，吉原（1997）によると日系企業に中国進出後の成果について聞いた結果，「順調である」という返答は1％に過ぎず「いくつかの問題はあるが，大体予想の範囲内」が圧倒的に多く（75％），「予想以上に問題が多く，苦労している」という返答は24％で約4分の1を占めた。当時（1997年）は日系企業の中国進出初期であったため，このアンケート調査の結果はある意味予想通りである。しかし，その後の2012年における楊・王（2012）のアンケート調査データによれば，「中国進出後，予想通りの経営が行われた」と答えた日系企業はわずか3％に止まった。「予想より少し困難である」との返答が30％であることに対し，「予想よりかなり困難である」と答えた企業は半分以上（57％）に達した。さらに，「経営はできず，撤退しようと考えている」という返答は10％強であった。両研究のデータを比較すると，日系企業の中国における企業経営やビジネス展開の難しさが把握できる。

　本章は日系企業の一つであるコマツをピックアップし，コマツの中国でのビジネス展開の成功要因を分析することによって，日系企業の中国展開に，いくつかの提案をしたいと考えている。

2. 研究対象の選定と研究の範囲

中国で成功した日系企業はコマツだけではないが，コマツをケーススタディーとする理由は，主に以下の二つが挙げられる。

2.1 数字的な魅力

2001年頃から，コマツの中国進出が本格化した。それ以降，中国の建機市場を牽引する存在となっている。

図8-1で示すように，コマツの業績は2006年から右上がりで急激に伸び，2011年の中国建機市場全体における低迷の影響を受けた時期以外は，好調であることがわかる。

さらに，コマツは競合他社に対し強い競争力を示した。表8-1で示すように，2007年から2010年までの中国建機市場に置ける市場シェアは，本章の比較対象を圧倒している。特に，ハイエンド商品としての最大のライバルキャタピラー

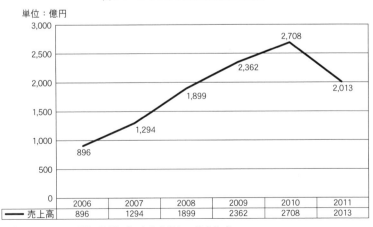

図8-1　コマツの中国地域の売上高推移

資料：コマツの地域別財務データを参照し，筆者作成。

表 8-1　2010 年，中国市場シェア（ブランド別）

ブランド	2007	2008	2009	2010
コマツ	15.49%	15.86%	15.64%	14.49%
現代	10.96%	9.96%	12.17%	11.14%
キャタピラー	7.84%	6.57%	5.84%	6.23%

資料：中国工業年鑑 2007, 2008, 20009, 2010 を参照し，筆者作成

社に対して大幅にリードした。

2.2　数字以外の魅力

（1）生産技術の輝かしい実績

　市場シェアなど，客観的なデータから見ればコマツは魅力的な企業である。加えて，筆者のインタビューを通じ，コマツにはさらに輝く部分があるということが分かった。それは，コマツの現場生産技術における移転のスピードと質である。筆者は2014年に中国のコマツ生産拠点——コマツ山推社済寧工場[1]を訪問した際，済寧工場における技術吸収のスピードと質の高さに感銘を受けた。中国のコマツ山推社は，2010年から本格的にTQMを導入し，2011年には塗装分野で全世界のコマツにおいて1位を獲得，2013年にはコマツの海外法人として初めてのデミング賞（日本の海外会社中でも2番目という快挙）を受賞し，QC活動でも1位を獲得するなどの実績を残した[2]。筆者の調査によれば，コマツの中国における成功の決定的な要因は，まさに，この製品と情報サービスの品質（内容）である。ライバル企業の現代社やキャタピラー社と比べ，ハード，ソフト両面において高品質の商品を提供することによって，ハイエンド商品市場で高いシェアを獲得した。コマツが製品の高品質を維持できていることは「コマツウェイ」の有効的な移転と緊密に繋がっている。

（2）本社集中的な製品開発モデル

　コマツの中国での製品開発モデルは，現在国際経営論の主流的な意見である新興国市場での現地開発強調モデルとは異なり，徹底的に本社集中型である。中国市場向けの新製品の開発は要素技術から部品まですべて本社に集中してい

る。一見時代遅れのように見えるが，実際この集中開発体制を持っているため，コマツにおける資源の最適な配分が行われる。限られたリソースであったにもかかわらず，中国市場向けの新製品を次々に開発し続け，前述した生産技術の現地移転も順調にいった。

　本章の分析方法は，現地調査による定性分析である。筆者は，平成 24 ～ 28 年度文部科学省私立大学戦略的研究基盤形成支援事業「東アジアにおける人的交流がもたらす経済・社会・文化の活性化とコンフリクトに関する研究」という調査グループの一員として，2012 年からコマツ，日立，キャタピラーなどの建機メーカーの各拠点（詳細は付表を参照）を訪問し，現地調査を行った。

　本章では，これらのインタビュー内容と客観的なデータを中心に利用し，分析を行う。ただ，本章の議論のポイントは，コマツの中国におけるビジネス展開の成功要因であるため，具体的なケース分析ではコマツの国際間の経営拠点の比較分析ではなく，主に中国国内における競合他社，例えば韓国の現代社やアメリカのキャタピラー社，日本の日立建機などとの比較分析を行う。

3．位置づけと目的

　中国におけるコマツのビジネス展開の代表的な先行研究には，首藤（2013），新宅・朴（2015）が挙げられる。

　首藤（2013）によれば，コマツの中国での成功要因は 2 点に絞られる。

① 進出市場の選択

　コマツは中国に進出した際，技術面で模倣しやすいホイール・ローダーより技術優位性を持つ油圧ショベルの市場を選択した。

② 情報システムの活用

　コマツが急速に市場拡大を成功させた大きな要因として，情報サービスシステムの活用が挙げられる。即ち，コムトラックスシステム[3]の標準装備によって，他社より優れたアフターサービスと迅速なユーザー情報の収集およびフィードバックを行うことである。新宅・朴（2015）も，同様にハイエンド市場へ進出する際，コマツの IT システムの活用が成功の鍵になったと強調した。しかし，

これらの先行研究には四つの問題点があると考えられる。

a 情報システム装備自体の過剰評価

確かに，最初に情報システムの標準装備したのはコマツであった。しかし，2004年に標準装備をしてから，わずか1年後には競合他社の現代も独自の情報システムを標準装備した[4]。もし，単純にコムトラックスシステムの有無が他社との勝敗の要因になるのであれば，2005年以降にコマツは激しい市場競争に陥っていたと予想される。しかし，図8-1が示すように，2005年から2010年の間にコマツの事業は拡大し，一気に中国の油圧ショベルのハイエンド市場をリードした。コマツの成功要因は，情報システムの早期標準装備だけでなくコムトラックスシステムの内容においても，競合他社と比べ優れた要素があると考えられる。即ち，先行研究では，コムトラックスシステムの装備自体を過剰評価した上，競合他社（韓国メーカー）の情報システムをコマツの情報システムと比較し，情報サービスの差異がどこにあるのかについて，説明していない。したがって，他社の情報システムのサービス内容と比較する必要があると考えられる。

b 経営理念の移転についての言及がない

発展途上国のハイエンド市場へ進出する時，品質問題は非常に重要なポイントである。先に述べたように，コマツの中国市場における製品開発モデルは本社集中開発[5]という形態であるため，中国の子会社は基本的に生産工場の役割を果たしていた。だとすれば，コマツの中国拠点は，如何に製品の品質を維持したのかについて語るべきである。しかし，この点について，先行研究はほとんど触れていない。特に首藤（2013）は，中国で成功するためには，品質とサービスの両輪が必要であると提唱したにもかかわらず，現場の技術移転についての言及はなかった。この点についても，第4節で詳述するが，要点をあらかじめ示しておくと，コマツ流の経営理念——コマツウェイの素早く，かつ的確な現地移転と大きな関連性がある。

c 合弁相手とのパートナシップの角度からの分析が少ない。

　従来までの日系企業の中国経営に関する研究では、研究主体が主に日本企業の角度からの分析であったため、合弁相手の角度から分析したものは少なかった。しかし、中国という特殊な経済環境[6]において、いいパートナー（合弁相手）は中国でのビジネス展開に欠かせない存在であると言える。その重要性は主に、合弁企業の経営主導権の帰属に反映される。後ほど詳述するが、コマツの中国における成功もこの点と緊密に繋がっている。

d 中国建機市場の分析不足。

　コマツの製品は、ハイエンド商品のジャンルに属している。コマツの建機製品は、コムトラックスという品質のソフトの面でも製品性能という品質のハードの面でも、他社製品を圧倒した。しかし、一般的にハイエンド商品は発展途上国市場に進出する際、価格が無視できない要素となってくる。中国市場でもそれは例外ではない。即ち、過剰品質といっても過言ではないコマツの製品は、当然高価格となってくる。首藤（2013）によれば、コマツの製品の価格はトップクラスで、現地メーカーの約2倍になる。ただ、前述したようにコマツの市場シェアは長年一位を維持した。したがって、コマツの核心ユーザーにはどのような特徴があるのか、それとコマツの製品の市場シェアとは、どのような関連性があるのかについて、先行研究では触れていない。

　本章は以上の先行研究の問題点を踏まえ、本論部分ではコマツの情報システムの内容、コマツ経営理念（コマツウェイ）の中国移転、合弁相手とのパートナシップ、中国建機市場の独特な市場構造の4点からコマツの中国での成功を説明する。

4．事例分析

4.1　コムトラックスシステムと現代 GPS システムの比較

　先行研究ではコマツの中国での成功要因を分析する際，競合他社より早い段階でコムトラックスシステムを標準装備したことが決定的な要因になると論じてきた。しかし，コマツは 2004 年から，現代社は 2006 年から情報システムの標準装備を開始している。そのため，2004 〜 2006 年の期間では，コマツの優位があったものの，2007 年以降は現代社と同条件下での競争関係となっている。ところが，両社の競争が激化したのは 2007 年以降から 2012 年に至るまでの間である。だとすれば，コムトラックスシステムの標準装備の有無がコマツの直接的な現代への勝因になったとは言えない。

　筆者の調査によれば，コマツが競争に勝ち抜く大きな要因はコムトラックスシステムの内容である。現代の GPS システムと比べると，コムトラックスシステムは外観重視より使用機能の重視と使用上の便利さに力を入れている。

（1）システム内容の重視

　図 8-2 は 2011 年当時のコムトラックスシステムの個人用ホームページである。図 8-3 の同時期における現代の個人用ホームページと比べ，WEB デザインの華麗さには欠けているが，情報の分類，項目はより詳しい。例えば，コムトラックスシステムの表示項目は少なくとも 26 項目であることに対して，現代 GPS は 12 項目である。さらに，コマツの統計は時間単位の計算であるが，現代は日単位の計算となっている。即ち，コマツはコムトラックスシステムにおいて，WEB デザインよりシステムの実用性を重視したことが確認できる。

　コマツの情報サービスの「実用性重視」という特徴は一旦簡単そうに見えるが，そのベースとなる情報システムの構築は技術的に非常に難しい。分析項目が多くなれば多くなるほど，モデムとインターネットのゲートウェイ（Gateway）の設計は難しくなる。コマツと現代社の情報システムは，ともに GPRS シス

図 8-2 コムトラックスシステムの管理項目

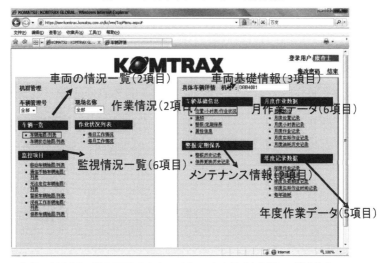

資料：中国顧客の管理 WEB からキャプチャーした写真を参照し，筆者作成。

図 8-3 現代 GPS システムの管理項目

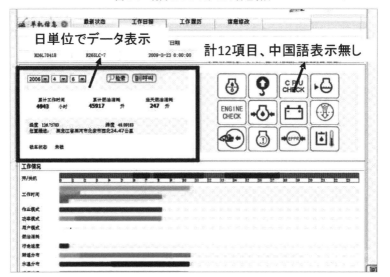

資料：現代中国顧客の管理 WEB からキャプチャーした写真を参照し，筆者作成。

第8章 中国における日系企業のビジネス展開の成功要因 199

テム[7]の下で構築された。このシステムの欠点はネット情況が不安定である場合，データ送信が遮断され，データ喪失の恐れがあるという[8]。しかし，コマツの情報システムはGPRS以外に，GSM[9]という補助的な情報システムがある。即ち，「GPRS + GSM」の混合的システムであるため，データの分析力は勿論，データ送信の安定性も優れる。ただ，この混合的システムのネット構築は非常に複雑である。現代のゲートウェイ構築のCSコントロール系統と違い，コマツのシステムは「CS + BS」のコントロール系統になる。総じて言えば，現代社の情報システムの分析内容，項目がコマツより少ない理由は，技術的にこの混合的システムの設計ができないことと関連すると推測できる。

（2）携帯端末との連動重視

コマツのコムトラックスシステムの中国における展開は，最初から携帯端末との連動を重視していた。すでに2005年の段階で，携帯端末の短信通信サービス[10]を提供した。さらに，すべての短信の通信費用はコマツが負担した。

2005年にコマツが実施した携帯端末における無料情報サービスの提供は，2004年のコムトラックスシステムの標準装備と同様に，コマツの中国展開にとって重要な経営戦略であった。

2005年当時，現存の建機メーカーのGPSシステムには，主にGPRS，CDMA[11]，GSMという三つの情報方式があった。表8-2で確認できるように，3者の優劣点は一目瞭然である。GSMモデルと比較すると，GRPSとCDMA

表8-2 GRPS，CDMA，GSMの優劣点の比較

比較項目	GSM	CDMA	GRPS
価格	Sメール一通（140文字）平均的に0.5人民元（連通，移動の価格は違う）	通信量より費用は変わるが，1千文字ごと0.005人民元	通信量より費用は変わるが，1千文字ごと0.003人民元
伝送スピード	9.6kbit/s	60kbit/s	10-40kbit/s
伝送方向	双方	双方	双方
データの安全性	不安定，特に祝日	TCP/IPを通じ，データ送信するため，安全。	TCP/IPを通じ，データ送信するため，安全。
適用範囲	携帯端末	パソコン	パソコン

資料：冯（2006, p.9）に参照し，筆者作成。

の方はデータ送信量が多く、情報伝送コストも低い。CDMA の伝送スピードは GRPS と GSM より遅いが、CDMA と GRPS の共通の欠点は携帯端末での応用ができないため、WEB 操作のみになる。

　冯（2006, p.9）によれば，当時中国の GSM システムの GPS サービスは，主に中国移動の GSM－SMS ネットワークをネットルートとして提供していた。この GPS サービスは無線通信でネットルートをコントロールし，テータ収集を行ってから，中国移動の SMS サビースセンター経由で情報の保存と発信を実現する。各 SMS のデータ通信量は 140 個の 8 組位（7 個のビット符号）であった。即ち，SMS 一通のデータ量は 140 文字分であるため，ユーザーへの伝達情報量が多く，かつ送信間隔が短い場合，ユーザーは膨大な情報料金を払う必要があった。さらに，情報の発信は SMS の場合，祝日などの日に当たると，SMS の発信速度が極端に落ち，ユーザーへのデータ通信の実効性と安全性が欠落していた。

　このような情況下で，当時建機メーカーの主な対応方法は二つあった。
a 携帯端末への対応は有料オプションとしてユーザーに勧める。

　このケースではすべての費用は顧客負担となる。代表的なメーカーは日立社，キャタピラー社が挙げられる。日立の場合，2016 年の日立土浦工場を訪問した際，日立中国の安徽工場の工場長を担当した経験がある W 氏に，情報システムを日立が率先して開発したのにもかかわらず，中国で標準装備をしなかった原因について質問した。彼の返答によると，二つの原因があり，一つは生産規模がコマツと大きな差があること，もう一つは中国での通信サービスの費用が非常に高かったため，有料オプションでないと大きな財務負担になるとのことであった[12]。
b 携帯端末への情報サービスを止め，WEB サービスのみ提供する。

　その典型的な事例は現代社である。現代社は 2007 年から情報システムの機械標準化装備を始めた。しかし，携帯端末への情報提供は 2015 年から開始した。ただ，2015 年にはすでにスマートフォンが普及した時代であったため，ピッチャーフォンへの提供は実質的に行わなかった。それと対照的に，コマツの情報システムは GRPS と GSM の両ネット方式を混合的に使用したため，携帯端末と web 双方からユーザーに情報サービスを提供できた。したがって，コマ

ツは初期段階において無償で情報システムを提供するだけではなく，携帯の短信機能はすべて無料で提供したことにより優位であったことがわかる。それに対し，キャタピラー社は2014年に携帯端末の情報サービスを開始した。現代社の携帯サービスは2015年開始であり，日立は現在でも有料オプションである。即ち，2007～2013年の間，コマツは当時唯一無料で携帯端末への情報サービスを提供したメーカーであり，中国での黄金期であった。さらに，2014年，スマートフォンがまだ中国でそれほど普及していなかった時期においても，コマツは率先してスマートフォン用のAPP（アプリケーションソフトウェア）を開発した。ユーザーはAPPを通じ，いつでも機械の運用の情報を確認できたのである。

　上述したように，コマツのコムトラックスシステムの内容から見ると，競合他社より実用性と便利さ（携帯端末との連動重視），コストパフォーマンス（無料提供）に優れた特徴があるのを確認できる。これは，2006～2013年までコマツが中国ビジネス展開の黄金期を築いたことへの大きな要因の一つであると考えられる。さらに考えると，情報サービスの早期標準装備はもちろん，情報サービスの内容，品質はユーザーにとって重要な判断ポイントになる。機械のハード面の品質（燃費，機能性）と類似しているが，その背景には機械と同様，会社の技術力（情報システムの開発における技術力）がある。

4.2　コマツ流経営理念の現地移転

　日本企業の国際拠点間における技術や経営理念の移転には，多くの暗黙知の要素を含んでいる（野中・竹内，1995；安室，1997）。金（2015）によれば，国際技術移転における暗黙知的な要素は，一般的に①技術的な暗黙知，②市場的な暗黙知という二つのタイプに分けられる。ただ，表8-3で示すように，この二つのタイプ以外にも，常識的な暗黙知という類型も存在する。

　常識的な暗黙知とは，特定の社会，地域，あるいは特定の集団（会社）に存在する常識性を持つ暗黙知である。この常識的な暗黙知は特定社会，地域或いは特定集団（会社）の文化背景から生まれた特有の価値観，生活習慣，行為準則などに関わる知識要素である。常識的な暗黙知は技術的な暗黙知と市場的な

表 8-3　国際間技術移転の暗黙知の分類

タイプ	所属	内容	特徴
技術的な暗黙知	技術提供側	製品技術，生産技術，製品開発のプロセス。	形式知化しにくい。
市場的な暗黙知	技術吸収側	市場，顧客の嗜好，競争相手の社風，組織特徴。	形式知化しにくい。
常識的な暗黙知	双方	現地の文化，価値観，個人の生活習慣，本社の社風。	意識されにくい。

資料：金（2017, p99）と本章の内容を参照し，筆者作成。

　暗黙知のように形式知化しにくいというよりは，当該社会の人にとっては当然のことなので意識されにくいという特徴を持つ。さらに，常識的な暗黙知は技術吸収側と技術提供側のどちらか一方ではなく，双方に存在する。移転側に常識的な暗黙知が存在することはもちろん，受け入れ側にも当然常識的な暗黙知的な要素が存在する。

　要するに，技術提供側の暗黙知における主観的な知，経験知[13]は属人的な性質を持つ。しかも環境局限性があるため，少なくとも一部分の暗黙知の表出化は明確なコンセプトにあらわれるプロセスではなく，技術吸収側と技術提供側が事前に両方のルーチン，習慣（常識的な暗黙知）を理解しない限り，形式知へ転換する時の的確さ，量に差が生じると考えられる。さらに，技術吸収の際に対して，暗黙知の伝授側は自分の習慣的ルーチンに関して吸収する際においても解釈の必要がないと思いがちである。筆者はこの現象について暗黙知の相互性と名付ける。今までの暗黙知の解釈は，明らかに技術吸収側を中心とした。しかし，技術移転は明らかに相互の過程であるため，相互の常識的な暗黙知を重視するか，しないかの区別であり，暗黙知から形式知に転化する過程（連結化，共同化）では，精度・密度・量に差が生じることが指摘できる[14]。

　コマツの経営精神の中国への移転は，まさにこの論点を証明する適切な例である。

　まず，コマツの経営精神を抽出してみよう。コマツ流の経営精神の核心は，コマツウェイそのものである。コマツウェイというのは，コマツの創業者である竹内明太郎の「工業富国基」という考え方の下で，①品質第一，②技術革新，③海外への雄飛，④人材育成——の４つの精神を先達たちが伝承し続け，社員

で共有することである。

コマツグループはコマツウェイを海外拠点の社員たちと共有するため、積極的に海外拠点へ経営精神の移転を行っていた。

(1) コマツウェイのコマツ山推社の展開
コマツウェイのグローバル展開は、主に二つの特徴を持っている。
① 本社研修によるグローバル社員の育成
コマツでは、現地のナショナル幹部を対象としたコマツの経営方針、コマツウェイ、事業戦略、等の説明と討論が主体となる研修が定式化されている。具体的な取り組みは2006年から始まった。2006年に現地法人のナショナルトップを対象にした研修をコマツ本社（東京）において開催し、以降には現地法人の経営幹部候補向けの研修もコマツ本社で開催した[15]。さらに、2009年から新興国・資源国を中心とした戦略市場の現地法人におけるナショナル幹部を対象にした研修「KOMATSU Way Leadership Development Program (KLDP)」を海外現地にて開催している。注目すべきなのは、この活動が中国からスタートし、その後、海外各地で2017年3月末までに計15回開催されたことである[16]。
② コマツウェイの伝授方法
研修では、まず、経営指針の「品質と信頼性を追求し、お客様に喜んでいただける製品・サービスを提供し、企業価値を最大化する」ための考え方を説明する。また、信頼度を高めるためにコーポレートガバナンス体制の構築と整備、ものづくり競争力の強化が必要であるということを、全世界のグループ社員に説明することである。

説明する際には、「コマツウェイ」の冊子を活用する。この冊子は「トップマネジメント編」、「ものづくり編」、「ブランドマネジメント編」に分かれている。「トップマネジメント編」では、経営者、経営幹部が事業を展開していく中で実践してほしい価値観が示されている。「ものづくり編」では、ものづくりに関する社員の心構えを示し、「ブランドマネジメント編」では、お客様との関係性をさらに向上させるための心構えを紹介する。具体的な内容について一例をあげると、「ものづくりに興味を持ち、仕事を楽しくやろう、好奇心を

必ず持ちなさい」,「トップはステークホルダー,特に社員とのコミュニケーションを率先垂範しなさい」,「管理職は人材育成を大切な仕事と思い,活動していきなさい」ということが書かれている。現在に至るまで中国,東南アジア,南北アメリカ,欧州でこのような「コマツウェイ」を海外現地法人の経営層,幹部に説明することが実施された。

　要するに,海外現地法人の経営トップや管理層に対して優先的にコマツウェイの精神を理解させ,次はこれらの幹部たちを経由して一般の現地社員に教えるというトップダウン式なやり方である。

（2）コマツウェイの中国展開

　中国の国際移転の具体的なやり方は,コマツの歴史も含め,上述した4つの内容を中国の経営トップと管理職に伝え,彼らがナショナル社員に伝えていくという方法である。この点において,コマツ研修センターのS氏は以下のようにコメントした。

　　中国では,1990年代初頭は駐在員がトップに就いていたが,ナショナル幹部を将来のトップに育成しようと考え,コマツウェイの精神を指導した。また定期的に日本に招聘し,経営層とのコミュニケーションを通して経営方針や経営者としての考え方を少しずつ理解してもらい,育成してきた。その結果,2013年に新たに4つの会社でナショナル幹部にトップに就いてもらった。駐在員は,ナンバーツーあるいはアドバイザーという形で経営を見守っている状況である。（インタビュー2より）

　さらに,マツダの製品の中国現地における品質を如何に維持するかについて質問した際,コマツの中国済寧拠点のY氏はコマツウェイとの関連性を以下のように強調していた。

　　支える現場の生産技術を移転する前,まず,コマツウェイの品質第一の理念を社員たちに伝授し,共有させ,受け身の態度ではなく,常に自発的に品質第一という精神の大事さを考えさせる。（インタビュー1より）

コマツウェイのグローバル展開と中国展開の手法の比較を通じて把握できるように，大きな区別はそれほどない。しかし，なぜ中国で大きな成功を遂げたのかについての答えはコマツが山東省の現地社員の習慣，文化を理解したためである。

コマツの中国拠点におけるコマツ流の経営理念の国際移転は，1995年に山推社が設立されてから早期に開始した。当時はまだコマツウェイのようなネーミングさえないものの，教育の内容としてほぼ同じであった。しかし，最初の数年間は大きな問題に直面した。コマツ山推社のL中国人総経理とY日本人前総経理は当時のことを回顧し，以下のコメントをしている。

L：コマツウェイの実践においてこんなに難しいところはなかった。継続的に改善することが難しかった。決めたことをきちんと守るように指示している。
　文化問題になるが，少し違反しても，大きな問題が起きないと思う。日常生活で赤信号を渡っても問題ないと思うこともその一つ。
Y：上司が継続的にやるんだよと言い続けないといけないことを体験した。続けて言い続けるべきである。耳にタコができるまで，言い続けるべきで，言わないと崩れてしまう。（インタビュー1より）

このような現象が起こった要因について，Y氏は現地社員とのコミュニケーションを通じ，今までの移転方法は日本主導，一方通行的なやり方であることに気づいたという。このやり方の欠点は社員が受動的に情報を受け取り，自発的にコマツウェイの精神，理念を考える余裕がなかったことである。時間が経つと，現地社員には心理的な抵抗感が生まれた。表面的に日本人管理者の言う通りにするものの，コマツウェイを理解していないため，結果的に同じミスを何度も犯した。Y氏によれば，この問題を解決するため，まずこの心理的な抵抗感を解消しなければならなかったという。続けて，現地社員の地域的習慣に基づく固定観念を取り除かねばならない。しかし，この一連の解決方法の前提は，コマツウェイの理念と現地の文化の間にどのような衝突があるのかを把握すべきであった。Y氏を始めとした日本人経営者は現地社員との交流を通じ，

図 8-4　SLQDC の仕組み

```
◆SLQDC の考え方
優先順位  Safty    ⇒  Law        ⇒  Quality     ⇒  Delivery    ⇒  Cost
        自分，家族，友人に    社会に対する      お客様に対する    代理店・DB に      会社存続のための
        対するコミットメント  コミットメント    コミットメント    対するコミットメント 経営層に対する
                                                                          コミットメント
```

資料：浦野（2016, 9 頁）を参照し，筆者作成。

山東省は儒教思想の発祥地として，現地には「家国天下」という伝統的な地域文化が定着していることを理解した。即ち，現地社員にとって自分の家庭が1位であり，会社のことはどのようにしても2位となる。ところで，コマツウェイの精神のコアは会社への帰属意識の重要さである。山推社の日本人管理者は，この点に関してコマツの日本人の社員にとっては常識的（当たり前）なことであるため，敢えて口にする必要がない暗黙的な了解であると考えていた。要するに，山東省の地域文化とコマツウェイの精神には大きな異文化の壁が存在した。この状況に対して，Y氏とコマツのトップ管理層が考え出した策は，コマツのもう一つの行動準則——SLQDC 準則（内容は図 8-4 を参照）であった。特にSに関する解釈について，単なる社員側の準則ではなく，会社も社員の家庭への思いを理解し，且つ社員の経済利益を守る必要があるとした。この後，コマツ山推は 2006 年から社内間現地社員とのコミュニケーション活動（餃子大会，運動会，交流会議など）を増やす一方，年末，中秋節の福祉待遇も強化した。

文化（常識的な暗黙知）の相互性を理解することによって，コマツウェイ精神の中国移転はスムーズ，かつ的確に行われた。例えば，コマツウェイの品質第一という精神の移転効果に関して，QC サークルの成果の側面から反映できる。2007 年の時点で提案は一人当たりわずか1件であったことに対して，2014 年には一人当たり 2.5 件になった[17]。

4.3　合弁相手とのパートナシップ

コマツの中国におけるビジネス展開の成功要因は，前述の2点以外にももう

一つ重要な要因があった。それは合弁相手——山推社とコマツの経営主導，共存共栄のパートナシップを築いたことである。この節ではキャタピラー社の中国でのビジネス展開を紹介しながら，分析する。

首藤（2013）は，キャタピラー社とコマツの中国でのビジネス展開の相違点について，①代理店制度，②正確な需要予測及び柔軟な生産変動能力であると纏めた。

コマツが，②の部分で優位性を持つ理由として，①代理店制度とコムトラックス情報システムによって作ったアフターサービス網の構築が挙げられる。それによって，同じく壊れにくい長持ちする品質の商品であっても，中国における競争はコマツが優位に立つことができた。即ち，中国でのビジネス展開は品質より，メンテナンス体制がより重要だという主張である。

この点に関して，さらに首藤（2013, 73頁）は「メンテナンス体制と壊れにくい製品は継続稼働を実現する両輪であるが，メンテナンス体制がより重要であると考えられる。壊れにくい製品だけでは勝負できないのは，コマツと同じように製品に関しては高い品質信頼を寄せられているキャタピラーが中国市場のシェアではトップファイブにも入らないことからも分かる」と論じている。

しかし，キャタピラーの中国の発展史から見れば，中国での失敗は，代理店制度などのアフターサービス網などのメンテナンス体制の構築よりも，中国現地生産の製品と本社生産の製品に品質の上で大きな差があったことと繋がっている。

キャタピラーの本格的な中国進出はコマツとほぼ同時期である。正式に進出したのは1994年だが，1970年代からすでに貿易会社を通じ，完成品の中国への輸出を行った。中国政府との縁もコマツより深かった。結果的に，1994年において本格的に現地工場を建設する際，合弁会社は中国当時のトップメーカーであった徐州工業機械集団公司（現在でも中国現地メーカーのトップ3である）であった。これに対して，コマツの合弁会社は山東省推土機械集団公司と常州林業機械公司という中堅メーカーであった。要するに，強強連合——強弱連合の構成であった[18]。

ところが，技術優位性と資金力の強いコマツは合弁会社の発言権を終始握ることにより，会社の経営もコマツの思い通りとなった。それと対象的に，キャ

タピラーの発展は険しい道の極みであった。王暁蘭（2006, pp.100-104）によれば，キャタピラーの当初の意図は，合弁会社の成熟したアフターサービス網を利用し，さらに，相手の協力メーカーの部品を調達することにより，コストの削減を実現させる考えであった。しかし徐工の意図は，キャタピラーのコア技術であるエンジン，液圧システムと，トランスミッションのすり合わせ技術と現場の製造技術を手に入れたかったのである。キャタピラーは当然これを危惧し，コア部品は基本的に海外工場から輸入した。このように両社の意図はすれ違うこととなったのである。

このような背景により1994～2004年にかけて，キャタピラー社と徐工の関係は次第に悪化した。現地のサプライヤーを選択する権利は徐工が掌握しており，キャタピラー社にはなかった。そのため，部品の品質が保証できないという問題が発生した。結果，徐工の代理店で販売した製品には深刻な品質問題[19]がつきまとうこととなった。さらに大きな問題は，中国市場における顧客がキャタピラー社の製品を輸入品として認識しており，品質への高い期待が存在していたことである。キャタピラー社のブランドへの期待は，実際の品質とのギャップを生み，顧客にとって大きな失望を抱かせることとなった。それは，キャタピラー社の中国における初期の事業展開に挽回できないダメージを与えてしまったのである。

このような状況は2004年に終止符を打った。徐工は国有企業から地方国有企業になり，株式の売買が可能になった。キャタピラーは合弁会社の株を買い，主導権の掌握をはかったが，徐工はそれをきっかけに，キャタピラーとの契約を打ち切り，韓国の闘山と合弁会社を結成した。

2004年，キャタピラーは前回の教訓を吸収し，民営企業と地方所有の中型企業との合弁体制をとり，2004～2009年の間，9個の中国拠点[20]を作った。2016年現在では13拠点（生産拠点は11カ所）まで拡大し，生産規模から見ても中国国内で一位となった。しかし，2009年までは，合弁相手の実力不足と前回合弁の教訓もあり，キャタピラーは自ら代理店をつくる方針に変更した。その結果として，長年付き合った海外代理店を中国に連れ込んだ。さらにコア部品に関して，完全な海外生産と開発の体制を行った[21]。

ここまでの発展史から見れば，キャタピラーの中国事業での失敗はアフター

サービス網の構築失敗というよりは，合弁相手選別の失敗があったため，一貫した製品品質が維持できなかったことに求められる。要するに，コマツと比較すれば，製品品質の低さによる市場評価の下落が失敗の原因になるが，先行研究はキャタピラー社の中国展開の真実を十分把握しなかった上に，キャタピラーの失敗の要因をアフターサービス網に帰したのである。

キャタピラーとコマツの製品は，基本的にハイエンド商品の部類に入り，この部類は品質がより重視されると考えられる。もちろん，アフターサービス網の構築も重要であるが，キャタピラーの事例は質よりアフターサービスの方がもっと重要であるという論点の証拠にはならない。

さらに，先行研究でコマツの市場予測の強みに関して，キャタピラーとの比較を通じて説明したように，2006～2010年の間，キャタピラーの主要任務は工場の新設であったため，市場に配慮する余裕はなかった。これもコマツより情報収集システムの取り入れが遅かった理由になると推測できる。

キャタピラーの中国展開の歴史から分かるように，中国でビジネスを展開する時，合弁メーカーの選定は非常に重要である。要するに，発言権を握ることが中国でのビジネスの勝敗要因となる可能性は十分あり得る。

4.4 中国ユーザーの特徴

前述したように，コマツの製品は高価格を設定したにもかかわらず，長年にわたり中国建機市場を牛耳る存在となった。その背景として，中国の建機市場における独特なユーザー群体と大きな関連性がある。

コマツ製品は，人気の理由が二つあると考えられる。

① 独特な購買者

1980年代には，コマツの主力製品である油圧ショベルカーの価格（国産品でも）が高価なため，購買者は基本的に政府部門と国有企業であった。1990年代後半から徐々に個人購買者が増えたとはいえ，団体（国有企業，総合商社）での購買が依然として主流であった[22]。これらのユーザー群は，価格よりアフターサービスや機械保全の費用などを含むトータルコストに配慮したため，品質のハード面とソフト面の両方が優れたコマツ製品がベストな選択であったと

考えられる。

② 独特な使用者

王其均（1998，pp64-69）によれば，当時の建機の運転手はほとんどベテランの技術熟練者であった。これは当時中国の建機免許と大きな関連性があった。一般の運転免許と違い，ショベルカーを運転するためには，三つの資格（特殊機械運転免許，工場作業資格，技術等級資格）を持つ必要があった。さらに，建機の運転手を育成できる専門学校も少なかったため，運転手の数はかなり限られていた。要するに，当時の建機の運転手は長期間の育成を経て，建機に対する理解が単なる運転だけではなく，建機の性能，構造，品質にも一定の理解があると考えられる。このような運転手情況は現在まででも大きく変わらなかった。

以上の二点から，2000年代初期までの中国の建機市場は価格より品質重視という独特の市場構造であったため，コマツの製品の品質重視路線と合致したのである。ただ，注目すべきなのは，この市場条件が当時の競合他社にも適合したことである。要するに，キャタピラー社にしても，現代社にしても，市場条件は同じであるため，結局競争の中心は製品の品質そのものである。

5．おわりに

コマツの中国での成功は，先行研究で言及された代理店制度，コムトラックスシステムの早期標準装備以外に，最も重要な要因は製品の品質が競合他社の製品より優れたことであった。コマツの製品品質については，二つのポイントに注意すべきである。

① ソフト面

コムトラックスシステムのサービス内容はユーザーの視点から出発し，実用性と便利さを重視する。

② ハード面

合弁会社での経営主導権を掌握することと，コマツウェイ精神の中国移転によって，製品そのものの品質が守られた。

要するに，コマツの製品品質を支えた重要な要因として，次の3点が重要である。
① 暗黙知の相互性重視
　コマツ流の経営スタイル，経営理念（コマツウェイ）をスムーズに現地の社員の頭中に刻むために，日本側から一方通行ではなく，中国社員の意見も尊重しながら，現場の技術移転を行った。特に，コマツウェイの中国移転の際に説明したように，日本人の習慣的，常識的な暗黙知要素は，強制的に相手に受け入れさせるのではなく，現地社員と緊密な日常なコミュニケーションを取り，現地社員にも同様に存在する常識的な暗黙知要素を理解した上で，正しい移転の方法を考え出した。即ち，結果重視の伝授方法より，異文化を理解する上で，伝授のプロセスを重視することになる。この暗黙知の相互性の重要さを理解したからこそ，コマツの技術移転のスピード，量，正確性は格段上がった。結果的に製品の品質は守られたのである。
② 合弁相手とパートナシップの構築
　キャタピラー（徐州重工）のようにお互い経営主導権を奪い合う事例と異なり，お互いによい役割分担で日本人主導的な経営を実現したことも重要である。
③ 中国の特別なユーザー群体
　ベテラン運転手という独特なユーザー群体が存在したため，価格より品質を重視する市場が形成された。
　ここで本章の冒頭部分で提議した課題——日系企業は中国で如何にビジネス展開をすれば成功できるのかという問題に話を戻そう。主流的な対策，例えば現地開発の度合いを増やし，過剰品質の削除，アフターサービスの強化などを行えば成功できるような考え方は非常に危険であると考えられる。コマツの事例が示すように，日系企業の中国での生命線は製品の品質にほかならない。ライバルのキャタピラー社のように，進出の初期段階で品質問題を起こし続けると，企業にとって挽回できないダメージを受けざるを得ない。勿論，中国建機市場の特殊な市場構造とも関連性があるが，製品の品質を保証できない限り，いくらアフターサービス，情報システムを強調しても，コマツの成功は難しかったと断定できる。
　さらに，日系企業が中国のビジネス展開を成功させるには，過剰品質を強調

すべきであると考える。それは，韓国，アメリカ，中国地元のライバル企業と製品の差別化するために必要であるためである。中国の消費者は，韓国企業の製品といえば鮮やかなデザイン，中国企業の製品といえば安い価格，アメリカ企業といえば独創的なアイデアというような特徴をすぐ頭の中に浮かべる。それと同様，日本企業というと，品質である。しかも，過剰品質である。中国では昔から，「うちのテレビはすごいよ，30年経っても使える。日本製だから」という話を耳にする。日本製＝過剰品質（良い意味）というイメージは，中国の消費者の頭の中に固化していたのである。これも日本製品が中国のハイエンド市場に進出しやすい理由でもある。だとすれば，過剰品質を捨てると，日系企業の商品差別化をつけるのが難しくなる。

　少なくとも，本章によって，建機のような耐久的な生産財については，品質そのものが中国でのビジネス展開の成否における決定的な要因であることが証明できた。しかし，この説が一般の消費財にまで範囲を拡大できるかも解明すべきであり，筆者の今後の課題である。

（王中奇）

付録：調査一覧

NO	面会日	企業名	所在地	部署	役職	人数
1	2014.08.19	コマツ	中国済寧	生産管理部，人事部	総経理，生産本部長，人事部長	6名
2	2016.03.30	コマツ	日本栗津	研修センター	センター長，工場長	3名
3	2016.05.30	日立	日本土浦	生産管理	工場長，人事部長	3名
4	2016.09.21	キャタピラー	中国徐州	販売部	販売課長	1名

注
1　小松山推は，コマツグループの中国における中型油圧ショベルの生産・販売を行う合弁会社として1995年に発足し，2002年にコマツの子会社である小松（中国）投資有限公司が合弁相手の持分50％のうち，20％を買い取った。これにより，小松山推はコマツの子会社となった。会社の所在地は中国山東省の済寧市である。2014年の時点で，正式社員は832名である。
2　インタビュー1の内容による。
3　コムトラックスはコマツが開発した建設機械の情報を遠隔で確認するためのシステムである。コマツでは2001年より標準装備化を進め，現在，約62,000台（2011/4現在）のKOMTRAX装備車両が国内で稼働している。システムの仕組みは，車両システムには，GPS，通信システムが装備され，車両内ネットワークから集められた情報やGPSにより取得された位置情報が通信システムにより送信される。サーバ側システムでは，車両から送信されたデータを蓄積し，インターネットを

通しお客様やコマツ販売代理店に提供される．
4　新宅・朴（2015），203 頁．
5　首藤（2013），79 頁．
6　企業経営における政治的な干渉が他の国より多かったり，法治より人治的な社会であったりすることなど．
7　General Packet Radio Service の略語である．移動体通信システムの標準規格．主に欧州・アジア地域で採用されている GSM システムを改良した高速通信サービスである．
8　鄭・楊・高（2011）p.38.
9　Global System for Mobile communications の略語である．第 2 世代（2G）携帯電話の規格の一つである．
10　日本のＳＭＳ（ショートメッセージサービス）のような携帯機能である．
11　Code Division Multiple Access の略語であり，3G 世代の移動体通信の方式の標準の一つである．
12　インタビュー 3 より．
13　Nonaka and Takeuch（1995）（邦訳（1996）），39 頁。
14　拙著（2015）16 頁。
15　2008 年度まで計 6 回開催した．
16　インタビュー 2 より．
17　インタビュー 1 より．
18　暁石（2004），pp.36-43．
19　王暁蘭（2006, p.103）によれば，主な故障場所はダイヤ，冷却水槽，板金などの汎用部品である．
20　合弁会社と完全買収した会社もあった．有名な会社は山東工業機械会社，アモイ機械公司等がある．
21　インタビュー 4 によれば，2015 年に常州と上海に研究開発センターを作り，2016 年から徐々に現地生産の方針に展開しつつある．コマツから現地の開発人員をヘートハンティングしたこともある．
22　王其均（1998）『建築機械工入門』浙江科技出版社，p.15．

参考文献
日本語
浦野邦子（2016）「コマツの取り組み―組織と人事―（グローバル化への対応）」『働き方の未来 2035――一人ひとりが輝くために懇談会』の PPT 資料．
金熙珍（2015）『製品開発の現地化：デンソーに見る本社知識の変化と知識連携』有斐閣．
首藤聡一郎（2013）「コマツ― GPS と現場の匠の育成」『日本型ビジネスモデルの中国展開』有斐閣．
新宅純二郎・朴英元（2015）「IT システム活用によるハイエンド市場進出―コマツ製作所の事例」『新興国市場戦略論―拡大中間層市場へ日本企業の新戦略』有斐閣．
野中郁次郎・竹内弘高（1995）（梅本勝博訳）『知識創造企業』東洋経済新報社
安室憲一（1997）『現場イズムの海外経営』（財）関西生産本部編集白桃書房．
吉原英樹（1997）「多国籍企業の中国への企業進出」『国民経済雑誌』第 176 巻第 5 号．
中国語
冯海隆（2006）「基于 GPRS 和 C/S+B/S 的挖掘机远程监控及故障诊断系统的初步研究」浙江大学，修士論文．
鄭磊・楊梅・高見長（2011）「挖掘机远程管理系统的研究与応用」『建築機械化』人民教育出版社．
王中奇（2016）「我国重型卡车企业的海外発展戦略」『工程力学学会年刊』第 15 巻第 2 号．

王暁蘭 (2006)「卡特彼勒中国戦略受阻」『中国科技和財富』2006 第六巻,石油工業出版社。
王其均 (1998)『建築機械工程入門』浙江科技出版社。
暁石 (2003)「卡特彼勒中国猜想」『工程機械和維修』2004 年第 1 巻,北京卓越出版社。
楊宏恩,王晶 (2012)『日本対中投資的変化和影響』社会文化科学文献出版社。
『中国工業年鑑』2007,2008,2009,2010,北京理工大学出版社。

WEB 資料

コマツの財務データ:http://www.komatsu.co.jp/CompanyInfo/ir/data/data07_y.html

おわりに:インプリケーションと残された課題

　最後に,本書全体を通して浮かび上がるインプリケーションと残された課題について述べておこう。ここでは,各章ごとのまとめは行わない。

　まず第1に言えるのは,技術・知識の発信源としての日本の重要性である。本書の主役が日本企業だから,それは当然なことのように思われるかも知れないが,それだけではない。本社から海外子会社へという日本企業内部での知識移転が現地生産と開発面での能力強化のために必要不可欠であること(第1章,2章,4章,7章,8章),日本企業と台湾企業との提携においても開発・生産・調達面での技術やノウハウの起点が日本企業にあること(5章,6章)からも,知識の発信源としての日本の重要性が明らかである。もちろん,日本がアジアにおける突出した知識と情報の発信源ではなくなったのは確かであるが,それはむしろ「正常」な状態であると考えた方が良い。日本の近隣諸国が発展し成熟化し,そこを母国とする企業との競争と連携が「常態」化することによって,一面では日本企業の発展空間が狭まるのは間違いない。しかしそうなれば,日本企業は国内の立地特性を活かした事業分野に注力して磨きをかけ,その強みを活かしつつ海外拠点との連携をいっそう拡充する必要に迫られるであろう。それは,日本企業の発展可能性の幅をむしろ広げることにもつながるのである。経済の成熟度における差異が比較的小さいEUの中でのドイツ企業がその格好の事例である。

　一方で,情報の発信力を増した東アジアに所在する日本企業の現地子会社において,その立地特性を活かしたいかなる能力が構築されつつあるのかについての,より立ち入った考察が必要である。日本とは行動様式や価値観の異なる顧客への対応力については5章と6章で論じられているが,それは台湾と中国のケースに限られている。さらにまた,そうした日本にはない知識や能力がどのように拠点間において共有され活用されようとしているかの分析が,今後いっそう重要になるであろう。その点は,1章と2章の一部で触れられている

ものの，限られた考察に過ぎない。今後の課題である。

　第2に，日本企業の拠点間においては，出向者であれ逆出向者であれ人を媒体とした知識の移転が重視されていることが挙げられる（1～8の全章）。欧米企業の場合，現場のオペレーション機能に関してはできるだけ本社で標準化し，それをシステムに落とし込んでから海外子会社に移転する傾向が強い。これに対して，日本企業の場合は企業文脈的な機能的知識（開発や生産面での技術的知識）および規範的知識（機能的知識を背後から支える仕事の仕方や仕事面での価値観など）が競争力の源泉であるだけに，その分，人に体化された企業文脈的知識や能力への依存度が高まる。幅広い従業員層によって試行錯誤の中から構築された日本企業の現場主義的能力は，形式知化しにくいいわゆる暗黙知的な部分だけでなく，形式知化されたものであってもそれを体得した人と一緒に繰り返し実践することではじめて定着することが少なくないからである。

　もちろん，欧米企業においても出向者や逆出向者の役割は重要であるものの，その役割は戦略的意思決定が中心となる（2章）。そして，欧米企業における戦略的意思決定能力は企業を超えたある種の汎用性をもつと考えられる。企業トップ層のヘッドハンティングが欧米企業において頻繁に見られることがその何よりの証左である。汎用性があるだけに，ローカル人材での代替も可能となり，人を媒体とした本社からの知識移転への依存度は，この側面からも低くなるだろう。

　以上の，欧米企業と日本企業との対比に関して，日本企業が欧米企業と比べてより多くの出向者を現地子会社に派遣しているのは，彼らが担っている知識移転の中味の違いが影響しているのではないか，という第2章の議論は示唆に富む。

　欧米企業における現場のオペレーションについて述べておくと，本社の技術者主導によってできるだけ標準化して人への依存度を低めようとする志向性が強い。欧米企業のケースは実地調査ができていないものの，本書では考察の対象とはしなかった日本国内2社の事例が参考になる。この2社はもともと日本企業であったが，私たちが訪問する少し前に欧州企業に買収されている。被買収2社の業種は異なり（自動車部品と繊維），買収した側もフランス企業とド

イツ企業という違いはありながら，いずれの場合でも買収した欧州本社がグローバルに標準化したシステムを構築し，子会社にはそれに従って業務を行わせようとする動きが観察できた。これに関連して，日本企業と欧米企業は得意とする領域，すなわち日本企業は現場のオペレーションにおいて，欧米企業は戦略的意思決定の領域において，それぞれ現地に権限を与え（その際，当然のことながら出向者や逆出向者が大きな役割を果たす），不得意な分野は本社が集権的に管理するのではないかとする2章の議論は興味深いが，より本格的な研究が必要である。

さらに，この日本企業と欧米企業の出向者・逆出向者が担う知識移転の中味についての立ち入った具体的な比較分析だけでなく，日本企業の拠点間において移転される知識は出向者でも逆出向でも同じなのか異なるのか，異なるとすればどこが異なるのか，言い換えれば出向者と逆出向者の役割と機能は代替可能性を持つのかそれとも相互補完的なのか，についても考察し得ていない。今後の課題である。

第3に指摘しておきたいのが，欧米企業との対比のみで日本企業の特色を論じることの危険性である。欧米企業が製品開発の現地化を進めているのに対して，日本企業の製品開発機能は本国集中の傾向が強いというのが常識となっている。しかし，本書第3章が明らかにしたのは，製品開発の本国集中傾向が極めて強い韓国の現代自動車と比べて，日産自動車は開発機能を海外に分散化させているのである。出向者主導の現地経営についても然りである。板垣（2010）が論じているように，中国における韓国企業や台湾企業では日本企業に比べて，より強く本国からの出向者主導の経営となっている。欧米企業との比較だけでなく，同じく本社が東アジアに所在する韓国や台湾企業との本格的な比較研究を行う必要がある。

第4に，上の問題とも関連するが，多国籍企業の国際比較を行う際には，観察された差異が国際化の発展段階の違いによるものなのか，それともグローバルな戦略構築や組織形成の類型的な違いに由来するものなのかを，きちんと分けて論じる必要がある。日本の多国籍企業の本格的活動は，とりわけ対先進国向けの大規模投資は，1980年代になってから開始された。そこから，多くの研究者の注目が日本の多国籍企業に集まり，欧米企業と対比しつつ日本多国籍

企業の特色が議論されるようになった。その際，発展段階の初期の現象と日本多国籍企業の類型的特色の問題があまり区別されることなく議論が展開され，その当時の認識が現在に至るまで色濃く残っているきらいがある。

　一言つけ加えれば，欧米企業とひとくくりにするのは極めて乱暴な話である。1章で触れたように，かつてのマザードーター構造によるヨーロッパ企業のコントロールメカニズムと企業文脈的知識によるコントロールを重視する日本企業との間には，むしろある種の親近性が存在したといえる。しかし，多様な人種や文化が混在するEUのなかで経験を蓄積したヨーロッパ企業では，先ほどの標準化の議論でもみたように，アメリカ化が進んでいるように思える。その意味では，欧米企業という括りにも一定の合理的根拠があると言えよう。

　今後は，日本の多国籍企業の進化と発展段階ごとの特色をきちんと押さた上で，アメリカ企業，欧州企業，韓国企業，台湾企業の発展段階ごとの特色と対比させるという手順が必要であろう。そこではじめて，単なる多国籍化の時間の問題には帰すことのできない戦略や組織における類型の違いを論じることができる。今後の多国籍企業論の大きな課題である。

（板垣博）

219

付表　インタビュー・データ

2010 年度

	訪問企業名	訪問日時	応対者	企業の出身国
中国		2010年		
大連	大連華録松下有限公司	8月23日	L（人事課）	日本
	中国華録・松下電子信息有限公司 開発中心	8月24日	総経理，開発中心所長，管理部部長，L副所長	日本
	共立精機	8月24日	L総経理，副総経理	日本
	阿尔派電子（中国）有限公司 大連研開中心	8月25日	総経理	日本
青島	山口銀行青島分行	8月26日	行長，経理	日本
	青島 QDIC	8月27日	L研究開発本部副総監，L秘書室主管，L人事課長	日本
	三菱重工ハイアール	8月27日	総経理	日本
北京	松下電器研究開発	8月30日	L元所長	日本
	北京現代	8月30日	総経理，生産副本部長，生産管理部長，事業企画部長	韓国
	電装（中国）投資有限公司	9月1日	営業企画本部本部長	日本
	横河電気（北京）開発センター	9月1日	L開発センター総経理，第1部部長，技術研究部部長，開発統括部部長	日本
天津	天津松下汽車電子開発	9月2日	総経理，管理部部長，L第1設計課長人，L人事部部長	日本
北京	レノボ研究院	9月2日	政府プロジェクト管理部シニアマネージャー	中国
天津	天津三星通信	9月3日	常務，人事部長	韓国
日本		2011年		
関東地域	日立コンシューマー	1月24日	社長，マーケティング事業部，デジタルコンシューマ事業部，	日本
	パナソニックオートモティブシステムズ社	1月26日	経営企画グループグループ長	日本
	JAC日本設計センター	1月27日		中国
	現代文化研究所	1月28日	首席研究員	日本
	日産テクニカルセンター	1月28日	R&Dエンジニアリング・マネジメント本部副本部長，同主管，中国事業部主管	日本
韓国		2011年		
ソウル	現代 Mobis	3月11日	部長	韓国

亀尾	ＬＧ電子亀尾	3月14日	シニアマネージャー	韓国
亀尾	三星亀尾携帯電話事業部	3月14日	専務（研究開発責任者）	韓国
ソウル	現代自動車本社	3月15日	研究開発戦略チーム部長	韓国
	POSCO	3月15日	Corporate Technoloigy Div.	韓国

2011年度

中国		2011年		
上海	三菱電機上海機電電梯技術開発中心対応者：	8月22日	総裁，R＆D室長	日本
	GM上海ハンア開発センター工会	8月23日	L主任	米国・中国
	上海又成鋼鉄設備科技	8月23日	L副総経理	中国
	松下電器中国生活研究中心	8月24日	所長，L副所長	日本
蘇州	ルネサス（RENESAS）半導体（蘇州）	8月24日	総経理，副総経理，L・LSI統括部生産技術部部長，L管理統括部総務部部長，総経理助理管理統括部資材部部長	日本
	Panasonic Home Appliances 研究開発センター	8月25日	総会計師，照明光源研究センター所長，照明電子機器開発センター所長，管理部部長，L・Factory solutions development center 所長	日本
寧波	中国宝新鉄鋼	8月26日	L首席工程師	日本・中国
上海	上海味の素	8月29日	総経理	日本
	上海小糸車灯	8月29日	副総経理	日本
	オムロン（上海）	8月30日	董事長兼総経理，L副総経理，技術統括部統括部長，生産管理統括部統括部長，生産管理統括部生産管理部担当部長，オムロン株式会社グローバルプロセス革新本部IT革新センタ生産情報システム部主査	日本
	電装（中国）投資上海技術中心	8月31日	技術開発項目本部本部長，L主管	日本
	東電電子（上海）Tokyo Electron (Shanghai)	8月31日	総経理，副総経理，L管理部門	日本
	上海富士ゼロックス	9月1日	総経理，経理担当，L開発担当	日本
	上海シャープ	9月1日	総経理，経営企画統轄	日本

付　表　221

	江淮汽車（JAC）	9月2日	プロジェクト項目管理部部長，S-Ⅱプラットフォーム総監，プロジェクト項目管理部技術企画・管理担当，企業総合管理部責任者	中国
日本		2012年		
	三菱重工相模原製作所汎用機・特車事業本部	1月23日	事業本部長，副事業本部長，フォークリフト技術部長，フォークリフト事業部長，事業戦略グループ長，企画管理部次長，設計課長，主席部員，三菱重工叉車（大連）総経理	日本
	デンソー経営企画部	1月24日	経営企画部担当部長	日本
	デンソーDP-EM室	1月24日	室長，担当次長，	日本
	大宇インタナショナルジャパン名古屋支店	1月24日	支店長，部長	韓国
	アイシン精機	1月25日	生産管理部車体系・L&E 大日程	日本
	ヤマハ発動機	1月25日	執行役員第3事業部長，MC事業本部第3事業室マーケティング部長，MC事業本部第1事業室中国・中南米マーケティング・中国グループ	日本
	レノボ大和研究所	1月27日	ThinkPad 開発責任者，レノボ副社長	中国
韓国		2012年		
	現代自動車蔚山工場	3月9日	労働企画チーム部長，労働企画チーム次長，	韓国
	世宗工業	3月9日	副社長	韓国
	モパム	9月9日	取締役，専管理部長	韓国
	M 2i	3月12日	工場長	韓国
	韓国オムロン電装研究所	3月12日	研究所所長，理事，次長	日本
	GM Daewoo 工場	3月13日	対外政策チーム長	韓国
	韓国昭和化学品	3月13日	理事，管理部代理	日本
	韓国知識経済 R&D 戦略企画団	3月14日	団長	韓国

2012 年度

中国		2012年		
深圳	深圳軟通	8月20日	総経理，T&C 部総監，HR 経理，採用主管，顧客経理	中国

	YKK（深圳）	8月21日	総経理，副総経理，L 人事高級経理，L 人事部経理，L 財務統括部長	日本
広州	美的集団	8月22日	次長，HR	中国
恵州	恵州ブリジストン	8月22日	技術部部長，管理人事部長	日本
広州	本田生産技術（中国）	8月23日	総経理，副総経理	日本
	豊和繊維産業	8月23日	副総経理，L 設計係長	日本
	広州金発科技	8月24日	技術管理中心主任，HR 部長，HR 経理	中国
	東風日産	8月24日	総経理，市場部 PR 総監，車両開発総監，人事総務部副部長，製造本部副本部長，製造管理部 NPW 推進科科長	日本
重慶	長安鈴木	8月27日	総経理，L 経営管理総監	日本
	嘉隆工業	8月28日	人力資源管理部部長，工会主席	中国
	慶鈴汽車	8月28日	総経理，副総経理，副総経理	中国・日本
成都	中軟集団四川中軟科技	8月30日	総経理，財務部総監	中国
	成都イトーヨーカ堂	8月31日	総経理，経営企画室長	日本
	成都伊勢丹	8月31日	総経理，O 副総経理	日本
日本		2013年		
	積水化学京都研究所	1月21日	生産基盤教科グループ部長，グローバル生産革新センター所長，ものづくり革新センター部長，技術・CS 部長，グローバル人材担当課長，安全グループ長，中国室課長	日本
	サンスター高槻工場	1月21日	工場長，生産管理グループ長，製造グループ長，外注管理グループ長，生産管理グループ課長	日本
	コマツ（大阪）	1月22日	情報戦略本部生産チームチーム長，ソリューショングループ生産チーム	日本
	江崎グリコ	1月23日	グループ法務部部長	日本
	伊藤ハム西宮工場	1月24日		日本
	オムロン本社	1月24日		日本
	三菱重工工作事業本部	1月25日	事業本部長，主席部員	日本
韓国		2013年		
昌原	デンソー豊星電子	3月8日	副社長	日本
光州	韓国アルプス	3月12日	社長，第1技術部長，L 第1技術チーム長，第2技術部長，L 第2技術チーム長，L 第3製造部長，L 企画部長	日本

仁川	富士ゼロックス	3月13日	L開発生産本部長，L・DC開発部長，L開発センター長，Lモジュール開発部長，企画管理部長	日本
ソウル	ロッテ百貨店	3月14日	取締役，マーケティング部長	韓国
	韓国アルバック	3月14日	L社長，L企画課次長	日本
	広振	3月15日	社長	韓国
	韓国労働研究所	3月15日	博士	韓国

2013年度

中国	2013年	2013年		
瀋陽	華晨汽車集団	8月19日	所長，秘書室主任，HRM所長，アルバック中国総経理，L董事長，L総経理，副総経理，L副総経理，グローバル生産企画室専門部長（本社），L営業部副部長，L営業部副部長，L開発課長，L総経理助理	中国
	アルバック瀋陽	8月19日		日本
	東北大学	8月20日		中国
	Neusoft	8月21日	L院長助理	中国
	瀋陽航天三菱汽車発動機製造	8月21日	副総経理（生産），副総経理（開発）	日本
長春	長春ヒロテック	8月22日	総経理	日本
	中国北車	8月22日	副総工程師	中国
大連	オムロン（大連）日本	8月22日	総経理，副総経理，副総経理，IT革新センタ（京都）主幹，主査	
	パナソニックAVC大連	8月23日	生産技術次長，技術副部長，チームマネージャー，デヴァイス担当	日本
	富士通FDDL（大連組）遼寧工場（大連）	8月23日	董事長，総経理	日本
	ヤマザキマザック遼寧	8月23日	総経理，常務副総経理	日本
哈爾浜	哈爾浜気輪機	8月26日		日本
	哈爾浜東安発動機	8月26日	副総経理，L秘書室	日本
延辺	延辺大学	8月27日		中国
	延辺愛光汽車部品	8月28日	L経営企画室主任	日本
	延辺率高医療機械	8月28日	対外事務部長	韓国
	Hanmi Flexible	8月29日	工場長	韓国
	Huron	8月29日	工場長	韓国

		北京世連互網絡延辺支社	8月30日	センター長	韓国
日本	2014年		2014年		日本
広島		マツダ自動車	1月20日	商品企画部部長	日本
山口県光市		ヒロテック排気系工場	1月20日		日本
徳山		徳機	1月21日	社長，取締役業務部長，業務課長	日本
小野田		長州産業	1月22日	取締役総務部長	日本
宇部		宇部蒲鉾	1月23日		日本
下関		長府製作所	1月23日		日本
宇部		ヤナギヤ	1月24日		日本
久留米		ブリヂストン久留米工場	1月27日	久留米工場長，生産技術部長，総務課長	日本
福岡県京都郡苅田町		日産自動車九州株式会社	1月27日	副社長，人事・渉外部部長，工務部部長，品質保証部部長，製造部部長	日本
福岡		富士通九州システムズ	1月28日	テクノロジーソリューション本部長，テクノロジーソリューション本部統括部長，事業推進本部人財部担当課長	日本
阿蘇		オムロン阿蘇	1月28日	社長，製造部部長，生産技術課課長	日本
大分		新日鉄大分コミュニケーションセンター	1月29日	センター長	日本
台湾	2014年		2014年		
	台北	三菱商事	3月5日	総経理，L 董事長	日本
		統一速達(やまと運輸)	3月5日	副総経理，L 経営企画チーム	日本
		煜益	3月6日	総経理	台湾
		慧国工業（アイシン）	3月6日	L 総経理，副総経理，L 生産技術部協理，品質技術担当主幹，L 管理部経理	日本
		孟凱	3月6日	総経理，副総経理	台湾
		日紳精密	3月7日	総経理	台湾
		Leedwell	3月7日	総経理	台湾
		台湾統一超商（台湾セブンイレブン）	3月10日	副総経理，HR 経理，総経理室スタッフ4人	台湾
		六和機械工業	3月10日	鋳鉄加工部協理，圧造・鋳鉄加工・圧造の各エンジニア，輸出部スタッフ	台湾
		台湾富士通	3月11日	総経理，L 副総経理	日本
		アルバック	3月11日	L 副総経理	日本
		国瑞汽車中壢工場	3月12日	総経理，協理，L 経営企画部2人，L 管理部	日本

付　表　225

	台湾富士ゼロックス	3月12日	董事長，L 行政本部長，協理，L 協理，グローバルマーケティング部経理，L 董事長室経理	日本
	台湾デンソー	3月13日	事長兼総経理，L 管理本部協理，生産本部長	日本
	豊田通商	3月13日	総経理，L 副総経理，管理部部長，L 企画部部長	日本
	ペガトロン	3月14日	エンジニア	台湾

2014 年度

中国		2014年		
天津	天津ソミック	8月18日	総経理，工場長，品質保証課長，生産管理科長，製造課長	日本
北京	SMC（中国）	8月19日	L 管理本部副本部長	日本
	北京イトーヨーカ堂	8月19日	総経理，副総経理，総会計師	日本
天津	飛鳩	8月20日	輸出部長	中国
済寧	小松（山東）建機	8月21日	副董事長，L 総経理，副董事長，製造本部長，事業管理室長，L 人事総務部部長	日本
青島	第一汽車青島支社	8月22日	研究開発部部長	中国
	三菱重工捷能（青島）汽輪機	8月22日	総経理，副総経理，L 高級経理	日本
浙江省嘉興市	嘉興村上汽車配件（村上開明堂）	8月25日	総経理，L 副部長，L 課長	日本
上海	上海菱重増圧器（三菱重工）	8月26日	総経理，L 経理助理	日本
	アルバック（中国）	8月26日	総経理，常務副総経理（本社執行役員），L 内部島西部副部長，L 財務部課長	日本
杭州	杭州 Leedwell	8月27日	工場長，副工場長2名	台湾
蘇州	江蘇省蘇浄集団	8月28日		中国
	旭化成電子材料(蘇州)	8月29日	総経理，副総経理，技術営業部長	日本
	青山汽車緊固件(蘇州)	8月29日	総経理，L 副総経理，L 管理課	日本
柳州	柳州広菱汽車技術（ヒロテック）	9月1日	総経理，L 常務副総経理，技術部部長，量産部部長，L 管理部部長，	日本
昆明	昆明達林情報技術	9月2日	総経理，副総経理2人，	中国
日本		2015年		
	曙ブレーキ山形製造	1月19日	社長，業務課長，経理課長	日本
	タカハタ電子（米沢）	1月20日	専務取締役，常務取締役	日本
	ＮＥＣパーソナルコンピュータ（米沢）	1月20日	生産事業部グループマネージャー，	日本
	岩機ダイカスト工業	1月21日	専務取締役	日本

	アイリスオーヤマ	1月21日	執行役員ホーム開発部長，広報室サブリーダー	日本
	NECトーキン株式会社	1月22日	執行役員	欧州
	日本電子天童工場	1月23日	常務（経営戦略室）	日本
	日立オートモティブシステムズステアリング株式会社 秋田事業所	1月26日	生産本部長，生産合理化推進部長	日本
	株式会社西山製作所 秋田工場	1月26日	常務取締役生産部長，工場長，工程管理主任	日本
	ヴァレオジャパンIVN事業部 秋田工場	1月27日	工場長，VPS科長，組立チーム課長	欧州
	株式会社 Nui Tec Corporation 秋田工場	1月27日	社長	欧州
	アルバック東北	1月28日	社長，総務部長	日本
	多摩川精機八戸事業所	1月28日	所長，総務課長	日本
	三菱製紙八戸工場	1月29日	事務課主任	日本
台湾		2015年		
	安拓実業	3月4日	副総経理	台湾
	全球安聯科技	3月4日	執行副総	台湾
	春雨工廠	3月4日	総経理，副総経理，総経理特助	台湾
	中国鉄鋼	3月5日	組長，正研究員	台湾
	天郁城科技	3月5日	総経理	台湾
	金屬工業研究発展中心（高雄）	3月5日	所長	台湾
	高雄第一科技大学	3月6日		台湾
	日月光	3月6日		台湾
	アルバック科技	3月9日	L副総経理，L台南総務部所長	日本
	嘉義大学	3月10日		台湾
	天恩食品	3月10日	総経理，外国貿易部課長	台湾
	台達電子工業	3月11日	副総裁，行政経理	台湾
	成功大學	3月11日		台湾
	茂迪股份有限公司	3月12日	HRM経理，販売部経理，HR副経理	台湾
	祥賀光電（Siriustek Inc.）	3月12日	CEO	台湾
	ジャイアント	3月13日	総経理，執行長	台湾

2015 年度

ASEAN		2015年		
ハイフォン	富士ゼロックスハイフォン	8月17日	社長，GM	日本
ハノイ	日産テクノベトナム	8月18日	取締役，GM，GM	日本

付表 227

ホーチミン	アルバックシンガポール・ベトナム事務所	8月19日	GM，L・FS Manager，	日本
ホーチミン近郊	GENERAL SHOES CO., LTD.（通用製鞋工業）	8月20日		台湾
	NICCA VIETNAM CO.,LTD.（日華化学越南）	8月20日	社長，テクニカルダイレクター，O 経理	日本
	Vina Star Motors（三菱自動車）	8月21日	社長，副社長，製造部長，財務部長，調達次長，販売部次長，	日本
	オムロン・ヘルスケア	8月21日	社長，総務部長，IT 専門職	日本
クアラルンプール近郊	パナソニック・アプライアンス・エアコンディショニング R&D	8月24日	社長，製造間接次長	日本
	オムロン・マレーシア	8月24日	社長	日本
	ヤマト運輸マレーシア	8月25日	社長，操業管理部長	日本
シンガポール	シマノ（シンガポール）	8月27日	L 取締役	日本
ジョホールバール	シマノ（マレーシア）	8月27日	L 取締役社長，L 取締役，L 部長，L 課長	日本
シンガポール	ヤマト運輸 RHQ	8月28日	社長，戦略部門長，アドバイザー，セールス・ドライバー指導員	日本
日本		2016年		
金沢	白山機工	3月14日	社長，取締役，総務部長	日本
黒部	YKK 黒部事業所	3月15日	執行役員，製造基盤強化グループ長，本社広報担当	日本
小松	コマツウェイ総合研修センタ・粟津工場	3月30日	センタ所長，総合企画部，粟津工場総務部	日本

2016 年度

ASEAN		2016年		
バンコク近郊	いすゞ自動車（タイ）	8月22日	副社長（EVP），法務担当副社長，生産担当副社長，購買部長，総務人事部長	日本
バンコク近郊	いすゞエンジン製造（タイ）	8月22日	社長，製造担当 Exe，生産企画担当 Exe	日本
バンコク近郊	三菱電機オートメーション	8月23日	社長，企画担当役員，モーター・ポンプ担当役員，企画課長，L 管理課長	日本
アユタヤ	シチズンマシナリ	8月24日	社長，生産管理部長	日本
バンコク近郊	トヨタ自動車バンポー工場	8月25日	工場見学のみ	日本

バンコク近郊	デンソー・インタナショナル・アジア	8月25日	副社長（生産革新），副社長（調達），地域企画部長，アドバイザー2人	日本
バンコク近郊	トヨタ自動車アジアパシフィックエンジニアリング＆製造	8月25日	副社長（EVP，生産管理），副社長（EVP,購買），副社長（VP，購買技術），副社長（VP，TPS推進），シニアコーディネーター，コーディネーター	日本
クアラルンプール近郊	金海機械工程	8月29日	MD, ED, GM	華人
クアラルンプール近郊	TDK (Malaysia) Sdn Bhd	8月30日	L社長，取締役（財務・経営企画）	日本
クアラルンプール近郊	永城	8月30日	董事，工場長	華人
クアラルンプール近郊	パナソニックAVCネットワーク	9月1日	取締役（製造技術），L取締役（製造），取締役（財務）	日本
クアラルンプール	JETROKL	9月2日	所長，役員	日本
ラオス		2017年		
ビエンチャン	JETROビエンチャン事務所	2月20日	所長	日本
ビエンチャン	JICAラオス事務所	2月20日	所長	日本
ビエンチャン	ラオス日本センター開発支援能力強化プロジェクト	2月20日	JICA専門家	日本
ビエンチャン	豊田通商ビエンチャン事務所	2月21日	事務所長	日本
ビエンチャン近郊	ティー・エス・ビー	2月21日	工場長	日本
ビエンチャン近郊	（6）ミドリ安全（株）（ラオ・ミドリ・セーフティー・シューズ）	2月22日	工場長	日本
ビエンチャン近郊	ラオ山喜	2月22日	社長	日本
ビエンチャン近郊	三菱マテリアル（MMCエレクトロニクス・ラオス）	2月22日	社長	日本
ビエンチャン	片平エンジニアリング	2月23日	開発本部課長代理，開発業務本部	日本
ビエンチャン	安藤ハザマ	2月23日	所長，管理課長	日本
ビエンチャン	農業政策アドバイザー	2月24日	アドバイザー	日本
台湾・韓国		2017年		
台北近郊	台湾松下電脳	3月8日	総経理	日本
台北近郊	国瑞汽車	3月8日	L総経理，L協理	日本

台北近郊	中華汽車新竹工場＆楊梅工場	3月9日	L副社長2人，L協理（エンジニアリング，生産管理，総経理室，購買），工場長	台湾
台北近郊	裕隆三義工場	3月9日	副社長	台湾
台北	経済部台日産業合作推動弁公室	3月10日	プロジェクト・マネージャー，プロジェクト顧問	台湾
台北	裕隆集団最高顧問	3月10日	裕隆集団最高顧問	台湾
台北近郊	台湾滝澤科技	3月13日	董事長，L総経理，L協理	日本
台北近郊	協欣金屬工業	3月13日	L董事長	台湾
台北近郊	新三興	3月14日	総経理，L副総経理	日本
釜山近郊	UNICK	3月15日	常務（営業），課長（戦略企画），次長（海外営業）	韓国
昌原近郊	セントラル	3月16日	工場長，R&Dセンター長，戦略室長	韓国
ソウル近郊	韓国アルプス	3月17日	L常務理事（技術），L理事（購買），L経営戦略室部長	日本
ソウル近郊	TDK韓国	3月20日	L社長，L経営支援部長	日本
ソウル	アルバック韓国オフィス	3月21日	L日本本社常務執行役員（開発）	日本

注：無印は本国からの出向者，Lはローカルスタッフ，Oは第三国出身

索　引

【数字・アルファベット】

APP　201
ASEAN 市場　181
B2B を中心とするソリューション指向　126, 131, 146
CDMA　199
Eco-Stop　181
GSM　199
High Context Culture　28
IT クラスター　134, 137, 144
IT 電子産業　117
LG Display　115
M&A　165
QDC　130, 147, 149
SLQDC 準則　206
SMS　200
TPS（トヨタ生産方式）　23
TQM　193

【ア行】

アーキテクチャー　129, 148
新たな能力結成　186
アルバック　54
アルプス電気　54
暗黙知　62
暗黙知の中味　73
インセンティブシステム　133
インタビュー調査　110
ヴェヌーシア　86, 87, 88, 90, 98
影響因子　181
エラントラ悦動　96
エンジニアリング・リソース　72
欧米系　183
応用開発　71
オムロン・ニュー・プロダクション・システム　44
オムロン・ヘルスケア事業　43, 44

親心　188

【カ行】

海外開発拠点　84, 85
海外拠点　161
海外子会社　103
海外派遣員　63
開発業務　71
開発拠点　14
開発試作　81, 82, 84, 88, 91, 98
開発試作車　91
開発プロセス　184
開発役割分担　72
学習的協調　130, 142
過剰品質　196
カスタマイズ　185
価値基準　188
価値共創　127, 143
価値づくり戦略　126
関係特殊資産・知識　128, 129
韓国子会社　115
韓国人エンジニア　113
機械保全　209
企業間国際分業　175
企業間のインタラクション　129, 146, 148
企業資源の非連続性　178
企業文脈的な機能的知識　216
企業や業界の「方言」　28
技術移転　201
技術移転の連鎖　8
技術吸収　69
技術の共創　144
技術的な暗黙知　201
技術評価　184
帰属意識　206
帰任者　174
機能的知識　50, 114, 120
機能的知識の移転　18

機能的な企業文脈型知識　17, 32
規範的知識　32, 50, 120, 216
規範的な企業文脈型知識　17, 24
規範的な知識移転　22
逆出向　48
逆駐在制度　61
逆駐在マネージャー　64
キャタピラー　194
共創能力　148
協調的学習　144, 147, 148
協力メーカー会議　141
拠点間分業　163
拠点間連携　152, 153, 158, 167, 172, 173, 174
組立工法書　93
グローバル経営　75
グローバル・スタッフィング　52, 62
グローバルな産業内分業　127, 134
グローバルプロダクションエンジニアリングセンター（GPEC）　83
グローバル・モデル　80, 82, 83, 86, 87, 88, 90, 94, 97, 98, 99
グローバルレベル　184
経営資源配分　180
経営者の現地化の遅れ　29
経営トップに就いたローカル人材　16
経験知　202
形式知　73
経路依存　179
ゲートウェイ　197
結果の管理　25
建機免許　210
権限の本社集中・分散　74
現代自動車　217
現代社　194
現地拠点の最高責任者　10
現地子会社の裁量権　109
現地顧客適合型　117
現地市場対応力　69
現地市場適応指向　105
現地生産　156
現地専用品戦略　184
現場主義　24, 25, 216
現場主義的な能力構築　75
現場主義的な問題解決能力　7

コアコンピタンス研究　149
高価値の多品種少量指向　127, 134
工作機械　155, 159, 166
合弁子会社　112
合弁事業　154, 160, 162, 163, 166
顧客価値創造　132, 150
国際分業　152, 154, 159, 162, 167, 168, 170
国際分業体制　153
国瑞汽車　54
国有企業　209
コマツ　191
コマツウェイ　196
コムトラックスシステム　195
御用聞き　188
コントロール　74

【サ行】

最適化　154, 172
作業標準票　93
差別化されたネットワーク　52
サムスン電子　115
三現主義　23
資源配分　70
自主ブランド　88
市場戦略のジレンマ　178
市場的な暗黙知　201
市場の非連続性　178
自動車開発　113
自動車産業　160
自動車部品　121, 159
シナジー効果　165
資本蓄積　157
姉妹拠点　153, 170, 172, 175
社会・文脈的知識　64
柔軟性による共創　144
出向者主導の経営　12
出向者の権限　109
職場間の連係プレイ　26
職務間，職場間，企業間の連係プレイ　25
所得格差　188
自立性　53, 54
新規資源　179
新規性　178
人件費の高騰　42

新興国市場　178
新興国市場専用モデル　86, 88, 97
新興国市場戦略　178
人的資源管理　108
人民元　40
人民元の対ドル為替レート　42
信頼関係　130, 133, 134, 145, 147, 148
親和性　53, 56
スピード経営　117
生産協力関係　127, 129, 135, 148
生産財　212
生産要素技術　15
製造装置　114
製品エンジニアリング　80, 81
製品開発能力　68
製品基本計画　80
製品コンセプト　80, 81, 83, 90
製品要素技術　15
設計の標準化　184
セブンイレブン　54
先進国多国籍企業　180
戦略的意思決定　51, 75, 216
戦略的提携　168, 170, 171, 175
操業経験10年超の壁　14, 30
相互補完型　122
相互補完性　53, 55
創造的模倣　55
創発的アプローチ　187
創発的適応　188
創発的適応アプローチ　178
即応性　104
組織能力　121
ソリューションビジネス　144

【タ行】

対応能力（responsiveness）　107
対中投資　157
ダイナミックな視点　106
代理店制度　207
台湾型ものづくり革新　146, 149
台湾三菱商事　54
多拠点間連携　168
多国籍企業組織　102
多国籍企業論　181

探索的な研究　122
チーフエンジニア　70
知識移転　63, 174
知識の発信源としての日本　215
チャイナプラスワン　11, 36, 37, 40
中国拠点　156, 157
中国自主ブランド自動車メーカー　182, 183
中国進出　155
駐在員　174
長期的な取引関係　128, 148
長期取引慣行　185
賃金の上昇　42
低コスト化技術体系　186
デジタル試作　80, 84, 91, 98
デミング賞　193
デュアルヘッド　120
電子製品　121
デンソー　54
ドイツ人出向者　23, 28
統一集団　54
統一速達　54
統合と分散　102
同質性　55
東風日産　86, 88
トータルコスト　209
得意・不得意分野　75
トランスナショナル企業理論　105

【ナ行】

内製　158, 161
内製化　164, 169, 170
ナショナル社員　204
南洋技術研究所　91, 95, 99
二元性管理　102
日華化学　43, 46
日産自動車　217
日産テクニカルセンター　83
日台ビジネスアライアンス　146, 151
日本一極集中　185
日本企業　103
日本企業内部での技術移転　7
日本語人材　18, 30, 33, 35, 53
日本語を公用語　33
日本人語　28

日本人出向者　15, 18, 27, 130, 132
日本人出向者主導による経営　7
日本人出向者主導の現地経営　8
日本人出向者の課題　27
日本人出向者の特徴・役割・課題　10
日本人出向者の役割　49
日本的サプライヤーシステム　126, 128, 130, 148
日本的生産システム　127
日本への逆出向　35
ニュービジネスモデル　138, 142, 147
人を媒体とした知識の移転　216
能力のギャップ　186

【ハ行】

パートナー　160, 164, 165, 169, 171, 175
パートナシップ　196
ハイブリッド　118
ハイブリッド理論　105
パイロット・センター　91, 92
パナソニック　126, 131, 132, 136, 150
バリューネットワーク　181
反日デモ　38
販売チャネル　155, 157
日立　194
表出化　202
標準化　216
標準化したシステム　217
ピラミッド型階層構造　180
ピラミッド構造　180
品質要求　184
ファミリー企業　139, 145
フォーカルモデル　183
不確実性　179, 181
不確実な資源　179
複眼的な思考力　181
富士ゼロックス　43, 45
ブラックボックス　185
プロセスの管理　25
プロダクト・マネージャー（PM）　81, 90
フロントローディング　81
分業体制　156, 167
分散戦略　108
北京現代　94, 95
変化と異常への対応力　25

変化と異常への対処　19, 22
防滴技術　138, 139, 144
ポジショニング・ベースの戦略的思考　51
ボリュームゾーン　180
本国人材　103
本国中心主義　65
本社依存型　117
本社拠点　161
本社組織内の多様性　66
鴻海　55

【マ行】

マザー・ドーター組織　17
メタナショナル経営理論　105
メンテナンス体制　207
モザイク構造　178, 181
モザイク性　188
モジュール化　97
モデム　197
模倣可能性　75

【ヤ行】

役割分担　163, 164, 171
ヤマト運輸　54
油圧ショベル　195
優位性理論　104
要素技術　193
横型拠点間連携　173
横展開　158

【ラ行】

リショアリング　108
立地配置　173
立地優位性　52
リバースエンジニアリング　183
量産試作　81, 82, 83, 84, 85, 87, 88, 91, 92, 93, 98
量産準備　85, 86, 90, 91
連係プレー　50
連鎖的技術移転　11, 36, 37, 43, 44, 49, 51, 52
ローカル人材　26, 30, 32, 50, 110, 216
ローカル人材の育成　29

編者・執筆者紹介（担当章順）

板垣　博（いたがき　ひろし）
担当章：序文，第1章，おわりに
出　生：1947年，島根県松江市生まれ
学　歴：横浜国立大学経済学部卒，東京大学大学院経済学研究科博士課程単位取得退学
現　職：武蔵大学経済学部　教授
主要業績：
　安保哲夫・板垣博・上山邦雄・河村哲二・公文溥著『アメリカに生きる日本的生産システム—現地工場の「適用」と「適応」—』東洋経済新報社，1991年。
　Hiroshi Itagaki ed. *The Japanese Production System: Hybrid Factories in East Asia*, Macmillan Press, 1997.
　板垣博編著『中国における日韓台企業の経営比較』ミネルヴァ書房，2010年。

金　熙珍（きむ　ひじん）
担当章：第2章
出　生：1980年，韓国の釜山生まれ
学　歴：釜山大学英文学部卒，東京大学大学院経済学研究科修了（経済学博士）
現　職：東北大学経済学部・経済学研究科　准教授
主要業績：
　金熙珍『製品開発の現地化：デンソーに見る本社組織の変化と知識連携』有斐閣，2015年。

呉　在恒（お　じぇふぉん）
担当章：第3章
出　生：1963年，韓国全羅北道生まれ
学　歴：ソウル大学経済学部卒，東京大学大学院経済学研究科修了（経済学博士）
現　職：明治大学国際日本学部　教授
主要業績：
　上山邦雄・郝燕書・呉在恒編著『「日中韓」産業競争力構造の実証分析：自動車・電機産業における現状と連携の可能性』創成社，2011年。

朴　英元（ぱく　よんうぉん）
担当章：第4章
出　生：韓国全羅南道生まれ
学　歴：東京大学国際社会科学専攻修了（学術博士）
現　職：埼玉大学人文社会科学研究科経済学部　教授
主要業績：
　Park Young Won, *Business Architecture Strategy and Platform-Based Ecosystem*, Springer, 2017.

劉　仁傑（りゅう　じんちぇ）
担当章：第5章
出　生：1957年，台湾桃園県生まれ
学　歴：台湾東海大学経営工学部卒，神戸大学経営学研究科修了（経営学博士）

現　職：台湾東海大学経営工学部　教授
主要業績：
　　劉仁傑・陳國民著『世界工廠大移轉』台北：大寫出版，2014年。

高　瑞紅（こう　ずいこう）
担当章：第6章
出　生：中国上海生まれ
学　歴：神戸大学大学院経営学研究科博士後期課程修了（博士・商学）
現　職：和歌山大学経済学部　教授
主要業績：
　　高瑞紅『中国企業の組織学習―国際提携を通じたパラダイム転換―』，中央経済社，2012年。

李　澤建（り　たくけん）
担当章：第7章
出　生：1979年，中国天津市生まれ
学　歴：東北財経大学経済信息学部卒，京都大学大学院経済学研究科修了（経済学博士）
現　職：大阪産業大学経済学部　准教授
主要業績：
　　Zejian LI, "Defining mega-platform strategies: the potential impacts of dynamic competition in China" *International Journal of Automotive Technology and Management* (forthcoming).

王　中奇（おう　ちゅうき）
担当章：第8章
出　生：1982年，中国黒竜江省鉄力市生まれ
学　歴：中国佳木斯大学外国語学部卒，武蔵大学大学院経済学研究科 博士後期課程単位取得退学
現　職：武蔵大学総合研究所　奨励研究員
主要業績：
　　王中奇「製品開発能力構築にとって有効なリバース・エンジニアリング技術活動に関する研究――第一汽車と中国重汽の比較分析から」『産業学会研究年報32号』(2017)，pp197-211。

東アジアにおける製造業の企業内・企業間の知識連携
―日系企業を中心として―

2018年3月31日　第1版第1刷発行　　　　　　　　検印省略

編著者　板　垣　　　博

発行者　前　野　　　隆

発行所　株式会社　文　眞　堂
東京都新宿区早稲田鶴巻町533
電話 03（3202）8480
FAX 03（3203）2638
http://www.bunshin-do.co.jp
郵便番号（162-0041）振替00120-2-96437

製作・モリモト印刷株式会社
© 2018
定価はカバー裏に表示してあります
ISBN978-4-8309-4991-3　C3034